中国与世界

第六辑

CHINA AND THE WORLD

刘德斌◎主编

中国社会科学出版社

图书在版编目（CIP）数据

中国与世界．第六辑/刘德斌主编．—北京：中国社会科学出版社，
2018.3
ISBN 978 - 7 - 5203 - 2210 - 2

Ⅰ.①中…　Ⅱ.①刘…　Ⅲ.①中国—国情—研究②国际政治—研究
Ⅳ.①D6②D5

中国版本图书馆 CIP 数据核字（2018）第 051997 号

出 版 人	赵剑英	
责任编辑	王　曦	
责任校对	孙洪波	
责任印制	戴　宽	

出　　版	中国社会科学出版社	
社　　址	北京鼓楼西大街甲 158 号	
邮　　编	100720	
网　　址	http://www.csspw.cn	
发 行 部	010 - 84083685	
门 市 部	010 - 84029450	
经　　销	新华书店及其他书店	

印刷装订	北京君升印刷有限公司	
版　　次	2018 年 3 月第 1 版	
印　　次	2018 年 3 月第 1 次印刷	

开　　本	710×1000　1/16	
印　　张	11.25	
插　　页	2	
字　　数	203 千字	
定　　价	48.00 元	

《中国与世界》

主　　办：吉林大学公共外交学院、吉林大学国际关系研究所

地　　址：长春市前进大街 2699 号吉林大学前卫校区公共外交学院 213 室

邮　　编：130012

联系电话：0431 – 85166795

网　　址：http：//sipa. jlu. edu. cn

Email：chinaworld@ jlu. edu. cn

目　录

编者按

刘德斌

　　近年来,国际关系的发展越来越呈现出高度的变化性和不可预测性。美国主导的自由主义世界秩序已经失灵,欧亚大陆的地缘政治和大国博弈似乎正在卷土重来。美国和俄罗斯之间的关系并没有因为唐纳德·特朗普的当选而改善,相反变得更加紧张和对抗。中美关系也因为美国蓄意制造摩擦而紧张起来。慕尼黑安全会议主办方以"后真相、后西方和后秩序"作为2017年研究报告的题目,使这几个词语成为当今世界现实的生动写照。实际上,特朗普的当选及其所推行的"美国优先"的对外政策,不仅扩大了美国与他国包括与其盟国之间的矛盾,同时也进一步加剧了世界的不确定性。2017年年末特朗普政府推出的《国家安全战略报告》,更是把中国和俄罗斯直接宣示为美国最重要的安全威胁,抨击中国和俄罗斯是"企图改变世界现状"的修正主义国家,为中美关系和中俄关系的发展都蒙上了厚厚的阴影。

　　与世界秩序的不确定性相比,中国的发展和中国与世界的关系已经进入一个新时代。党的十九大报告明确宣示,"中国共产党是为中国人民谋幸福的政党,也是为人类进步事业而奋斗的政党。中国共产党始终把为人类做出新的更大的贡献作为自己的使命",从而把中国的发展进步与世界的前途命运直接联系在了一起。实际上,党的十八大以来,中国外交就一直在向世人昭示,中国共产党不仅能够建设好自己的国家,而且能够协同其他国家共同发展,为解决人类问题贡献中国智慧和中国方案,为发展中国家走向现代化开辟新的路径。可以说,在当前这个"不确定"的世界上,中国的"自信"与世界的"犹疑"形成了鲜明的对比,中国对自己的前途充满自信,是对世界的未来最有方略的国家。

　　党的十九大报告明确把推动构建新型国际关系和构建人类命运共同体作为新时代中国特色大国外交的总目标,向世界表明了中国希望与各国共同努力的大方向,同时也让中国自身承担起了更为艰巨和更为重大的国际责任。中国所展示的一个新兴大国的情怀和方略,正好与特朗普总统领导下的美国形成鲜明对照。当世界第一强国企图通过"美国优先"而"使美国再次伟大"的时候,刚刚富起来的中国却把自己的命运与人类的命运拴在一起,愿意带领世界走出一条共同发展和进步的道路。为了实现党的十九大提出的战略目标,有关中国与世界关系的研究具有了更为重大的学术价值和现实意义。

为了深入探讨当今世界面临的种种问题,本期《中国与世界》特意开辟了"中国与世界:前沿问题探讨""欧亚大陆:热点问题聚焦""中外关系:历史与现实问题"三个专栏,邀请国内外知名学者和青年才俊就当今中国与世界的发展变化发表自己的观点。这三组文章既有理论上的探讨与反思,也有对现实问题的分析和探讨;既有历史上的追根溯源,也有立足于现实的推测和前瞻,相信会给读者带来诸多新的信息、新的启发和思考。

中国与世界关系的发展变化是当今世界发展变化的一条主线。围绕这条主线的研究和探索,不仅涉及中国与世界关系的方方面面,也能够为中国人文社会科学的理论创新提供必要的思考。中国与世界关系的发展变化绝不仅仅是物质层面的,也是精神层面的;相关的探索不仅是现实层面的,也是理论层面和价值观层面的。归根结底,中国与世界关系的探讨应该导向一种新的中国叙事和世界叙事,导向一种中国对自身和世界新的认同的探讨。这是崛起的中国应该和能够做到的。本期是《中国与世界》2011 年创刊以来的第六辑。我们期待能够为读者不断地奉献优秀作品,也期待得到读者朋友的批判指正。

历史与理论的联系:个人的反思

□ 巴里·布赞 著 张永喆 译

作者简介:巴里·布赞,伦敦经济学院国际关系教授;张永喆,吉林大学公共外交学院硕士研究生。

由于笔者并不是专业的历史社会学家,因此本文的讨论参考了乔治·劳森(George Lawson)的论文。我所做的研究是以自身学术经验来诠释国际关系理论和世界历史之间丰富而紧密的联系。

为了阐明理论与历史之间联系的重要性,我们提出这样一个问题,即中国原创的国际关系理论可能会呈现出什么特点? 毫无疑问,西方国际关系理论很大程度上是基于西方的历史经验和政治理论。它们假定一种无政府的国际结构,这一结构既是基于历史准则,同时也是一种理想状态,但这一理论忽视了大国对国际体系的控制和将其自身意志强加于他国的事实。

在西方的国际关系理论中,政治与文化的多样性以及权力的分散得到高度重视。这些历史背景构成了西方国际关系理论的渊源。现实主义兴起于17、18世纪,其理论渊源可以追溯到古希腊时期,著名的现实主义者有修昔底德、霍布斯、马基雅维利、特里赛克等。自由主义则来自19世纪和20世纪的欧美国内政治和经济改革以及由此引发的贸易和资本的国际流动。著名的自由主义学者有斯密、潘恩、密尔和科布登等。英国学派源自19世纪的欧洲外交及其后期法学家的实践,也源自格劳秀斯等理论家的学说。马克思主义同样来自

19 世纪的欧洲,马克思、列宁、托洛茨基、布哈林等人既是思想家,也是革命家。后殖民主义则植根于西方殖民主义和种族主义的历史,在新殖民主义实践和 1945 年以来的国际社会这一大背景下,后殖民主义的影响不仅扩展到非西方世界,也影响了西方世界内部。

中国原创性的国际关系理论有什么特点? 它会基于中国的历史和政治理论吗? 几乎可以肯定的是,它将不会基于“无政府状态”这一假设,它所要做的是防止这种暴力竞争而导致全局被控制的权力分散。中国的理论倡导的是一种以联合、秩序与和谐为特征的等级结构。对于中国来说,源自战国时期的儒家思想给予了其政治理论家很好的经验,即这一时期的暴力和战乱决不允许重演①。从历史、理论和规范假设出发,中西方国际关系理论呈现出不同的形态。“天下”理念构建了地缘政治而不是传统意义上分散的国际体系或者国际社会的基础。等级结构中的外交、战争与其在无政府状态下的作用有很大的差异。为了进行符合儒家价值的文化实践,“面子”和关系主义(并非理性主义)成为外交和战争背后的主导思想。在中国,理论、实践、文化和“中央之国”的思维框架中,等级秩序比物质实力发挥着更重要的作用。相比较欧洲,在中国王朝与帝国(而非主权和主权平等)在保证政治统治合法性方面发挥了更为持久的作用。换言之,基于不同的历史条件以及不同的政治哲学基础,国际关系理论将呈现多元化。

以上是对问题提纲挈领式的讨论,有必要对其进行进一步的详细阐释,但是,我认为它已经足以阐明历史与理论的关联,还说明这些历史事件本身也具有研究价值。以此为出发点,我简要介绍一下在我的研究中的五个历史或理论的案例:互动能力和国际体系;发展不均衡;分化理论;历史分期与基准时间;权力分配的模式。这些案例表明,国际关系理论深深植根于世界历史的进程之中,而如果没有理论假设,对于世界历史的分析就无法深入进行。

案例一　互动能力和国际体系

我和利特尔合著《世界中的国际体系:国际关系研究的再建构》②一书,主要

---

① Pines, Yuri, *The Everlasting Empire: The Political Culture of Ancient China and its Imperial Legacy*, Princeton N. J. : Princeton University Press, 2012.

② Buzan, Barry and Richard Little, *International Systems in World History*, Oxford: Oxford University Press, 2000.

目的是在世界历史的背景下检验国际体系概念的合理性。它的写作动机在于追溯和寻找国际体系的源头,并采用国际体系这一概念分析世界历史的进程。它的主要课题是将历史观点与国际体系的抽象概念相融合。沃尔兹(1979)[1]等现实主义者将国际体系描绘为一成不变的抽象概念,而本书则阐释了国际体系演进的历程。我们发现,国际体系在不同的时空下内涵是不同的,而其中的关键变量就是所谓的互动能力,即系统的承载能力——人员、资源和思想在系统内流动的速度、范围和成本。互动能力一定程度上受地缘影响,但主要还是受到特定时空下社会与科学技术传播和交流能力大小的影响。数千年前的一些国际体系与现实主义所描绘的“完全”体系差异巨大。在可用交通工具只有帆船、马和骆驼的时代,交通成本非常高,陆上交通的成本尤其高昂。此时的国际体系便仅限于很小的范围之内,只有一些昂贵的奢侈品能通过邮驿体系在陆路穿梭。在 19 世纪之前,不存在沃尔兹式的“完全”国际体系(即结合军事、经济和政治相互作用的系统),19 世纪以来的社会和科学技术革命带来了蒸汽机、铁路、公路、航空运输、电报、电台、互联网的出现和常设国际组织的发展。随着这些技术进步,互动能力大大提高,国家之间、人与人之间的距离大大缩小。从历史学的角度重新定义“国际体系”意味着添加了进化的维度,并强烈质疑了新现实主义将“国际体系”定义为一个抽象的永恒概念的可行性。

案例二　发展不均衡

在近期出版的一系列著作中,贾斯汀·罗森伯格(Justin Rosenberg)重新审视了托洛茨基关于不平衡与综合发展理论(UCD)如何将“国际”概念化的过程[2]。罗森伯格巧妙地运用不平衡与综合发展理论反驳沃尔兹的观点,即反对在无政府体系下社会化和国家间的竞争使国家成为“类似的单元”这一观点。根据历史社会学的方法论,不平衡与综合发展理论认为不同时期、文化传统和

---

[1]　Waltz,Kenneth N.,*Theory of International Politics*,Reading Mass.：Addison – Wesley,1979.

[2]　Rosenberg,Justin,"Problems in the Theory of Uneven and Combined Development Part II：Unevenness and Multiplicity",*Cambridge Review of International Affairs*,23：1,165 – 189. Rosenberg, Justin,"Kenneth Waltz and Leon Trotsky：Anarchy in the Mirror of Uneven and Combined Development",*International Politics*,50：2,183 – 230,2013. Buzan, Barry and George Lawson,"The Impact of the "Global Transformation" on Uneven and Combined development",in Alexander Anievas and Kamran Matin (eds.),*Historical Sociology and World History：Uneven and Combined Development over the Longue Durée*,London：Rowman & Littlefield, 171 – 184. Also published in Chinese in Collected Papers of History Studies, 3 (2016)17 – 25,2016. Rosenberg, Justin,"International Relations in the Prison of Political Science",*International Relations*,30：2, 127 – 153,2016.

地理位置会对思想的传播产生影响,国家不会成为类似的单元。因此,德国、美国和日本的现代化不是英国的翻版,中国的现代化也不是再造一个美国或俄国。在罗森伯格思想的基础上,布赞和劳森提出了不平衡与综合发展理论的想法①,即关于"资本主义多样化"的新兴现象和 19 世纪现代革命的研究。布赞与谢恩伯格于 2018 提出通过不平衡与综合发展理论,试图分析为什么现代国际体系中国家和地区之间的形态差别如此巨大。现代世界政治中,国际社会成员之间存在着许多深刻而重大的差异,例如它们的发展水平不同,文化程度不同,国家能力不同,国家实力也不尽相同。

　　这些不同是如何产生的? 布赞和谢恩伯格通过研究发现,在现代国际社会中,用不同地区与国家存在的文化和政治经济的巨大差异来探讨这个问题,然后采取四个不同的路径来说明不同国家和地区在全球国际社会中的地位和作用。这四个路径分别是:不间断发展(如欧洲,区域系统能够自我演变而不被外部权力主导);共和制度(如美洲和澳大利亚,土著人口在很大程度上被外来的欧洲人所取代,造成了历史性的分离);殖民化与非殖民化(如非洲、亚洲以及中东地区,这些国家与地区在历史上都经历过一定时间的殖民统治);压力与改革(如日本、中国、土耳其以及俄罗斯,即使没有殖民地存在,但这些国家在外国的压力下仍然走上了自我改革之路)。探究不同的历史起源以及长时间以来不同历史路径经历了漫长的历史过程,这也解释了目前全球国际社会中的国家和文化多样性。因此,这也更加佐证了罗森伯格的不平衡与综合发展理论(UCD)。

　　实际上,这个案例展示了如何运用历史的观点帮助学者研究抽象的理论,并且进一步简化现实,便于他们洞察真相。这里的问题并不在于沃尔兹和罗森伯格之间的选择或者是相同以及不同的单位,而是承认同质化和差异化可以同时在历史进程中发挥强有力的作用。

案例三　分化理论

　　经过一系列研究,布赞和艾伯特②试图将经典社会学的差异化理论带入国

　　①　Buzan, Barry, and George Lawson, "Capitalism and the Emergent World Order", *International Affairs*, 90:1, 71 – 91, 2014b.

　　②　Albert, Mathias and Barry Buzan, "Securitization, Sectors and Functional Differentiation", *Security Dialogue*, Special Issue, 42:4 – 5, 413 – 425, 2011. Albert, Mathias, Barry Buzan and Michael Zürn (eds.), *Bringing Sociology to International Relations: World Politics as Differentiation Theory*, Cambridge: Cambridge University Press, 2013. Buzan, Barry and Mathias Albert, "Differentiation: A Sociological Approach to International Relations Theory", *European Journal of International Relations*, 16:3, 315 – 337, 2010.

际关系理论的研究之中，并将此作为分析国家和国际系统及社会发展的一种方式。从这个角度看，分化理论有三种基本的特性：

单位性——单位是类似的，但地域之间存在差别，如部落、国家、地区。

层次性——级别或地位的差异造成的单位不同，如帝国、贵族、极权、种族主义。

功能性——单位不是完全类似的，要通过技能、知识和目的来区分的不同单位，例如经济、军事、宗教、政治、社会、法律等等。

这一理论工具有历史的维度，这三种分化特性也被视为界定社会历史发展的一种方式。单位性分化代表了典型的氏族社会；层次性分化标志着古典王国和帝国的产生，而功能的分化标志着社会经历了现代性的革命。某种意义上来说，每一种高级形式都脱胎于低级形式，而又高于它。使用分化理论分析国际社会揭示了了可用于国际关系理论分析的有益方式。在国际关系理论中，区域分化可能是主权平等的国际社会中每一个"相似"个体，也有可能是区域内地理与文化产生的差异性。专制分化旨在说明其基本层次结构以及世界的等级和地位的差异：即大国的特权、核心—边缘结构的层次、种族理论的不平等。功能性分化主要是指世界体系的专门化，包括全球经济、国际社会、国际法、国际政治、全球环境、世界体育等。

布赞和谢恩伯格利用这种构想建立了基于分化主导形式的全球性国际社会（GIS）理想类型：相同的单位、区域和全球层次、特权和功能。然后，他们利用这些模型来探讨如何评估国际社会的实力，以及它未来是否会走向更强或者逐渐衰落的问题。当然，英国学派在分析全球国际社会时，总是试图将理论与历史相结合，但差异理论的运用开辟了一个新的视角，即：每一个模型都提供了评估不同行为体实力强弱的标准，与此同时，这个模型还允许以一种更加细致入微的方式来展示历史与全球国际社会的演变过程，并且预估了其发展前景。

案例四　历史分期与基准时间

布赞和劳森提出了关于国际关系中基准时间的讨论[1]。基准时间对于我们

① Buzan, Barry and George Lawson, "Rethinking Benchmark Dates in International Relations", *European Journal of International Relations*, 20:2, 437 – 462, 2014a. Buzan, Barry and George Lawson, "The Global Transformation: History", *Modernity and the Making of International Relations*, Cambridge: Cambridge University Press, 2015a. Buzan, Barry and George Lawson, "Twentieth Century Benchmark Dates in International Relations: The Three World Wars in Historical Perspective", *International Security Studies*(Beijing), 1:1, 39 – 58, 2015b.

如何组织和思考国际关系理论非常重要,因为它们代表着理论和历史的一个重要的交汇点。例如,国际关系学是如何使用1945年和1989年这两个不同时期,来区分多极结构和两极结构、两极结构和单极结构的? 然而,如此重要的基准时间划分是如何得出的,按照什么标准划分,这些问题却从未被提起。事实上,这一基准时间大部分是西方主要战争及其和平结束的日期。这恰好解释了现行国际关系理论中的四个基准时期:1648年(三十年战争结束);1919年(第一次世界大战结束);1945年(第二次世界大战结束);1989年(冷战结束)。但是,如果战争开始和结束是设定基准时间的关键标准,那么为什么1815年(法国革命和拿破仑战争的结束)和1905年(俄国在日俄战争中惨败)却不是基准时间之一呢? 日俄战争不是一场世界范围内的战争,但是却是非白种人对欧洲大国的胜利,因此在全世界范围内振聋发聩。这极大地冲击了作为当时世界政治主流的种族主义观点,也同时激发了整个亚洲的反殖民情绪。

然而为什么普遍将基准时间设定为战争结束的日期呢? 从理论角度看,这种方法比现实主义更容易理解国际关系理论。那为什么不用其他标准来衡量国际关系格局的重大变化?

布赞和劳森认为存在诸多确定宏观历史节点的可能方法,并通过这些历史节点,来扩大基准时间理论的包容性。革命通常会对国际关系理论产生巨大影响,例如美国(1776)、法国(1789)、俄罗斯(1917)、中国(1949)、伊朗(1979)等革命实践,并且这些革命的影响通常反映出概念与建构主义的变化。国家社会规范结构的变化同时也是国家政治合法性从国家主义向民族主义和民主主义的转变(19世纪);从人类不平等的假设到破坏种族主义和帝国的人类平等假设(20世纪中叶)的转变;在全球经济的组织原则的转型上,从重商主义向市场化(20世纪末)和环境管理思想(21世纪初出现)的转变。从上述的案例中,我们可以看出,交通运输技术的重大转变应该被视为国际体系变化的重要事件。就交通运输这个方面而言,人们可能对于交通工具的进化更为熟稔,例如:远洋帆船(15世纪)、轮船和铁路(19世纪)、电报(19世纪)、飞机(20世纪)、互联网(20世纪末)。但是从更大范围来看,人们可能要考虑全球政治经济结构的重大转变,例如19世纪的现代化革命标志着从传统的农业技术和社会结构向现代工业社会的转变。

在日常教学和论文的撰写中,我们设定的基准时间塑造了对国际关系历史阶段性的认知。与此同时,我们用来确定基准时间的历史规则也影响了理论研究,使某些理论获得核心地位而其他理论被边缘化了。因此,我们要仔细思考如何构建基准时间,并充分意识到"某些选择可能带来扭曲的后果"的预判是有一定道理的。比如,两次世界大战对全球国际体系(GIS)的影响是否完全一致?

布赞和劳森运用具有普适性的标准进行理论分析,他们认为,第二次世界大战比第一次世界大战的影响更为深远。1989 年真的是一个大变革,还是只是对偏爱极理论的新现实主义学者而言才是大变革? 为什么 1989 年在基准时间设定中被给予过高的强调,而中国在 1978 年进行的改革开放则看起来更像是一个重要的国际关系事件?

历史视角会随着历史的发展而变化。现在看起来很重要的事件,可能在几十年后将变得无足轻重。就好像"9·11"事件在 2001 年之后的几年中的意义不言而喻,一个世纪以后,它的影响是否仍然重要取决于恐怖主义是否仍然是国际安全中的决定性问题;如果不是的话,那么它将逐渐消失并服从于某种新的大国竞争格局。因此,对宏观历史结构形成的周期性思考是一个不断重新评估和重新定义的工作。

案例五　权力分配的模式

最后一个案例是布赞和劳森①在研究 19 世纪全球现代性转型时发展的权力模式时提出的概念。在这一案例中,一项基本的历史研究产生了一个新的理论分析概念:国际关系理论,尤其是新现实主义和新自由主义专注于研究权力分配,而这主要是由物质因素所决定的。权力被划分为极理论、霸权稳定理论和权力转移理论。19 世纪的全球化转型表明,权力模式可能是一个更深层次的概念。这种模式包括了社会、政治和技术基础及其来源。当我们在研究现代化革命进程时,我们发现新的权力模式在很大程度上支持了 19 世纪全球中心—边缘体系的迅速建立。最显著的是西方人(以及日本人)借以对抗前现代社会的技术②,包括:从汽轮机到医药的技术变革。但更为深刻的是,在前现代化时期,这些国家和地区的社会、心理、经济和政治发生的改变。这种变化为军事力量的增长提供了支撑,并且在掌握了现代革命的少数社会和多数尚未开展现代化的社会之间开辟了巨大的力量鸿沟。

与某个权力模式内的权力差距不同,不同权力模式之间的差异很难缩小。在某个权力模式内,缩小权力差距只是获得更多资源和学习先进经验的一次

---

①　Buzan, Barry and George Lawson, *The Global Transformation*: *History*, *Modernity and the Making of International Relations*, Cambridge: Cambridge University Press,2015a.

②　Headrick, Daniel R. , *Power over Peoples*: *Technology*, *Environments and Western Imperialism* 1400 *to the Present*, Princeton: Princeton University Press,2012.

尝试。例如普鲁士在 18 世纪可以通过招募、装备和训练更多的士兵来满足其更大的权力的发展。如果想弥补权力模式上的差距，那么就必须要经历一系列社会、政治、经济和技术革命，才有可能成功。如果仅仅像奥斯曼帝国和中国一样，只是在它们的军队中更新西方的军事装备，这将是徒劳无功的。这些国家的社会、经济、政治和工业条件不能有效地支持或使用现代军事技术。事实上，日本经历了一系列现代革命，从早期就大力地支持和利用现代武器。它与意大利和俄罗斯一起，共同构成了第一次现代化进程的一部分。19 世纪权力模式差距伴随着开放日渐加大，这使得当时的中国、日本和韩国在西方帝国主义压力下被迫"开放"，与此同时，也使得日本在中国获得的权力越来越多。

权力模式的变化是不常见的。布赞和劳森研究的 19 世纪各国案例表明，由于这些模式难以复制，因此产生了持久的权力鸿沟。当这种变化产生时，它本身比权力分配的变化更为深刻，尽管它们也可能改变权力的分配。这个概念的构建需要更多的研究。19 世纪的案例似乎很明显并且有说服力，但还有其他类似的事件吗？而我们又该如何区分 19 世纪的权力模式的全面而又剧烈的变化（即质变与量变如何区分），例如 1945 年因核武器的问世而引起的变化？究竟什么样的标准可以衡量权力模式的变化？当前计算机和人工智能的革命是否意味着另一种权力模式正在生成？这些课题仍然是如何将历史的基本观点转化为理论框架的重要工作之一。

结　语

在理论与历史的结合方面，中国的国际关系理论已经对历史进程做了自己的解读。在使得国际关系理论（制度）更少地以西方为中心、更多地关注事实上的全球化的过程中，中国国际关系理论的部分任务是发掘中国在历史和政治理论中的独特资源，并将其应用于提出更具有普适性的国际关系理论。国际历史社会学为理论与历史的整合提供了一系列有用的概念和理论。它们既可以适用于对中国历史的分析与解读，又可以根据中国历史和政治理论对广义的问题进行质疑和修正。这些概念同样为与中国以马克思主义为立场的国际关系理论建立联系提供了可能，如果没有马克思主义分别对西方国际关系学界（例如罗森伯格的上述成就）以及中国国际关系理论的影响，那么这两者似乎不会产生任何交集。这也是我们可能会错失的机会之一，要尽快认识到这个问题并加以解决。

我希望这些有关我自己的理论与历史的经验，有助于阐明本期乔治·劳森关于国际历史社会学的看法，而这两篇文章理应得到富有成效的讨论。

国际法与"修昔底德陷阱"之超越

□ 何志鹏　魏晓旭

摘要:"新兴大国和守成大国间的矛盾不可调和"这一观点被修昔底德提出后,在两千余年后的今天发展成为"修昔底德陷阱"理论,并被部分学者用以论断中美关系。尽管国际政治、国际关系各学派纷纷提出各自对修昔底德陷阱的分析及超越方法,但这些路径都仍需继续完善。相较而言,国际法可以弥合前述方法的不足,并发展为一条超越修昔底德陷阱的新路径。这便需要对国际法、对由国家意志彼此交织而成的国际体系,以及二者关系有着正确的认识。以现实因素的探究,目前国际体系尚有偏离正轨的危险;作为负责任大国的中国也需要通过准确把握、运用国际法,对体系的稳定发展予以平衡和保障;这是从单国的角度超越修昔底德陷阱的过程。

关键词:国际法;修昔底德陷阱;国家意志;国际体系

作者简介:何志鹏,法学博士,"2011 计划司法文明协同创新中心"、吉林大学法学院、公共外交学院教授,吉林大学理论法学研究中心、国家高端智库·武汉大学国际法研究所研究人员;魏晓旭,吉林大学法学院硕士研究生。

一　导论:问题的提出

大国(Great Powers)始终在国际政治和国际关系中占据

主要地位。① 早在古希腊时期,历史学家修昔底德(Thucydides)就指出:当新兴大国对守成大国构成威胁时,二者必然产生冲突。② 这一思想得到了后世不同时代学者乃至国家的认可,并最终产生了"修昔底德陷阱"这个概念。

不可否认,修昔底德的观点在其后两千余年内能够不断发展,必然有其现实基础。本文也认同其所描述的现象及相关可能性。但倘若深入本质追问,该理论所得出的结论是否具有必然性? 换言之,面对横亘于国际社会发展之路上的修昔底德陷阱,国家是否只能别无选择地跌入其中、越陷越深、直至没顶? 从国际关系的角度看,修昔底德陷阱理论代表了大多数现实主义者对国际社会前景的悲观预期;而在自由主义、建构主义看来,修昔底德陷阱可以在一定程度上被回避。

对于从不同视角审视国际社会、但却同样基于国际社会而运作的国际法而言,应当如何看待修昔底德陷阱? 又应当如何看待国际关系各学派对修昔底德陷阱的态度及应对? 倘若修昔底德陷阱注定成为现实,国际法将何去何从? 倘若修昔底德陷阱存在超越之法,国际法又能发挥何用? 这些疑问,也是本文所要探讨的问题。

本文认为,分析国际关系不应单纯地以政治、经济、军事等要素进行"沙盘推演",而应将其置于一系列国际法规则的体系中,全面考虑国际法对国家等国际关系行为体的外在约束力和内在影响力;基于此,凭借国际法超越修昔底德陷阱便存在了可能性。此外,既然修昔底德陷阱很多情况下都指向了中国,从中国立场出发、结合国际法考虑修昔底德陷阱的超越则是本文的另一目的。③

在此思路之下,本文将首先对问题背景进行简要介绍并引出问题,深入修昔底德陷阱理论所描述的现象和所蕴含的本质,并对其合理性进行分析;其次,将根据此种分析,探究国际政治和国际关系各学派所提出的超越路径的优势和不足;再次,根据我们所发现的不足之处,论述作为超越路径的国际法能够发挥何种作用;最后,从中国的角度继续扩展,并探索中国凭借国际法超越修昔底德陷阱的种种问题,对全文进行简要总结和展望。

---

① 参见[英]赫德利·布尔《无政府社会:世界政治中的秩序研究》,张小明译,上海人民出版社2015年版,第169—193页;另见 Hans J. ,Morgenthau:*Politics among nations : the struggle for power and peace*, revised by Kenneth W. Thompson and W. David Clinton, McGraw‐Hill Higher Education, 2006 , p. 347。

② 参见[古希腊]修昔底德《伯罗奔尼撒战争史》(上册),谢德风译,商务印书馆1985年版,第19页。

③ 本文从国际法角度探讨超越修昔底德陷阱的可能性,这不表示国际法是唯一的超越路径;此外,鉴于国家在国际关系中的显著重要性,本文着重从国家的角度进行论述,对其他国际关系行为体暂不过多涉及。

二　"千年难题"的历史与现实

（一）源于修昔底德的千年陷阱

两千余年前，作为"第一个尝试揭露历史事件发展过程中的真正因果关系的史学家"，①修昔底德在分析雅典与斯巴达之间的矛盾激化、战争爆发及其影响时，一针见血地指出："使战争不可避免的真正原因是雅典势力的增长和因而引起斯巴达的恐惧"，并认为新兴大国和守成大国之间必定会发生不可调和的冲突。② 尽管受制于所处时代和环境，但与其他同期学者相比，修昔底德对问题的思考更加深刻；他的思想也被后世认可，并随着时代的发展而被赋予新的意义。③

1907 年，英国外交部官员艾尔·克劳（Eyre Crowe）以第一次世界大战前欧洲局势为背景完成了《关于英国与德法关系现状的备忘录》（*Memorandum on present state of British relations with France and Germany*，即《克劳备忘录》）。《克劳备忘录》着重分析了德国崛起对欧洲、对英国的现实影响，并就未来趋势进行了展望；其结论与修昔底德的论断大体一致。克劳认为，为了巩固现有地位并进一步争取空间，德国发展自身国力（尤其是军事力量）无疑是基于国家理性的明智选择，但这必然对英国产生威胁。英国不应无端将自己置于风险之下，而应为"最坏的打算"做好准备。④ 历史走势与《克劳备忘录》的分析极为相似，此后的事态演变也越发不可收拾，直至 1914 年第一次世界大战的爆发；⑤甚至第二次世界大战中轴心国的野心和国际形势的发展也较为符合修昔底德和克劳的判断。

第二次世界大战后，尽管人类在政治、经济、军事、文化等诸多领域中对自身进行了深刻反思和重构，但修昔底德和克劳所描述的境况却仍未消失。1946

---

①　参见［古希腊］修昔底德《伯罗奔尼撒战争史》（上册），谢德风译，商务印书馆 1985 年版，序言第21—24 页。

②　同上书，第 19 页。

③　同上书，序言第 17 页、第 21 页。

④　See Eyre Crowe, "Memorandum on present state of British relations with France and Germany", in G. P. Gooch and Harold Temperley（ed.）, *British Documents on the Origins of the War*, Vol. 3: *The Testing of the Entente*, H. M. Stationery Office, 1928, pp. 406 – 417.

⑤　这种观点在当时占据主导地位，如 1873 年日本岩仓使团向俾斯麦请教如何走上富强之路时，俾斯麦以"强权即公理"予以回应。参见蒋立峰、汤重南主编《日本军国主义论》（上册），河北人民出版社 2005 年版，第 10—11 页。

年英国前首相丘吉尔进行的铁幕演讲和 1947 年美国杜鲁门主义的出台开启了
持续 40 余年的美苏冷战。期间,赫尔曼·沃克(Herman Wouk)于 1980 年提出
了"修昔底德陷阱"(Thucydides Trap),他以雅典与斯巴达间的对抗来比拟美苏
争霸,并指出:人类仍被困于修昔底德的世界,那么应如何打破这个即使没有毁
灭世界、但已扼住世界喉咙的修昔底德陷阱?① 随后,自 2012 年起,格雷厄姆·
艾里森(Graham Allison)等美国学者开始将这一概念套用到中美关系之中,自此
修昔底德陷阱便被普遍使用,其含义也被固定为:新兴大国注定会对守成大国
发起挑战,并对整个国际关系及局势产生巨大影响。② 结合 21 世纪国际社会的
现实,一路发展而来的修昔底德陷阱被与中美关系联系起来:中国作为"崛起大
国"注定会和作为"守成大国"的美国发生不可避免的冲突。③

(二)修昔底德陷阱的合理性分析

修昔底德陷阱理论可以被分为两个层面:第一,现象描述层面。这是修昔
底德陷阱理论的现实基础。该理论充分考虑了国际社会的历史轨迹和经验教
训,对国际关系发展模式进行了归纳:同一时空下存在多个大国时,资源、空间
的有限性和权力、利益的重叠性会使大国之间矛盾丛生,且这种矛盾、冲突难以
避免。第二,结论形成层面。这是修昔底德陷阱理论的结论:鉴于国家对权力
和利益的追求,前述第一层面中的冲突不可调和、且会愈演愈烈;换言之,国际
社会注定会面临"国强则必争、争则必战"的情形。本文对修昔底德陷阱理论的
合理性分析也将在这两个层面展开。

1. 现象描述层面

从国家决策和行动的内核来看,国家注定需要权力、安全和财富,这些都属
于国家利益的要素。④ 从客观实际出发,国家在国际层面需要维持自己的生存、
独立和发展,在国内层面需要维护政权稳定和保障国民的生活,如生物般"趋利
避害",尽最大可能争取让自己更好地存活。因此,尽管国家利益带有一定主观

---

① See Herman Wouk, "Sadness and Hope: Some Thoughts on Modern Warfare", in *Naval War College Review*, September – October 1980, pp. 4, 6.

② 相关考证,可参见彭成义《被颠倒的"修昔底德陷阱"及其战略启示》,《上海交通大学学报》(哲学社会科学版)2015 年第 1 期,第 14—15 页。

③ 参见[美]亨利·基辛格《论中国》,胡利平等译,中信出版社 2012 年版,第 508 页。

④ 参见[美]玛莎·费丽莫《国际社会中的国家利益》,袁正清译,浙江人民出版社 2001 年版,第 1 页;王惠岩主编《政治学原理》,高等教育出版社 1999 年版,第 288—289 页。

甚至是自私的成分,并被部分学者批判为"短视"的,①国家在决策和行动时也必须考虑其所涉及的利益,而非单纯地把方针政策建立在国际正义、道德和公益的基础上。国家在国际、国内层面的实践也能为此佐证。② 因此,国家在必要限度内的"因利而动"并无过于苛责的必要。③

仅仅"因利而动"并不会必然引发冲突,冲突的产生还要考虑另一个因素:资源、空间的紧缺性。这是国家决策和行动的外界环境。倘若资源与空间是无限的,国家之间彼此的利益主张便不会存在重叠,亦不会因此存在冲突;相反,在资源、空间注定有限的情况下,即使每个主张都是合理、合法的,但彼此重叠的利益主张注定会引发对立和紧张状态。这种情况在国内社会和国际社会均会产生,其根源在于人类追求生存和更好的生活的本性。④

2. 结论形成层面

这涉及修昔底德陷阱理论在结论上的合理性。从推演逻辑来看,修昔底德陷阱理论主要沿用了现实主义的路径。尽管现实主义存在多个分支,但理论内核与假设却大体相同;⑤以现实主义为准则的现实政治(Realpolitik)大多遵循本国利益优先、以均势政治促进本国利益、以自身实力维护本国及世界和平等原则;国际政治与国际关系便是在一个资源与空间稀缺的世界中,群体间为了权力、声望、影响、安全等不断进行争斗的过程;国际政治即权力政治。⑥

正如摩根索在归纳政治现实主义(Political Realism)的六大原则后所指出

---

① See A. J. H. Murray, "The Moral Politics of Hans Morgenthau", 58 *The Review of Politics*, 1996, 81, pp. 81 – 107; Masato Kimura, David A. Welch, "Specifying 'Interests': Japan's Claim to the Northern Territories and Its Implications for International Relations Theory", *International Studies Quarterly*, 1998, 42(2), pp. 213 – 243.

② 参见[美]约翰·罗尔克《世界舞台上的国际政治》,宋伟等译,北京大学出版社 2005 年版,第 257 页。

③ 当然,这并不包括那些完全基于本国利益而罔顾他国乃至整个世界的共同利益的行为,如"二战"中轴心国的军国主义路线。

④ 例如,有学者就从国内社会权力和利益冲突的角度对此进行了分析。参见[美]J. 范伯格《自由、权利和社会正义:现代社会哲学》,王守昌译,贵州人民出版社 1998 年版,第 98—121 页。这种分析也可借鉴到国际社会的层面:人类历史上多次因物质资源、国际支配力等原因产生冲突甚至战争,具体事例不胜枚举。参见[美]斯塔夫里阿诺斯《全球通史:从史前史到 21 世纪》,董书慧等译,北京大学出版社 2005 年版。

⑤ 现实主义各流派具有三个共同的理论内核和假定:(1)在行为体属性方面,国家是无政府状态下理性、单一的政治单元;(2)在国际结构方面,物质能力应当排在第一位;(3)在国家偏好的性质方面,国家都是为了生存、安全而争取相对权利,具有固定不变的冲突性目标。参见唐小松《论现实主义的发展及其命运》,《世界经济与政治》2004 年第 7 期,第 9—10 页。

⑥ 参见李少军《国际政治学概论》,上海人民出版社 2014 年版,第 45 页。

的,国际政治以争取权力为国家行为准则和导向,国家利益高于其他要素。① 现实主义不可避免地将霍布斯"自然状态"理论引入国际关系之中,认为国家之间缺乏信任,只能依靠自己的力量寻求自我保护和安全;国际社会的"自然状态"是国家之间彼此利益互斥的战争状态,是典型的零和游戏。② 即使世界相互联系趋于紧密,在所谓的政治游戏或博弈中各国仍然会以本国利益为出发点去制定政策;相互依赖的合作并没有改变自治性和单边决策的现实,而合作本身也不过是各国进行交易的一种手段。③ 在此过程中,包括国际法在内的国际规则、规范因受制于国家意志,既无法有效地避免、约束对抗,也无法保障自身的有效施行。以此逻辑推演,修昔底德陷阱便是一个死结,只能尽力延缓其成为现实、但却无法避免。诚然,随着现实主义的发展,部分现实主义者(如共生现实主义)也开始思考国家之间的依赖与共生,对武力使用也愈发审慎。④ 但总体来说,现实主义在国际政治和国际关系中仍侧重于实力和利益;当代价不高时,不妨"多做些好事"。如此,便不难理解修昔底德陷阱理论为何会得出"国强则必争、争则必战"的结论。

3. 修昔底德陷阱理论的部分合理性

综上所述,在现象描述层面,修昔底德陷阱理论很好地把握了人类社会发展的理论走向与实践走向,并在此层面证明了自己的合理性。但在结论形成层面,修昔底德陷阱理论却过于绝对:即使国际社会中的冲突(尤其是大国间冲突)是不可避免的,但冲突并非山上滚落的巨石一般,只能眼睁睁地看着毁灭性结果而束手无策。总体来说,修昔底德陷阱在一定程度可被视为现实主义的缩影:它充分认识到国际社会的现实和人性本质的需求,但也深陷其中,对人性、国际社会过于悲观,过于强调冲突的循环与加剧,甚至认为人类的未来只有灭

---

① 六项原则即:(1)政治受到植根于人性的客观法则支配,这些法则不受人的偏好左右;(2)政治家的思想和行动是从被界定为权力的利益出发,这一假定可以让我们回顾和预言政治家已经和将要做出的行为;(3)何种利益能决定政治行为由制定政策时所处特定历史时期的政治、文化环境决定;(4)普遍道义原则在抽象形势下无法适用于国家行为,必须具体情况具体分析;政治中没有至高无上的品德,国家生存就是道义原则;(5)特定国家的利益或道义原则不能等同于全国际社会普世的道义和利益;(6)政治现实主义是从以权力为界定的利益出发进行思考的。See Hans J. Morgenthau: *Politics among Nations: the Struggle for Power and Peace*(7th ed.), revised by Kenneth W. Thompson and W. David Clinton, McGraw - Hill, 2006, pp. 4 - 16.

② 参见[英]霍布斯《利维坦》,黎思复、黎廷弼译,杨昌裕校,商务印书馆1986年版,第128—132页。

③ See Jennifer Sterling - Folker: *Theories of International Cooperation and the Primacy of Anarchy: Explaining U. S. International Policy - Making After Bretton Woods*, State University of New York Press, 2002, p. 231.

④ 参见唐小松《论现实主义的发展及其命运》,《世界经济与政治》2004年第7期,第9—10页。

亡。这也是现实主义的困境及被批判的重要原因。① 修昔底德陷阱理论具有合理性,但也仅仅是存在于现象描述层面的部分合理;也正因此,修昔底德陷阱才并非无解。

三　基于国际关系理论的超越路径

既然修昔底德陷阱理论在现象描述层面较为准确地把握了国际社会的现实,那么其所指出的问题就必须引起人们的警觉。实际上,修昔底德最初对雅典与斯巴达关系的论述之所以会逐步发展为修昔底德陷阱理论,也正是由此间两千余年历史中人类对冲突的不当处理所推动的。前车之鉴,历历在目。如果不能合理化解冲突(尤其是大国间冲突),即使修昔底德陷阱理论在结论形成层面上实为极端,但它仍会成为横亘在人类历史之路上的峻峰,阻碍人类的发展。

(一)现实主义的路径

如上所言,尽管整体上现实主义对国际社会的未来表示悲观,并和修昔底德陷阱理论存在密切联系,但同样有一些现实主义者试图"在黑暗中寻找光明"。他们按照现实主义的方法论对修昔底德陷阱理论所描述的现象进行分析,并认为在特定条件下,超越修昔底德陷阱的可能性确实存在。

其中,亨利·基辛格(Henry Kissinger)的分析颇为经典。他在着重论述了鸦片战争以来中国内政外交的独特性后指出:中美各自面临着国内外的严峻挑战,而这种挑战并非主要由中美双方造成;双方存在冲突的可能,但合则两利、争则两败,因为双方之间决定性竞争应放在经济、社会等层面而非军事层面,中美关系也不应是零和博弈,问题的关键在于中美两国实际要求对方做什么。在此基础上,基辛格认为,在注定无法成为"好友般的伙伴关系"的情况下,中美两国应当为了各国人民、为了世界福祉而"共同进化";这种共同进化需要处理三个层面的关系:正常的大国交涉机制、常态性危机讨论的框架化以及最终作为各国联合体的"太平洋共同体"。而此"太平洋共同体",在基辛格博士看来,是一个需要有关国家领导人的高度重视及互信才能构建起的体系。②

---

① 参见何志鹏《国际法哲学导论》,社会科学文献出版社 2013 年版,第 35 页;唐小松《现实主义国际法观的转变——对共生现实主义的一种解读》,《世界经济与政治》2008 年第 8 期,第 71 页。

② 参见[美]亨利·基辛格《论中国》,胡利平等译,中信出版社 2012 年版,第 502—518 页。

（二）康德及自由主义的路径

康德（Kant）曾在人类整体层面分析了永久和平（Perpetual Peace）的可能性。① 他认为，永久和平的条件之一便是"国际权利建立在自由国家联盟的基础之上"；真正的和平要求在国家内部、国家之间均存在正当的法律规则，且这种状态应当是全球性的状态。② 这种"和平联盟"（Pacific Federation）旨在维持和保障国家间自由，而非如国家般地获取某些权力；国家应当放弃"野蛮、无法的自由"（Wild，Lawless Freedom），并在顺应一个具有约束力的公法（Public Binding law）的情况下朝着一种"各民族共同的国家"（Civitas Gentium）发展。但是，这种国家间规则既非国际法意义上的规则，③也无意鼓励国家之间的合作、互利、共赢；相反，这些规则意在推翻现有国家体系，并在全人类共同利益一致性的前提下，实现国家边界和意识形态冲突的超越，最终实现世界社会。④

面对相同问题，自由主义也受到了康德主义的影响。除早期信奉"放任原则"的古典自由主义外，新自由主义、理想主义（Idealism）及自由制度主义（Liberal Institutionalism，或称理性制度主义）等均在批判现实主义的基础上主张人性向善和国家合作交往的必要性，以博弈论为分析工具，认为在无政府的状态之下，国家间日益密切的联系（尤其是因经济交往产生的相互依赖）会使国家在彼此获利的基础上达成足以缓和冲突的合作与共识。在认识到冲突的难以避免后，自由主义认为，和平不能自然实现，只能被构建；方法是通过跨国交往与联系、国际组织等建立起国际秩序，并在这一秩序的框架下处理国际关系。其中，自由制度主义认为，如果国家相信自己成为某个共同体的一部分，采取合作的行为将促进共同利益时，那么合作便是可以实现的。相比于康德主义的"极端化"，自由主义将如何实现和平共处、互利共赢和利益交换等视为国际体系的前提。

（三）建构主义的路径

在英国学派的影响下，建构主义将国际制度（Institution）、国际规范（Norm）和国际规则（Rule）等作为核心要素，以社会学视角观察国际政治与国际关系；

---

① 若继续往前追溯，康德的"永久和平论"也受到过卢梭的启发。参见［英］罗素《西方哲学史》（下卷），商务印书馆 2010 年版，第 255 页。

② See Immanuel Kant, *Toward Perpetual Peace and Other Writings on Politics*, *Peace*, *and History*, edited by Pauline Kleingeld, translated by David L. Colclasure, Yale University Press, 2006, editor's introduction, p. xv.

③ See ibid, p. 79. 康德对早期及与他同时期的国际法学者的观点并不十分认同，也怀疑通过诉讼等法律程序解决国际争端的可能性。

④ See ibid, pp. 74−81；［英］赫德利·布尔：《无政府社会：世界政治中的秩序研究》，张小明译，上海人民出版社 2015 年版，第 24—32 页。

在强调国际体系重要性的同时,关注制度、规范、规则的存在与否,为何存在,以及国家为何会予以认可、遵守。① 建构主义者拒绝按照纯粹物质收益计算的方法,努力寻找国际现象背后的心理和文化原因,提倡国际规范的规定性与构成性,认为制度、规则、规范能够创造含义并促使或导致不同社会行为;在此情况下,国际政治中许多重要特征是在社会行为体的具体实践中生产和再生产的。②

　　基于上述观念分析修昔底德陷阱时,建构主义并不完全否认国家实力和国家利益对国际关系的影响,也不完全否认国际社会冲突与对抗的可能性。在建构主义看来,国际规则、规范与国际社会行为体之间存在着动态关系,③而修昔底德陷阱是国际体系发展中的一种可能。建构主义强调集体观念因素对国家行为和国际关系的影响,认为国际社会的构造不是物质现象,而是观念现象;对行为体来说最根本的因素就是共有的"知识",即行为体共同的理解和愿望,这种共有的知识能建构行为体的认同、身份与利益。④ 因此,国家利益是通过社会互动构建的;国家在利益上的偏好具有延展性,既非固有,也不局限于物质状况;国际体系能够改变国家所需:它不是通过约束具有既定偏好的国家行为,而是通过改变偏好来改变国家行为。⑤ 在这一背景之下,建构主义面对修昔底德陷阱理论所给出的对策是:如果行为体之间共有的"知识"能够使它们建立起高度互信,那么它们就会采取和平手段解决冲突,形成安全共同体。

(四)小结:重视体系、陷于体系的诸路径

　　尽管互有分歧,但上述路径无不指向同一点:破局的关键在于国际体系。概言之,对于如何超越修昔底德陷阱,部分现实主义者认为应当在均势政治之下,以体系促共存;自由主义者认为应当在经济联结之下,以体系促互利;建构主义者认为应当在社会互动之下,以体系促认同。这三种超越修昔底德陷阱的路径都认识到了国际社会中体系的重要性,但同样"陷于"体系之中:现实主义始终立足于国家利益和权力,试图运用政治、经济、军事、文化及历史等因素进行"沙盘推演",将超越修昔底德陷阱的希望寄托在国家理性选择之上;康德主

---

　　① 参见 Alexander Wendt, *Social Theory of International Politics*, Cambridge University Press, 2003, p. 24;秦亚青《建构主义:思想渊源、理论流派与学术理念》,《国际政治研究》2006 年第 3 期,第 4、6 页。

　　② 参见[英]赫德利·布尔《无政府社会:世界政治中的秩序研究》,张小明译,上海人民出版社 2015 年版,第四版序言,第 14 页。

　　③ See Wayne Sandholtz, "Dynamics of International Norm Change Rules against Wartime Plunder," *European Journal of International Relations*, 2008, 14, p. 104 and pp. 108 – 109.

　　④ 参见李少军《国际政治学概论》,上海人民出版社 2014 年版,第 87—88 页。

　　⑤ 参见[美]玛莎·芬尼莫尔《国际社会中的国家利益》,浙江人民出版社 2001 年版,第 2—3 页、第 7—13 页。

义的"永久和平论"希望通过国家间规则实现国家体系的瓦解和新型世界社会的建立,显得激进和理想化;自由主义同样注重国际规则,尽管没有康德主义那么激进,但同样缺乏对国家权力、利益等因素的现实考虑,过于强调利益的和谐而忽视了利益的根本性冲突,尽管其思想具有合理性,但仍经历了实践中的巨大挫折;①建构主义从国际社会及国际关系的动态角度关注体系的发展变化,但因不相信"残酷的物质事实和冰冷的权力政治"②导致无法很好地解释权力的核心意义。③

四　基于国际法的超越路径

前述路径均具备合理性,但同时也都存在一些粗疏之处:现实主义和自由主义看到了体系的重要性,但却无法保证建成后的体系能够较为稳定地运作;建构主义尽管对体系的运作进行了充分思考,但却对国际社会现实缺乏重视。由此产生的问题是:如何在正确认识国际现实的情况下,最大限度地保持国际体系的稳定,从而实现对修昔底德陷阱的超越?

吕思勉先生曾道:"历史者,所以说明社会进化的进程者也。"④人类数千年历程已经表明:无规矩不成方圆,维持社会化的体系需要具备与之相匹配的、与时俱进的规范、规则及由这些规范、规则形成的制度;在各类社会规范、规则中,法律是最有力、最具成效的;不仅国内社会如此,国际社会亦然。⑤ 故而,国际法无疑能实现国际关系学各路径所无法实现之事;换言之,在国际体系之中,国际

---

①　例如,现代理想主义者们希望通过国际组织的方式管理国际事务、消除权力政治,用法律和道德的框架取代军队和战争,其着眼点便是集体安全,而1919年国际联盟的建立可以说是这一思想的实践。但因现代理想主义本身尚未完善,且国联因一系列政治因素而失败,使得理想主义被视为一种空想主义,并在"二战"后被现实主义所取代;再如,基于康德主义发展而来的"民主和平论"(Democratic Peace)成为21世纪初期自由主义理论的一个讨论焦点,提出"民主国家之间是否会比其他类型国家之间更少发生战争",同样备受争议。

②　参见[英]赫德利·布尔《无政府社会:世界政治中的秩序研究》,张小明译,上海人民出版社2015年版,第四版序言,第15页。

③　参见何志鹏《国际法哲学导论》,社会科学文献出版社2013年版,第37页。

④　参见吕思勉《中国通史》,中华书局2015年版,第5页。

⑤　关于这一问题的论述十分丰富,可参见[英]赫德利·布尔《无政府社会:世界政治中的秩序研究》,张小明译,上海人民出版社2015年版,第110—137页;路易斯·亨金《国际法:政治与价值》,张乃根等译,中国政法大学出版社2005年版,第34—61页;James Crawford, *Brownlie's Principles of Public International Law* (8th ed.), Oxford University Press, 2012, pp. 3 - 19;王铁崖主编《国际法》,法律出版社1995年版,第1—31页;张文显主编《法理学》,高等教育出版社2012年版,第39—51页;何志鹏《国际法治论》,北京大学出版社2016年版,第47—66页。

法也能成为一条不同于之前的超越修昔底德陷阱的新路径。

（一）界限划定：国际法的性质和范围

本文意图说明国际法具有超越修昔底德陷阱的能力，因此在具体论证前首先需要对"国际法"这一概念加以明确。

1. 性质界定

国际法是什么？[①] 不同的学科、学派对此有不同的认识：在法学领域，自然法学派和实证法学派各执己见；在国际政治和国际关系领域，现实主义、自由主义和建构主义同样看法不一。总体而言，法学领域对国际法的分歧主要源于各学派对"何为法"这一更抽象的问题存在不同认识，且理论法学在分析国际法时往往以国内法的理论及实践作为参照。而国际政治和国际关系理论的判断依据主要是国际法在国际社会运作的现象而非本质，并未深入考虑国际法自身的理论体系，故而难免会忽视国际法真正的作用与内涵。只有结合上述理论，将国际法置于国际社会的环境中进行动态观察，才能更接近国际法的本质：国际法是分散的国际社会中的平位法，是具有平等法律地位的国家之间的协定法，是以国家自愿接受为主的弱法，以大国意志为核心的不对称的法。[②]

2. 范围界定

国际法范围的明确，亦即国际法渊源的界定，对于探究如何利用国际法超越修昔底德陷阱同样非常重要。从传统的角度看，最为经典的解读在于《国际法院规约》第 38 条，其所列举的"条约、国际习惯、一般法律原则"也被视为最主要的国际法渊源，能直接作用于国家等国际法主体，并产生相关权利义务。然而，随着国际社会、国际关系朝向多样化、复杂化快速发展，很多国际法的经典观念和现有体系都面临着来自理论与实践的双重压力，因此出现了许多无法准确归入上述三种渊源、但却具有一定法律性质和效力的原则、规则、规范。[③] 但深究之下就可发现，这些都是国家在传统国际立法进程艰难、缓慢之时而选择

---

① Prosper Weil 教授在 20 世纪 80 年代对"what is international law"这个古老的问题进行了反思和重构，把着眼点从"国际法的基础（basis or foundation）"转化为"国际法的成分（component）"，主张从"国际法规范（international law norms）"出发，而非将国际法看成一个笼统的整体。见 Prosper Weil, "Towards Relative Normativity in International Law", *American Journal of International Law* 1983, 77, pp. 413 – 442。此后，Alain Pellet 教授在此基础上进行了进一步延伸，分析了国际法所面临的"规范困境（normative dilemma）"。见 Alain Pellet, "The Normative Dilemma: Will and Consent in International Law – making", *Australian Yearbook of International Law*, 1992, 12, pp. 22 – 53。

② 鉴于本文重点并非在此，因此不再赘述，具体论述参见何志鹏《国际法哲学导论》，社会科学文献出版社 2013 年版，第 22～54 页。

③ 参见 Malcolm N. Shaw, *International Law* (7th ed.), Cambridge University Press, 2014, pp. 82 – 84。

的替代性意愿表达、行为模式及期待。单纯因这些原则、规则、规范不具有绝对意义上的法律约束力便否认其在现实中的效果,反而有悖于国际社会的实际情况。更何况,作为传统意义上国际法渊源的条约、习惯国际法等规则在实际应用中也会存在"硬法不硬"的情况,仅以法律约束力来考察国际法渊源未免过于苛刻。①

(二)国际体系的再界定:由国家意志编织而成②

国际关系各学派重视国际体系、但却又"陷入"体系之中;国际法或可超越修昔底德陷阱,但同样也需要在国际体系中运作。本文认为,"国际体系"包含国际制度及其运作,包括政府间国际组织、非政府组织、国际仲裁机构及其他争端解决机制、政府间双边或多边会谈机制等多种形式。鉴于国际关系学的前车之鉴,为了更好地把握国际体系与国际法的关系,首先需要对国际体系进行再界定。

1. 唯意志论的误区

国际关系各分支从不同角度强调了国家利益。如果进行抽象概括,可以发现国家利益实际上与国家意志息息相关:本质上,利益以人的需求为基础;对利益的追求体现在国家决策、行动的各个环节,客观上的利益追求也得以与主观上的意志表达产生了密切联系。③ 因此,国际关系中强调国家利益与强调国家意志便具备了一定的同一性。以此为基础可以发现,国际关系各学派所提出的修昔底德陷阱的超越路径都在不同程度上立足于国家意志,体现了唯意志论(Voluntarism)的色彩。④

客观来说,作为特殊的社会规范,无论国际法还是国内法,其产生、发展及运作的全过程都不可避免地涉及国家意志因素。⑤ 但唯意志论走向了极端。从

① 参见何志鹏《国际法基本原则的迷失:动因与出路》,《当代法学》2017 年第 2 期,第 32—45 页;何志鹏《逆全球化潮流与国际软法的趋势》,《武汉大学学报》(哲学社会科学版)2017 年第 4 期,第 54—69 页。

② 当然,除国家意志外,非政府组织、跨国公司、私人等也会对国际社会和国际法产生一定影响。但因国家仍是国际社会最主要的行为体、国际法最直接的主体,并基于论证内容和范围的考虑,本文暂不讨论国家以外的行为体。

③ 参见王浦劬等《政治学基础》,北京大学出版社 2014 年版,第 45—49 页、第 376—391 页。

④ 常设国际仲裁法院(PCIJ)在"荷花号案(Lotus)"中表示:"法律规则对国家的约束力源于国家的自由意志",see the Case of the S. S. "Lotus", Publications of the Permanent Court of International Justice, Series A. - No. 10, September 7th, Collection of Judgment, 1927, p. 18. 一些学者将此论断视为从法律层面对"唯意志论"的解释,并认为唯意志论确保了国际法自身功能的发挥。See Prosper Weil, "Towards Relative Normativity in International Law", *American Journal of International Law*, 1983, 77, p. 420.

⑤ 参见张文显主编《法理学》,高等教育出版社 2012 年版,第 40—47 页;王浦劬等《政治学基础》,北京大学出版社 2014 年版,第 14—15 页。

法律演进的视角观察国际法,可以发现:作为国际社会现实之一的国际法并非独立存在,但仍具备独立性并区别于其他学科;国际法不是一成不变的,而是在不断解决问题的过程中发展进化的;在国际层面,很难严格为合法与违法划定一条非黑即白的界限。① "唯意志论"只看到了形式上的国际法;但实际上,国际法既具有"附加了内容的形式",也具有"置身于特定形式的内容"。②

以条约法为例,国家可以凭自由意志缔结或加入条约,但此后以国家意志为基础形成的法律规则和实施的法律行为却不能单纯凭借国家意志而改变;即使国家不愿受到上述限制,也不能毫无代价地退出。条约反映的不是单一国家意志、甚至也不是多数意志(majority will),而是一种公共意志(communal will),体现了,但又不完全等同于任一缔约方的意志;换言之,这是具有不同倾向和主张的意志在同一体系之下的对抗、妥协、重整与再加工。③公共意志能够实现单一国家意志无法实现的事项;国家意志并非不必要,但应将其置于国际社会环境中,且社会背景也是规则的重要部分。④ 这种结论不仅适用于条约法领域;推而广之,在国际组织决议等国际软法中同样存在上述公共意志,只是其过程和节奏更加迅速。⑤

---

　① See Oscar Schachter, "The Evolving International Law of Development", *Columbia Journal of Transnational Law*, 1976, 15, pp. 1 – 16; Oscar Schachter, "The Nature and Process of Legal Development in International Society", in R. St. J. Macdonald, Douglas M. Johnston (ed.), *The Structure and Process of International Law: Essays in Legal Philosophy Doctrine and Theory*, Martinus Nijhoff Publisher, 1983, pp. 745 – 808

　② See Alain Pellet, "The Normative Dilemma: Will and Consent in International Law – making", *Australian Yearbook of International Law*, 1992, 12, p. 24.

　③ 自罗马法以来的法律实践已经表明,倘若复数的意志无法达成合意,则无法在法律上产生效力,条约自然无法产生。

　④ "二战"之前,单一大国的国家意志或大国集团的集合意志的确在很大程度上左右了现实政治主导下的国际关系;"二战"后,尽管大国政治和强权政治仍然存在,但在一些新兴国家、小国集团及各种国际组织、国际制度的制衡下,单一或集合的国家意志已经很难完全左右国际法的形成、发展过程了。参见 Alain Pellet, "The Normative Dilemma: Will and Consent in International Law – making", *Australian Yearbook of International Law*, 1992, 12, pp. 34 – 35;何志鹏《国际法治论》,北京大学出版社 2016 年版,第 172—188 页。典型的例子体现在人权领域,即使"不干涉内政原则"作为一个被普遍接受的国际法原则得到了国际社会的认同,但国家也不能完全以内政为借口在特定领域(如环境、人权等)主张自我意志和国家主权的绝对化,仍然需面对来自国际社会的必要监督。See Malcolm N. Shaw: *International Law* (7th ed.), Cambridge University Press, 2014, pp. 194 – 247.

　⑤ 即使美国也承认,联合国体系的"共识(consensus)"应当是各方在大体上对某一决议都能够接受,如果存在部分不同观点,只要不以反对票或正式弃权等形式表现出来,则这种局部分歧但整体接受的决议同样体现了共识;换言之,共识是一种"不存在正式反对的程序性路径(away ofproceeding without formal objection)"。See The Secretary's Report to the President on Reform and Restructuring of the UN System, Dept St. Publ. 8940 (June, 1978), in Stephen M. Schwebel, "The Effect of Resolutions of the UN. General Assembly on Customary International Law", *American Society of International Law Proceedings*, 1979, 73, pp. 301 – 302.

2. "朋党式体系"的排除

除整体层面的国际体系外,国际社会在不同具体层面均会形成不同体系,其中难免存在矛盾与冲突。在探究体系之间潜在的冲突与矛盾时,有一种"体系"需要被排除:即基于共同利益而相互结党、彼此倾轧、制造对立与冲突的"朋党式国际体系"。① 这种朋党式体系或许有其历史原因及时代需求,但也无疑会助长冲突与对抗。换言之,在面临战略冲突所引发的结构性矛盾时,各方选择毫不退让地对抗;竞争的势头则把越来越多的国家裹挟其中;相互竞争的阵营通过自我定义和观念宣示而彼此割裂,并形成各自的体系;这种体系一旦形成,就难以挣脱自我强加的要求和预设的假设前提。朋党式体系注定不会为国际社会带来福祉,甚至可以被视为国际体系极端化发展的畸形产物,并在一定程度上成为修昔底德陷阱的温床。

从这一角度讲,凭借国际法超越修昔底德陷阱的要求之一便是通过国际法的引导和促进,避免此类朋党式体系的产生和激化;这既是目的,也是手段。如果以此为体系的前提,则体系之间潜在和现实存在的冲突才并非不可化解:冲突往往是附带的而非主观故意的,且主要发生在规范与操作层面,这与国家之间的直接利益冲突存在差异,不会对国际社会产生严重影响;相反,冲突的解决会进一步促进体系彼此间的和谐。②

(三)何以超越:国际法作用的彰显

1. 国际法与国际体系的相互作用

诚然,并非所有情况下国家都能对关键事项达成共识,并产生一个足以约束全体国家的公共意志。③ 但正如路易斯·亨金所指出的,国际社会和体系植根于一些不言自明、渊源悠久,并被广泛接受的基本假定,如国家的自治、平等

---

① "朋党之争"在中国是一个由来已久、令人警醒的现象,特指为争权夺利、彼此对立勾结而成的集团、派系。尽管是中国传统的历史概念,但在国际社会的发展过程中同样有所体现,如"一战"前欧洲的不同势力的党同伐异及此后的同盟国、协约国各自阵营,以及冷战期间以美苏对抗下北约、华约的军事体系。关于朋党的论述,《战国策》中就有相应论述,参见(汉)刘向《战国策》(上),(南宋)姚宏、鲍彪等注,上海古籍出版社 2015 年版,第 382 页。其他分析论述,参见漆侠《范仲淹集团与庆历新政——读欧阳修〈朋党论〉书后》,《历史研究》1992 年第 3 期,第 126—140 页;商传《从朋党到党社——明代党争之浅见》,《学习与探索》2007 年第 1 期,第 222—227 页;钱振宇《党争背景下的"君子群体政治"与"君子个体政治"——以中晚唐政局为中心》,《中国文化研究》2014 年第 2 期,第 67—74 页。

② 参见何志鹏《国际法治论》,北京大学出版社 2016 年版,第 184—185 页。

③ 例如,2017 年 7 月 7 日,被视为"具有历史意义"的《禁止核武器条约》草案在联合国总部获得通过,然而,包括安理会五个常任理事国在内的多数有核国家却未参与该条约的谈判。参见联合国新闻《国际核裁军机制的历史性进展:〈禁止核武器条约〉诞生》,http://www.un.org/chinese/News/story.asp? NewsID = 28349,最后访问日期:2017 年 9 月 17 日。

及对条约的恪守;这些具有"宪法性特征"的国际法在实践上与国际体系是并行的,甚至不依赖国家的同意;不论国际关系如何变幻,这些国际法规则都蕴含在国际体系之中。① 以此反推,废弃这些规则也意味着国际社会的分崩离析;只要现有国际社会和国家体系不变,国家意志就必须在上述原则和规则下行事。因此,即使在某一领域尚未达成公共意志,但国家对国际法的选择并非"菜单式"的承诺,无法只选择自己喜欢的规则,并抛弃其他规则,也不可能忽视人类与世界的发展、取向。② 这是一个缓步推进,但意义深远的过程。

　　以上论述实际表明,国家意志有一些无法触碰的底线,因此无法绝对地支配国际法;各种意志的整合反而为国际法提供了发展的空间。在国际法发展的初期,当国家缺乏足够约束、武力使用仍为常态时,以国家实力为基础的单一或某一集体的国家意志足以影响整个国际关系;但随着实力相当的国家、集团彼此制衡(即均势,Balance of Power)的局面出现,随着人类文明水平和社会发展的提高,随着人类对自身所引发的灾难的反思,国家意志的表达也逐渐从曾经的"一言堂"转变为目前的"百家争鸣"。整体而言,不同的意志经过相互对抗与妥协后,被整合为普遍接受的公共意志,并对置身其中的国家产生影响,体现为传统意义上"硬法"的外在约束力或是新时期下"软法"的内在驱动力;具体而言,每一次意志表达在为国家带来权利的同时,也是国家为自己下次在相似问题上表达意志时做出了限制。③ 而一次次国家意志的表达与交融就如一条条蛛丝,逐渐编织成国际社会规则的网络体系,并不断扩大涵盖范围。在这一体系下,国际法的产生、发展是有理由、有支持的,并能在大多数情况下良好运作;尽管的确存在一些不完美或无法达成一致的情况,但它们至少提供了一个"最低行为准则",并确认了人类共同理念,为评判国际行为的正当性提供了独立的

① 参见[美]路易斯·亨金《国际法:政治与价值》,张乃根等译,中国政法大学出版社2005年版,第34—61页。尽管亨金本人基于国际政治和国际关系的思维,将国家的同意视为国际法基础,并强调国家意志的重要性,其观点基本属于前述"唯意志论"的范畴;但亨金本人也承认,在国际法的范畴中存在着一些不容侵犯、并被普遍遵守的内容。
② 参见[英]飞利浦·桑斯《无法无天的世界》,单文华、赵宏、吴双全译,人民出版社2011年版,中文序言第1页。
③ "有约必守"(pacta sunt servanda)、"禁止反言"(estoppel)等原则已经深深植根于国际法和国际关系之中,并在理论和实践中反复被确认。参见 Malcolm N. Shaw, *International Law* (7th ed.), Cambridge University Press, 2014, p. 73, pp. 372 – 377, p. 374;郑斌《国际法院与法庭适用的一般法律原则》,韩秀丽、蔡从燕译,法律出版社2012年版,第109 – 165页;Lighthouses case between France and Greece, Separate Opinion by M. Séfériadès, Series A/B62, p. 47;Case concerning the Temple of Preah Vihear (Cambodia v. Thailand), Merits, Judgment of 15 June 1962;I. C. J. Reports 1962, p. 6. pp. 22 – 24.

标准。①

　　历史已经证明，单纯通过国际关系行为体之间的互动来约束大国政治、强权政治，已经是近乎难以实现的目标，也正因此才会产生修昔底德陷阱。国际政治不能解决全部问题；②相应的，如果存在一个较为稳定的体系，国家可在其中逐渐明确行为模式，且国际法也能够为国家行为提供指南、划定界限。这是一个相互促进的过程。

　　2. 对国际法与国际体系的正确认识

　　我们需要认识到，国际法的理论及现实应用存在差异；也并非人人都对国际法及负责起草、执行国际法的国际体系持乐观态度。③ 故而，尽管国际法有着前文所述的宏图大志，但至少目前乃至近期内，也必须接受以下现实：前述体系的要点不在于完全杜绝违法现象，也不在于完全实现违法者对受害者绝对公正的赔偿；④要点在于，这种体系为国家与国际法的交融提供了制度性的平台。经由此种体系，如果国家意图提出某种主张或实施某种行为，在具体行为前可以通过此体系进行交流、磋商及合作；在具体行为时，该体系的规则、规范能够提供软性指引或硬性要求；而倘若具体行为产生违法后果，则这一体系最大的意义在于提高国家的违法成本。这一体系以国际制度为硬件、以国际法为软件，并在二者的兼容下加以运作。因此，国际法之所以能发挥作用、之所以能够作为超越修昔底德陷阱的路径，不在于它能否完全确保各行为主体的权利行使、义务履行、责任承担和执行强制（尽管这是国际法乃至任何法律所追求的目标），而是在认清国际社会现实的情况下，⑤在上述通过国家意志编织而成的网状体系中，实现国际制度与国际法的"软""硬"兼施；而这种网状体系同样也是国际法赖以生存的空间。

　　体系的建立能够前瞻性地确立相对长期和稳定的行动安排，概括性地确立行为体的权利与义务，促进国际合作与监督，并推动自身机制完善发展；但制度

---

　　① 参见［英］飞利浦·桑斯《无法无天的世界》，单文华、赵宏、吴双全译，人民出版社 2011 年版，第226 页。

　　② 参见［美］何塞·E. 阿尔瓦雷斯《作为造法者的国际组织》，蔡从燕等译，法律出版社 2011 年版，第919—920 页。

　　③ 参见［英］飞利浦·桑斯《无法无天的世界》，单文华、赵宏、吴双全译，人民出版社 2011 年版，第215 页。

　　④ 这仍然是国际法的长期追求。只不过，在目前现状下，一些目标甚至在国内法之下都不能保证完全得到实现，因此对国际法过于苛求并无助于实际问题的解决。

　　⑤ 国际社会的格局可以被归纳为：无政府、有秩序、全球化和转型中。其中，从近期来看大国政治仍会占据主导地位，但也不能因此而忽视国际社会中对法治、和谐发展和人本主义的追求。参见何志鹏《国际法治论》，北京大学出版社 2016 年版，第 172—291 页。

本身无法构成决定性因素,还需要与之相应的国际法规则。① 在此方面,国际法不仅包含相应机制内部的规则与安排(如国际组织自身的宪章、规约及决议),也包含了更为普遍的一般国际法。这种对体系的认识与建构主义的主张存在共同之处,但却通过对国家意志和国际法的解读跨越了建构主义面对权力时的困境。②

五　超越之途中的中国观念与践行

(一)国际法、国际体系与中国观念

被视为中华民族最惨痛经历的近代史对当下中国参与国际事务、处理国际关系仍具有影响:中国曾长期因积贫积弱导致的国力衰败而备受欺凌,对国际社会及国际法的期待也在一次次惨痛的实践中破灭,加之中西方在基本观念、历史传承、文化传统、思考及行为模式方面存在的差异,最终导致消极情绪、负面认识和不信任感的爆发。此外,近代中国还被同时代西方国家视为"不文明国家"。③ 在此内外因素之下,中国主观上很难参与到国际事务之中,客观上也被当时的国际社会所排斥。④ 因此,鲁迅先生在分析、批判时局后所提出的观点大体上反映了当时中国有识之士的共同观念:中国的命运只有靠自己的努力和奋斗才能改变,寄希望于国际组织及大国"良心"是毫无前途的。⑤ 也正是在这种观念的激励下,中国挣脱了曾经悲惨屈辱的命运束缚,但对国际社会及国际法的不信任也随之积累。⑥ 同时,近代以来的历史是西方崛起并在世界上占据优势地位的历史,⑦国际法也曾被视为"文明国家之间法律规则"的"欧洲公

---

① 参见何志鹏《国际法治论》,北京大学出版社 2016 年版,第 182—185 页。

② 参见何志鹏《国际法哲学导论》,社会科学文献出版社 2013 年版,第 37 页。

③ 参见[澳]杰里·辛普森《大国与法外国家:国际法律秩序中不平等的主权》,朱利江译,北京大学出版社 2008 年版,中文版序。

④ 相关论述,参见程道德主编《近代中国外交与国际法》,现代出版社 1993 年版;林学忠《从万国公法到公法外交:晚清国际法的传入、诠释与应用》,上海古籍出版社 2009 年版。

⑤ 相关论述,可参见鲁迅先生自五四运动到"九·一八事变"前后的多篇文章,其中集中体现在《二心集》《伪自由书》等杂文刊物中。参见鲁迅《鲁迅全集》(第四卷),同心出版社 2014 年版,第 107—328 页。

⑥ 参见基辛格《论中国》,胡利平等译,中信出版社 2012 年版,第 27—84 页;吕思勉《中国通史》,中华书局 2015 年版,第 15—16 页,第 307—558 页;[美]罗威廉《最后的中华帝国:大清》(《哈佛中国史》第六卷),李仁渊、张远译,中信出版社 2016 年版,第 134—259 页。

⑦ 参见[美]斯塔夫里阿诺斯《全球通史:从史前史到 21 世纪》,董书慧等译,北京大学出版社 2005 年版,第 405—636 页。

法";即使数百年之后的今天,国际法很大程度上仍以西方为基础。① 这种倾向及中国对国际法的态度不仅反映在国际社会和国际法的整体建构上,在一些具体环节中也有所体现。②

曾经境遇的根源除了旧中国的落后外,还在于当时的国际体系与国际法仍极不完善。如今,既然中国已经成为大国、修昔底德陷阱所描述的现象已经被摆在面前,而以国际法超越修昔底德陷阱是一条可行路径,那么中国首先应清醒、准确地认识国际体系及国际法:国际法仍有力所不逮之处,亦非救世方舟;但正确认识国际法不等于就此放弃国际法。国际体系并非永恒不变的实体,而是具备着"潮涨潮落般"的政治进程;③只有树立与之契合、与时俱进的国际法观念,才能既不高估、也不低估国际法的真正作用,才能考虑凭借国际法超越修昔底德陷阱的方案。④ 如菲利普·桑斯(Philippe Sands)教授所言:"国际法常常让世界上千千万万的人失望,也将会继续如此。国际法也并没有在世界范围内消除贫困或促进社会公平、健康……但现在还不是放弃的时候。恰恰相反,进入21 世纪以后,国际法比以往任何时候更显重要。"⑤

(二)中国践行的必要性及可行性探究

凭借国际法超越修昔底德陷阱需要国际法在体系化的国际关系中运作。但任何体系的组织机制都需要国际行为体、尤其是国家的参与;否则国际法与修昔底德陷阱本身便毫无意义。因此,中国必须参与其中,方能真正实现修昔底德陷阱的超越;由此产生的新问题便是:这一过程是否必要、是否可行?

---

① 事实也是如此,不管是中国学者还是西方学者,都把 1648 年《威斯特伐利亚和约》视为近代国际法的起点,而格劳秀斯于 1625 年出版的《战争与和平法》则被视为国际法的奠基之作。参见[英]劳特派特修订《奥本海国际法》(下卷·第一分册),王铁崖等译,商务印书馆 1972 年版,第 58—61 页;王铁崖《国际法引论》,北京大学出版社 1998 年版,第 5—6 页;Malcolm N. Shaw, *International Law* (7th ed.), Cambridge University Press, 2014, pp. 10 – 17; Peter Malanczuk,*Akehurs' s Modern Introduction to International Law* (7th ed.),Routledge, 1997, pp. 10 – 12。

② 在经济领域,中国通过 WTO 争端解决机构的参与,已经逐渐形成了积极适用国际经济法规则的态度;但是在经济以外的领域,尤其是许多传统公法领域,中国目前仍更倾向于政治对话等外交途径解决争端。同时,裁判机构中法官等人员的出处仍以西方国家为主,出自中国的少之又少。这对于国际法的适用同样存在影响。具体论述可参见何志鹏、魏晓旭《"南海仲裁案"与国际裁判的公正性——兼论中国相应立场和对策》,《边界与海洋研究》2016 年第 4 期,第 39—43 页。

③ See Malcolm N. Shaw, *International Law*(7th ed.), Cambridge University Press, 2014, p. 321.

④ 这种"高估"或"低估"反映在国际法领域中体现为"国际法万能主义"和"国际法虚无主义"。这些观念自身与"法律虚无主义"和"法律万能主义"也存在联系。参见朱景文主编《法理学》,中国人民大学出版社 2011 年版,第 41—44 页;何志鹏《中国国际法教学提升的"道"与"术"》,《中国大学教学》2017 年第 4 期,第 19 页。

⑤ 参见[英]飞利浦·桑斯《无法无天的世界》,单文华、赵宏、吴双全译,人民出版社 2011 年版,第 17 页。

1．必要性探究

第二次世界大战以后，国际社会的体系构建主要在西方国家主导下进行；尤其是 20 世纪 90 年代苏联解体之后，以美国为首的西方国家在国际社会占据了更多优势。然而，体系的主导者同时也在对体系施加破坏：伊拉克战争已经被证实为严重违背国际法；①满口"人权、人道"的英美等国亦因关塔那摩②和干涉他国内政③而备受指责；以反恐为借口进行的独断专行更是令人警醒。④ 以至于很多专家、学者都尖锐地质疑道：美英的所作所为，是否意味着两国已经抛弃了它们在"二战"后比其他国家更积极主张建立的国际法律机制？ 如果是，这意味着 21 世纪国际法又有怎样的未来？⑤ 这也导致了许多国际政治和国际关系学者在思考修昔底德陷阱时对国际法不予重视。

---

① 例如，时任联合国秘书长安南曾多次表示伊拉克战争的非法性。相关言论、分析，见 John Yoo，"International Law and the War in Iraq"，*American Journal of International Law*，2003，97；Andreas Paulus，"The War against Iraq and the Future of International Law：Hegemony or Pluralism"，2003 – 2004*Michigan Journal of International Law* 691；Laszlo Valki，"Invasion of Iraq：An Illegal War"，2004，*Annales Universitatis Scientiarum Budapestinensis de Rolando* 61；Robert M. Chesney，"Iraq and the Military Detention Debate：Firsthand Perspectives from the Other War，2003 – 2010"，2010 – 2011，*Virginia Journal of International Law* 549；［英］飞利浦・桑斯《无法无天的世界》，单文华、赵宏、吴双全译，人民出版社 2011 年版，第 187—191 页。

② 甚至包括国内法院的指责。例如，美国最高法院在"哈姆丹诉拉姆斯菲尔德案"及"布迈丁诉布什案"中对美国政府在关塔那摩的所作所为进行了批判；See Lakhdar Boumediene，et al.，Petitioners，v. George W. Bush，President of The United States，et al.，Supreme Court of the United States，128 S. Ct. 2229；Salim Ahmed Hamdan，Petitioner，v. Donald H. Rumsfeld，Secretary of Defense，et al.，Supreme Court of the U-nited States，126 S. Ct. 2749；英国上诉法院也在"阿巴斯案"中批判了英国政府对于英国公民被关塔那摩监狱关押时的态度，see R. (on the application of Abassi) v Secretary of State for Foreign and Commonwealth Affairs，Court of Appeal (Civil Division)，06 November，2002.

③ 例如，国际法院指出："当前国际法并不存在以支持他国反对派为目的的普遍干涉权，且在直接或间接涉及武力使用时，违背不干涉原则也会导致对禁止使用武力原则的违背"；同时，ICJ 也不认同一国出于为了给另一国选择特定的意识形态或政治制度的目的而进行干涉的行为，并指出："对于保障人权这一严格的人道主义目标而言，使用武力并不是一个合适的选择；国际法也不允许一国单方面诉诸武力来补救另一国的人权状况。"See *Military and Paramilitary Activities in and against Nicaragua (Nicaragua v. United States of America)*. Merits，Judgment. I. C. J. Reports 1986，p. 14，pp. 109 – 110，paras. 209，263，268 and 332. 其他论述，see Theodor Meron，"Commentary on Humanitarian Intervention"，in Lori Fisler Damrosch and David J. Scheffer(ed.)，*Law and force in the New International Order*，Westview Press，1991，p. 213；何志鹏《国际法治论》，北京大学出版社 2016 年版，第 354—355 页。

④ 例如，很多学者据此指出霸权主义国际法(Hegemonic International Law)的存在，并把矛头指向美国。参见［美］何塞・E. 阿尔瓦雷斯《作为造法者的国际组织》，蔡从燕等译，法律出版社 2011 年版，第 301 – 304 页；See Gregory M. Travalio，"Terrorism，International Law，and the Use of Military Force"，*Wisconsin International Law Journal*，2010，18；Michael Byers，"Terrorism，The Use of Force and International Law after 11 September"，*International and Comparative Law Quarterly*，2002，51；Greg Travalio and John Altenburg，"Terrorism，State Responsibility，and the Use of Military Force"，*Chicago Journal of International Law*，2003，4。

⑤ 参见［英］飞利浦・桑斯《无法无天的世界》，单文华、赵宏、吴双全译，人民出版社 2011 年版，第 1—3 页。

但正如前文所述,国际法的运作离不开由国家意志交织而成的国际体系;凭借国际法超越修昔底德陷阱便要求消除体系朋党化倾向的可能与风险。当下,经历了冷战后的国际体系仍存在朋党化的残余,而国际体系中占据优势的西方国家的行为举止亦存在不稳定因素。面对这一倾向,需要一个与之相当的力量重新将逐渐偏离的国际体系"拉回正轨"。因此,被视为修昔底德陷阱主角的中国,反而是超越陷阱的主力,中国有必要作为"平衡实力"参与其中;而超越修昔底德陷阱和避免国际体系朋党化也在此层面上具有了同一性。

2. 可行性探究

中国有必要通过国际法超越修昔底德陷阱,但中国是否有这个能力与资格? 答案显然是肯定的。从综合实力来看,改革开放后的中国在政治、经济、文化、法律等多个领域都取得了举世瞩目的成绩;从思想观念来看,20 世纪 50 年代所提出的"和平共处"五项原则在经过数十年发展后,已经成为被世界认可的国际法原则;此后中国先后提出的"和谐社会"、"人类利益共同体"理论也得到了国际社会的积极回应;从国际法理论构建来看,中国在人权、海洋、环境、反恐、贸易、投资、金融等多个领域逐渐提出了自己的主张。① 因此,中国需要,且有资格在国际事务中表明自己的立场。尤其在国际经济领域,中国不仅自身在改革开放之后取得了举世瞩目的成绩,同时在几次全球经济危机中保持着动力,并为其后的国际经济重振与发展做出了不可忽视的贡献。那么"内善其身、外济天下"的中国当然可以对国际体系提出自己的观点、推进自己的主张。② 而与前述西方国家不同的是,中国要做的不是试图冲破甚至掌控当下的国际体系,而是把这一体系"拉回正轨";这一过程既重振了国际法,也提升了中国地位,同时也是中国靠自己的努力超越修昔底德陷阱。

(三)践行之法:国际法的中国理论与实践构建

既然超越修昔底德陷阱的过程也是国际法的运作过程,那么其中就必然要对国际法的内容和框架进行充实;倘若中国希望通过国际法把当下国际社会的不良势头拉回正轨,自然也不能仅靠言辞动人,而是将中国立场和世界需求加以融合,并以此在各领域中提出具体的规则、制度;换言之,就是需要形成国际法的中国理论与实践。这是兼具深度和广度的话题,故而本文只能精炼要点,

---

① 参见曾令良等《中国和平发展的重大前沿国际法律问题研究》,经济科学出版社 2011 年版;何志鹏等《国际法的中国理论》,法律出版社 2017 年版,第 260—338 页;廖益新《共和国六十年法学论争实录》(国际法卷),厦门大学出版社 2011 年版。

② 这不仅是中国学者的主张,同样也得到了西方学者的认同,见 John D. Ciorciari, "China's Structural Power Deficit and Influence Gap in the Monetary Policy Arena", *Asian Survey*,2014,54(5),pp. 869 – 893。

无法全面展开论述。

1. 国际法的中国理论构建

理论是对现实境况及其趋势的归纳、总结,是寻求其共性与规律的人类思考成果,并有着极为重要的实践指导意义。而国际法的中国理论便要求被归为国际法框架内的理论源于中国、能够表达中国、能够有助于中国发展。如前所述,国际法与国家意志息息相关,反映了多元利益主张对立之下国际体系的平衡与统一。① 那么提出、发展国际法的中国理论本质上便不会使国际法乃至国际体系更加分散,而是中国促使国际法、国际体系更加平衡发展的过程。

从目前的角度看,国际法的中国理论的构建与发展可以从以下几个层面展开:(1)注重借鉴和吸收中西方法律文化和先进经验,但必须去其糟粕、批判地继承。(2)对中国当下及未来的立场加以明确,对中国面临的问题进行重点分析。(3)如果把目前中国所提倡的道路自信、理论自信、制度自信、文化自信等落实到国际法中,便可发现:制度自信的关键在于制度效用和制度完善;道路自信的核心在于不断探索和试错;理论自信的基础是理论挖掘和创新;文化自信的根本在于文化的总结和传播。(4)树立切实、鲜明的核心价值观引导国际法理论的发展方向。(5)在学界内部、学界与政府行政部门等国际法实践机构间形成正反馈模型,以完善理论和学术机制。②

2. 国际法的中国实践提升

实践受到理论指导,并能反向促进理论的发展。唯有理论与实践相互融洽,中国才能凭借国际法超越修昔底德陷阱。在如今国际体系中,中国对内要巩固既有成果,全面提升自身实力、制度建设能力、法律体系完整性和科学性,保证自己具有参与国际事务的能力;对外则可采取法律外交、③经济外交④等手段,争取合作伙伴,推动区域化进程;并在相关规则制定方面争取话语权,将中国所期望的体系和交往模式制度化、法律化,而非只流于形式。

---

① 参见何志鹏、孙璐《国际法的辩证法》,《江西社会科学》2011 年第 7 期,第 142—149 页。

② 参见何志鹏等《国际法的中国理论》,法律出版社 2017 年版,第 5—51 页、第 322—345 页。

③ 参见张文显、谷昭民《中国法律外交的理论与实践》,《国际展望》2013 年第 2 期,第 2 页。

④ 参见周永生《经济外交》,中国青年出版社 2004 年版,第 13—31 页。相关论述,见 Peter A. G. van Bergeijk, Maaike Okano - Heijmans, Jan Melissen, "Economic Diplomacy The Issues", *Hague Journal of Diplomacy* 2011(6), pp. 1 - 6; Maaike Okano - Heijmans, "Conceptualizing Economic Diplomacy The Crossroads of International Relations, Economics, IPE and Diplomatic Studies", *Hague Journal of Diplomacy* 2011(6), pp. 7 - 36; Yang Jiang, "Great Power Style in China's Economic Diplomacy Filling the Shoes of a Benign Hegemon", *Hague Journal of Diplomacy* 2011(6), pp. 63 - 81。此外,也有学者在经济外交的基础上提出了"经济外交法",涵盖了经济外交的诸多层面,而非只限于经济合作与贸易的范畴。参见何茂春《经济外交法》,世界知识出版社 2014 年版,第 3—33 页。

此外,中国还需注重国际法的技术提升和能力建设。目前中国尽管在综合国力上突飞猛进,但在技术层面上仍和西方国家存在差距。① 由于历史及现实的原因,如今的国际法总体上沿袭了西方国家,尤其是英美法系的法律传统和观念。这些从国际法院、数个特别刑事法庭及国际刑事法院等司法机关,以及联合国、WTO 等全球性多边国际组织中都有明显体现。因此,具有西方背景(包括政治、文化、法律等因素)的观点主张,以及持有此类观点的个人、国际组织乃至国际司法机构更具有优势。②

不过,事情并非绝对。目前以中国为代表的发展中国家对于国际法乃至整个国际秩序的影响是显而易见的,而且国际法的运作更多的是在选择规范而非寻找规则。③ 如果中国能形成自己的国际法理论,并在此理论上获得相应的国际支持,使体现中国主张和思路的规则被更普遍地接受,便能在维持国际体系平稳发展方面更进一步。

六　结论

正如国际政治和国际关系学者们所观察和分析的,在国际社会空间与资源有限的情况下,国家之间的权力、利益关系是错综复杂的,矛盾、冲突在所难免。这也是修昔底德陷阱理论形成并逐步发展的背景与基础。然而,充斥着矛盾与混乱的修昔底德陷阱只会将国际社会引向不可收拾的境地:"凡事诉诸对抗甚至武力、执意彼此毁灭的人们只能在掩埋了暴行及其实施者的墓穴中寻找和平。"④

---

① 以 ICSID 为例,截至 2017 年 1 月 30 日,投资争端案件中的仲裁员、调解员有 47% 来自西欧、21% 来自北美。见 *The ICSID Caseload - Statistics* (*Issue* 2017 - 2), p. 19。

② 概言之,国际法作为"天下之公器",尽管历史上曾经受到过不同国家、不同文化的影响,但现代国际法在本质上具有明显的"西方性"。参见何志鹏《国际法哲学导论》,社会科学文献出版社 2013 年版,第 350—351 页。

③ 具体而言,如劳特派特(Lauterpacht)所言,国际司法机构在解决问题时并非寻找规则(Find Rules)而是做出选择(Make Choices),且并非是在正当与非正当的诉求间做出选择,而是在具有不同层级法律依据的诉求间做出选择。而对于选择的标准,由于国际司法机构的判决、裁决及咨询意见等司法文件,以及国际组织相应的法律文件难免会带有做出这些文件的法官、仲裁员、专家组成员等人士的个人倾向,使得标准往往存在倾向性。而目前西方国家出身的法官、仲裁员们在人数上占据绝对优势,按照当前多数表决的制度,西方国家出身的法官们所抱有的倾向也会在一定程度上影响国际法本身的"意愿"。参见何志鹏《国际法哲学导论》,社会科学文献出版社 2013 年版,第 351—352 页;Rosalyn Higgins, *Problems and Process*: *International Law and How We Use It*, Oxford University Press, 1994, p. 3。

④ See Immanuel Kant, *Toward Perpetual Peace and Other Writings on Politics*, *Peace*, *and History*, edited by Pauline Kleingeld, translated by David L. Colclasure, Yale University Press, 2006, p. 81.

　　因此,寻求修昔底德陷阱的超越才是明智之举。其中,在国家意志交织而成的国际体系中,国际法所发挥的引导与限制功能为超越修昔底德陷阱提供了一个方向。诚然,国际社会对国际法仍怀有质疑,且国际法自身也体现为一种弱法,但在历史的教训之下,在人类对国际社会稳定和谐的外在需要和对公平正义的内在追求之下,体系化运作的国际关系和国家行为都无法将国际法排除在外。① 和平或因人类的洞察力而实现,或因面临巨大的灾难而实现;现在的世界正处于这一关头:国际体系存在偏离正轨的风险,对中美关系的猜忌亦有增无减。② 中国无法脱离于国际社会而独善其身,追寻更好的发展也必须考虑到现有局势。因此对中国而言,在正确认识历史与现实的基础上准确把握国际法的性质、范畴和作用,凭借国际法超越修昔底德陷阱也会成为一项可行且必要的使命。

International Law and the
Surmounting of Thucydides Trap

He Zhipeng,Wei Xiaoxu

Abstract：The standpoint of Thucydides more than two thousand years ago that contradictions between the rising powers and established powers are irreconcilable has been developing into the theory of Thucydides Trap which is usually utilized by some people to describe the relation between America and China. Although there are several paths put forward by different schools of International Politics and International Relations, these paths still need further improvement. By contrast, interational law is able to cover the shortage mentioned above and becomes a new path to surmount the Thucydides Trap. In order to achieve this, accurate understandings of international

---

　　① 例如,美国前国务卿赖斯(Rice)曾表示:"我们认识到,美国在国际政治中的道德权威来自美国捍卫国际法和国际条约的能力。"见 U. S. Department of State, Achieve, Remark at Town Hall Meeting, Secretary Condoleezza Rice, Washington DC, January 31, 2005, https://2001 – 2009. state. gov/secretary/rm/2005/41414. htm. (last visited 17 September 2017)。

　　② 参见[美]亨利·基辛格《论中国》,胡利平等译,中信出版社 2012 年版,第 518 页。

law and the international systems consisting of states' wills are necessary. Today, faced with the international systems having been out of control, as a responsible state, China shall balance and stabilize such systems by grasping and utilizing international law correctly, which is also the process of surmounting the Thucydides Trap.

Keywords: international law; Thucydides Trap; states' wills; international systems

民粹主义与全球转型

□ 乔治·劳森著　李东琪译

作者简介：乔治·劳森，伦敦经济学院国际关系学副教授；李东琪，吉林大学公共外交学院硕士研究生。

民粹主义的幽灵

一个幽灵，共产主义的幽灵在欧洲游荡。为了对这个幽灵进行神圣的围剿，旧欧洲的一切势力，教皇和沙皇，梅特涅和基佐，法国的激进派和德国警察，都联合起来了。

——马克思、恩格斯《共产党宣言》

1848 年，"民族之春"的革命浪潮席卷欧洲大部分地区，卡尔·马克思和弗里德里希·恩格斯在动荡中写下了《共产党宣言》。马克思和恩格斯认为，尽管 1848 年革命带有强烈的自由主义理想，但这场革命揭开了资本主义和共产主义之间影响更为深远的对抗的序幕。他们写到，共产主义的幽灵正在围剿资本主义并终将在 1848 年或者不久后的几年中取得胜利。

2017 年，一个新的幽灵——民粹主义而非共产主义——在欧洲游荡。玛丽娜·勒庞（Marine Le Pen）和基尔特·威尔德斯（Geert Wilders）都为欧洲政治蒙上阴影。匈牙利总理维克托·欧尔班（Viktor Orbán）和他的青年民主主义者联盟在匈牙利的国会中占绝对多数。挪威进步党在 2013 年即成为挪威执政联盟的一部分。瑞士人民党目前是该国联邦议会的最大党。民粹主义的幽灵如此强大，以至于弥散到欧洲之外，雷杰普·埃尔多安（Recep Erdogan）、纳伦德拉·莫迪（Narendra Modi）、罗德里戈·杜特尔特（Rodrigo Duterte）、他信·西那瓦（Thaksin Shinawatra）、埃沃·莫拉莱斯（Evo Morales）、尤利乌斯·马莱马（Julius Malema）、唐纳德·特朗普（Donald Trump）等都是民粹主义者。民粹主义的跨国潮流席卷世界，范围波及政治左翼（例如莫拉莱斯）和右翼（例如埃尔多安、杜特尔特、勒庞、欧尔班和特朗普），还包括那些中间派[例如意大利五星运动领袖贝佩·格里洛（Beppe Grillo）]。由此可见，当代的民粹主义被高度接受。

相较于当代民粹主义者所支持的事物，他们反对什么更为清晰易懂。当代民粹主义主要反对以自由市场、自由劳动力的流通和代议制民主为代表的自由主义。民粹主义者不信任主流政治、政党和机构，认为它们是腐败且故步自封的，它们关注那些倾向某些群体特别是女性和少数族裔的项目，牺牲了"真正的人民"的利益。① 当代的民粹主义被重构的自由主义——新自由主义所激活，民粹主义者常称新自由主义为全球主义或者全球化。他们声称新自由主义（全球主义）加剧了混乱，支持新自由主义（全球主义）所遗忘的东西。这些观点获得了广泛共鸣，其原因显而易见：第一，高速流动的市场（特别是在经济领域）不仅未被控制而且无法被控制；第二，不平等达到了前所未有的高度；第三，除了占少数的超级富豪，大部分人的生活比 10 年前或 20 年前更差：2009—2016 年，80% 的美国家庭、90% 的意大利家庭和 70% 的英国家庭的收入未出现涨幅（甚至出现下降）。②

民粹主义者强调：国际竞争掠走了工作，新科技造成了失业和就业不足。随着就业机会向后工业经济体的转移，本国劳动力市场更加灵活（也因此变得不安全），自动化程度加深，一些社会保障不复存在。在这种情况下，很多人感觉自己被抛弃了。在过去的二三十年中，整个西方的制造业工作岗位被裁撤，部分原因是中国的飞速发展，也包括离岸外包和深刻的数字革命。世界上最大的出租车公司不拥有出租车（Uber）；提供最多住房的供应商没有房地产（Airbnb）；最大的全球电话公司没有基础设施（Skype，WeChat）；最流行的媒体公司不创造内容（Facebook）；获利最多的零售商没有库存清单（Alibaba）；受众最广

---

① Müller, Jan – Werner, *What is Populism?Pittsburg*, University of Pennsylvania Press, 2016, pp. 19 – 20.

② Müller, Jan – Werner, "A Majority of ' Deplorables ' ?" in: Henning Meyer ed. , *Understanding the Populist Revolt* ,*Brussels: Social Europe*, Vol. 20, No. 1, 2017, p 12.

的电影机构没有实体电影院（Netflix）；最大的软件开发商不写应用程序（Apple and Google）。特大型公司极少生产实物、雇佣员工少和纳税少的特征点燃了民粹主义者的愤怒。

民粹主义者对各种不稳定情况的反应是新保护主义和本土主义的结合。新保护主义被视作全球化的障碍，本土主义是"道德谴责"和主流政党轻视"平民"的"文化背景"的反映。民粹主义者一方面拒绝新自由主义（全球主义），另一方面排斥文化多样性，两种批判一经结合即产生了对移民的敌意，有时还会导致种族主义的致命形式——这并非危言耸听。民粹主义者认为，移民不仅夺走了"我们"的工作、拉低了"我们"的工资，而且还污染了社会。事实上，移民是不道德的（Impure）。

民粹主义者的关键动作是把"人民"和"个人"置于一起。换言之，民粹主义是在某位领导人（个人）的形式下的某个特定群体（人民）的体现。正如唐纳德·特朗普2016年7月在共和党大会上发表演讲时说，"我就是你们的声音！"人民被"道德统治"充斥——他们是"单一的、同质的、不会犯错误的群体"。[①]民粹主义把执政者和民众合二为一，他们认为不是"我们是人民"而是"我即人民"。在领导人和人民联盟之外的群体就成为了非人民（un-People），具体包括政治、经济和文化领域的或者是建立单一"机构"的"精英"、知识分子和新闻工作者这些"专家"，还有民粹主义者认为不应住在城市里的人。这种"真正"的人民和"非人民"的分野使得社会分裂为两大相互敌对的集团。这就赋予"任何事情都可能发生"（Anything Goes）的政治以合法性：特朗普建墙、实行禁穆令；杜特尔特在宪法范围之外谋杀毒贩；埃尔多安监禁成百上千的反对者。民粹主义者操纵"他者"的恐惧以促进政治的强烈和极端化，通常情况下直指"内部的敌人"，正如埃尔多安打击居兰追随者（Gülenists）。这就相当于一种想象的、世界处于永久紧急状态的零和政治：你们赢我们就输；你们要么支持我们要么反对我们。但联合的民粹主义（the Unity of Populism）反对这种极端化，使领导人和人民的身份直接关联，其团体是强有力的甚至是危害性的混合体。

笔者将在本文中通过探究当代民粹主义的肇始以勾勒其轮廓。通过探究源头来理解当代世界的趋势是国际历史社会学的经典工具，以民粹主义为例，它可被追溯至19世纪末和第一次全球化时期。笔者将用19世纪末以来的国家和市场的关系这条线索来追踪相关危机和极化的事件，为解决当前的问题——当

---

① Müller, Jan-Werner, "A Majority of 'Deplorables'?", in: Henning Meyer ed., *Understanding the Populist Revolt* 2017, p. 20.

代民粹主义的特征和前景——提供研究基础。

国家和市场

迄今为止,全球资本主义的发展经历了四个主要阶段:第一个阶段从 19 世纪下半叶开始一直到第一次世界大战,以资本和金融的高度流动为特征,这一阶段出现了所谓的"发展型国家"(Developmental States);第二个阶段为"一战"和"二战"之间的时期,资本控制是典型特征,结果出现了全球性事务的减少;1945 年到 1973 年是全球资本主义发展的第三个阶段,这一阶段资本控制逐渐减弱,出现了金融和资本流动的部分恢复;最后一个阶段从 20 世纪 70 年代早期一直延续至今,较弱的资本控制造就了高度的资本流动性。[①] 为将民粹主义的兴起和现代资本主义的产生及影响联系起来,笔者将简明扼要地概述以上四个阶段。

第一次全球化时期

反映当代动态的"全球化"过程在 19 世纪下半叶首次出现。这一时期出现了特大型公司,例如在伊利诺伊州一个占地 2000 英亩的地方雇用了 12 万员工、并通过它在拉丁美洲拥有的种植园直接实现木材和橡胶的自给自足的福特公司。在新的法规下,跨国公司诞生并投资高利润、通常是长距离的基础设施项目(例如修建铁路、港口和矿井),它们是中国的"一带一路"倡议等当今政策的先驱。

如果说全球化始于 19 世纪下半叶,那么资本主义危机亦在此时出现。不断深化的跨国贸易圈意味着相距较远之地的相互依赖程度加深。例如,1889 年,英国的巴林银行(当时世界上最大的投资机构)没有及时卖出阿根廷的一大笔债券,第二年阿根廷政府违约致使巴林银行被套现。阿根廷紧随其后的"恐慌"使得流向阿根廷的资金停滞了五年。[②] 这场危机是第一次全球化的典型特征,更具破坏性的危机则是第一次全球范围的大萧条,它从 1873 年一直持续到 1896 年。巴林银行危机和 1873 年大萧条都显示出,资本主义全球扩张可能导致对世界经济和政治影响巨大的价格波动和商品投机的出现。

这些不确定性意味着这一时期的绝大多数国家都存在不信奉自由主义的政

[①]　Buzan, Barry and George Lawson, *The Global Transformation*, Cambridge: Cambridge University Press, 2015.

[②]　Schwartz, Herman, *States and Markets*, Basingstoke: MacMillan, 2000, p. 140.

府和自由主义经济的结合。工业化往往在干涉主义、集权主义和"发展型国家"的指导下发生,日本就是典型例证,其崛起有赖于一系列国家主导的政策——从国家购买高附加值的工业化产品(例如钢铁)到对国内公司的特殊保护。在很多方面,日本是原始的"发展型国家"①,它的崛起建立在国家和市场的紧密关系之上。

经济国家主义时期

19世纪下半叶到第一次世界大战时期呈现出国家—市场关系的两大主要特征:第一,自由资本主义国家的崛起,其崛起有赖于跨国公司(例如福特公司)和一系列的投资项目(特别是在基础设施方面)的支持;第二,这一时期出现了不信奉自由主义的资本主义国家的发展项目,日本是典型例证。第一次世界大战终结了第一阶段的全球资本主义,开启了经济国家主义的新时期。战争的直接后果是,一些国家经历了极度通货膨胀,其储蓄和资产消耗殆尽,这些国家中最典型的是德国。20世纪20年代末、30年代初的大萧条之后,极度通货膨胀的过程更加恶化,国际贸易下降了2/3。

值得一提的是大萧条的地缘政治后果。20世纪30年代,法西斯主义、社会主义和各种形式的民粹主义都试图在集权主义的秩序之中寻求立足之地。政治经济学的相互敌对的前景构想通过贸易战、竞争性货币贬值、债务偿还和外汇管制进行竞争,结果便是"经济战"。至1936年,东欧、南欧和中欧的国家全部都成为集权主义国家。与此同时,政治经济学的自由主义观点日渐边缘化。在两次世界大战的间隔期,特别是1929年大萧条后,资本主义危机催生了反动的思潮,包括民粹主义。

黄金时代

第二次世界大战的结束开启了全球资本主义发展的第三个阶段。1945年后,一些国家致力于消除两次世界大战间隔期的经济国家主义和保护主义。西方的大多数国家都接受了凯恩斯的方案,采用国家调控以产生温和通胀,温和通胀又与稳定的增长率相关联。凯恩斯主义是一系列新的国际金融机构(IFIs)的核心思想,这些组织中最有名的是布雷顿森林体系,它由充当全球最后贷款人的世界货币基金组织和提供贷款和投资的世界银行构成。

第二次世界大战后的一段时期,凯恩斯主义的刺激和管理方式使经济增长

---

① Blyth, Mark, *Austerity: The History of a Dangerous Idea*, Oxford: Oxford University Press, 2013, p. 134.

和贸易恢复活力,被鲁杰(Ruggie)称为"内嵌资本主义"的"黄金时代"到来。①
1950—1973 年,世界范围的人均 GDP 平均每年都会上涨 3%(相当于每 25 年翻
一番),贸易每年增长 8%。处在"内嵌资本主义"秩序中心的是美国。第二次
世界大战期间美国实现经济腾飞,它利用巨额财富向欧洲提供援助(包括马歇
尔计划)和海外直接投资,并促进了欧洲煤钢共同体(1951)和《罗马条约》
(1957)的发展——它们是今日欧盟的前身。此外,美国还向日本提供实物支援
和投资。

　　如果说处于世界"中心"的美国奉行凯恩斯主义,那么世界上的"边缘国家"
则使政府在发展规划上发挥了主导作用。此类方案分为两种基本模式,即"进
口替代工业化"(ISI)模式和"出口导向型"模式。

　　大多数边缘国家(包括印度和几乎所有的拉丁美洲国家)都遵循"进口替代
工业化"模式。这一模式的支持者认为,南南投资和地区一体化再加上限制外
国资本和规定进口额,能够促进国内经济增长、提供就业岗位。"进口替代工业
化"模式在一些方面是成功的。1945—1973 年,墨西哥的工业产量增加了 3 倍,
巴西的工业产量更是增加了 7 倍。20 世纪 70 年代早期,印度生产了内需的
90%的纺织品、98%的铝和 99%的钢铁,这些产品在 1948 年独立之时都主要依
赖进口。20 世纪 50 年代到 60 年代,尼日利亚的工业产量每年增长 11%;
1948—1973 年,泰国的人均产出实现翻倍。② "进口替代工业化"模式在取得以
上成就的同时,也存在一些问题:第一,竞争的缺乏往往会扭曲市场,产生低效
的垄断型公司;第二,缺乏外国竞争意味着通过技术转化得到的收益少之又少;
第三,国家为建立和保护新兴工业负债累累且收益甚少,因为国内公司很少在
国际上取得成功;第四,"进口替代工业化"模式因国内消费不足而失败——人
们并没有富有到买尽这些商品的程度。③

　　与占主流的"进口替代工业化"模式不同,"亚洲四小龙"(韩国、中国台湾、
中国香港和新加坡)实行"出口导向型"模式。一方面,这一模式采纳了与"进口
替代工业"模式国家同样的国家主导战略:保护制造业、通过减税优惠和低息贷
款补贴新兴工业。④ 另一方面,与之前的日本相似,"亚洲四小龙"的国家导向型

　　① Ruggie, John G, "International Regimes, Transactions and Change: Embedded Liberalism in the Postwar Economic Order", *International Organization*, Vol. 36, No. 2, 1982, pp. 379 – 415.

　　② Frieden, Jeffry, *Global Capitalism*, New York: Norton, 2006, p. 317.

　　③ Zeiler, Thomas W., "Opening Doors in the Global Economy", in: Akira Iriye: *Global Interdependence: The World After 1945*, Cambridge, MA: Belknap, 2014, pp. 203 – 361.

　　④ Kohli, Atul, *State - Directed Development*, Cambridge: Cambridge University Press, 2004.

发展主要针对出口。以韩国为例,主要来自美国和日本的外国投资推动政府补贴低质量、价格低廉的商品(特别是便宜的衣服和塑料玩具)的生产——此类商品是工业化经济体不屑一顾的。这种桥头堡一经建立,产出的利润就会用于对设备和科技的再投资。新的设备和科技直接针对新产品,最典型的是家用产品、重工业和后来的电子产品。关键之处在于,不同于"进口替代工业化"模式,在"出口导向型"模式下,资本仅仅分配给达到出口目标的公司,从而使竞争激烈。

对"亚洲四小龙"来说,"出口导向型"模式是成功的,就像这一模式在日本取得的成效一样。受益于精明的国家主导政策和来自海外的广泛援助和投资,"亚洲四小龙"在二十几年的时间内人均 GDP 就增长到原来的 3 倍,1988 年,它们的贸易额占世界贸易总量的 8.1%,市场占有率几乎是整个拉丁美洲的两倍。① 1962—1989 年,韩国的出口额年均增长率为 8%,同一时期人均收入增长了 51 倍。② "亚洲四小龙"的"战略发展"影响了中国,致使 20 世纪 70 年代晚期中国领导层通过发展出口导向型工业实行"开放"战略。值得注意的是,19 世纪末 20 世纪初日本崛起以来,没有一个亚洲发展型国家在它们的上升期是民主制国家(尽管很多国家最终变成了民主制国家)。

新自由主义

正如其他阶段的资本主义发展一样,第三阶段的全球资本主义被危机终结。20 世纪 70 年代,美国经历了 19 世纪晚期以来的第一次贸易逆差,投资流向海外的欧洲和"亚洲四小龙"。1974 年,中心国家的工业产值下降了 10%,同年,世界十大资本主义国家的通货膨胀率高达 13%。③ 整个 70 年代,世界上 2/3 的国家都出现了比 60 年代增长缓慢的情况。在一些中心国家,商界精英开始支持凯恩斯主义的替代方案——新自由主义。

新自由主义者把放松市场管制而不是国家干涉主义作为经济活力的基本源头。他们认为资本会自动流向最具生产力的经济部门。就其自身而言,他们支持撤销管制(不管是在金融业还是在制造业),以使市场的力量能够刺激企业活动。新自由主义者认为最基本的政策应强调控制通货膨胀,以稳定物价和避免薪资不受控制。他们认为低税率给个人更多自由,同时也能够转化为更高程度的消费和私人部门投资。新自由主义早在智利的皮诺切特政权(Pinochet regime)时就有了实践,但是直到英国的玛格丽特·撒切尔(Margaret Thatcher)和

---

① Frieden, Jeffry, *Global Capitalism*, New York: Norton, 2016, p. 317.

② Zeiler, Thomas W., *Opening Doors in the Global Economy*, 2014, p. 312.

③ Ibid., p. 285.

美国的罗纳德·里根（Ronald Reagan）上台，新自由主义才成为中心国家的主流。撒切尔夫人和里根参与了向世界输出新自由主义政策的先锋运动。结构性调整方案、自由主义和浮动汇率成为国际投资的条件，更为重要的是，它们成为良好的引导标准。华盛顿共识开列了十大"必须实施"的经济政策清单，一份记载了新自由主义"基本原则"的"说明书"被广泛传播。

在这个时期，资本主义周期性危机发生了，危机包括 20 世纪 80 年代初拉丁美洲发生的主权债务危机、20 世纪 90 年代初的北欧银行危机、1997 年亚洲金融危机和世纪之交的互联网泡沫，但是新自由主义的蔓延并未停止。2000 年，经济合作与发展组织（OECD）框架下的几乎所有国家都放弃了资本控制。国家、地区组织和国际金融机构都成为新自由主义的载体。凯恩斯主义、"进口替代"工业和出口导向型工业被称为"全球共识"的新自由主义包围。

在很多方面，新自由主义代表了第一次全球化开始以来的发展动力整合。正如 19 世纪下半叶，资本控制的缺失促进了经济金融化的崛起。与其说经济金融化是金融"部门"（sector）占主导，不如说它是金融"活动"（activities）占主导。1970 年，金融机构贡献了美国 GDP 的 4% 和利润总额的 10%；2010 年，这两个数值分别上升到 8% 和 40%。[①] 这一时期金融服务比生产活动的利润高得多。2009 年，石油期货交易额是石油的实际生产和消费额的 10 倍。例如福特等生产商，已通过商业贷款等金融手段而非传统的汽车销售去获取更多利润。[②]依赖于债务的经济金融化走在生产性资本前面且运行良好，却产生了一个极不稳定的系统。这种不稳定被 20 世纪 90 年代新兴国家爆发的金融"恐慌"揭露出来。90 年代的 10 年中，1.3 万亿美元的私人资本被投放到新兴国家（80 年代只有 1700 亿美元）。这些投资常带有投机性质，在到达相应国家后不久便撤资。1996 年，流入泰国的私人资本占该国 GDP 的 9.3%。但是第二年，亚洲金融危机愈演愈烈，流出的私人资本占泰国 1997 年 GDP 的 10.9%。[③]

以上这些危机是 2008 年国际金融危机的前兆。与其说 2008 年国际金融危机与资本稳定性有关，不如说原因在于金融的相互依存和过于依赖房地产市场促成的系统性风险，当然，过度借贷的基本原因和之前的多次危机没什么区别。然而，这次危机几乎比之前任何一次危机的规模都大。2008—2011 年，经济合作与发展

---

①　Turner, Adair, "Reforming Finance", *Clare Distinguished Lecture in Economic and Public Policy*, Cambridge UK, February, 2011, p. 18.

②　Krippner, Greta, *Capitalizing on Crisis*, Cambridge MA：Harvard University Press, 2011.

③　Panitch, Leon and Sam Gindin, *The Making of Global Capitalism*, London：Verso, 2012, p. 255.

组织国家平均失去了8%的GDP；在这次危机中，美国自身的损失达13万亿美元。很多地区用了整整10年时间才恢复到危机之前的人均GDP水平。

结　论

因此，新自由主义是长时段上演的戏剧之中最新的一幕，它由过去一个世纪左右的国家和市场的关系变化所激发。以上分析中有两点需要强调：第一，资本主义有产生经济危机的周期性倾向；第二，资本主义危机时期，政治的不确定性常与经济危机同时发生，这些不确定性包括两次世界大战之间的法西斯主义和其他形式的集权主义，也包括当今的民粹主义。这就是使用历史分析方法来理解当代政治的意义之体现。当今加剧的民粹主义是两个长期存在的关联的最新表现：其一是资本主义和危机的紧密联系；其二是资本主义和它所嵌入的不同国家类型的同样紧密的关系。这两点都与全球资本主义的出现有关。

所以，历史表明民粹主义更易在危机时期出现。这并不意味着资本主义危机触发了民粹主义，但这种倾向确实存在而且既非空前、亦非绝后。2008年金融危机后出现的"大衰退"（Great Recession）无疑为全球的民粹主义推波助澜。但基于三点原因，当前的民粹主义浪潮迟早会退去。第一，随着魅力权威的常规化，领导人与人民之间的关联会减弱。第二，民粹主义者的诺言难以兑现。尽管民粹主义者看起来高于政党政治且直接和民众对话，但其政治权力从来都不是完全的。为了留任，民粹主义者不得不作出调整以适应现行的制度，有时甚至会向他们的反对者让步。以美国为例，联邦政府、独立的司法、自由的媒体和活跃的公民社会调和了各个州和联邦的关系以阻止特朗普总统的方案。这些适应性调整缓和了民粹主义政治，抑制了民粹主义领袖的吸引力。第三，民粹主义仅仅吸引了部分人，其难以在长期维持自身。随着时间的推移，"非人民"会反抗或者拉拢民粹主义者，英国保守党对独立党的所作所为就是一个例子。即使民粹主义的方案不会消除，它们也会被现行的规范、惯例和制度所限制。

然而，当今的民粹主义退潮后，隔不了多久新一轮民粹主义仍会出现。这是因为民粹主义在资本主义危机的周期性倾向中有复发的趋势。这并不是否认资本主义的贡献，笔者承认资本主义促进了进步——从物质的丰富到儿童死亡率的下降，从寿命的延长到赤贫的减少。但正如日夜更替，盛极必衰，全球化产生了不稳定性，挑战着收入和身份。民粹主义为不稳定性和资本主义危机的周期性问题提供了答案，世界各地的很多人发现其答案具有吸引力。马克思和恩格斯在强调资本主义趋向危机的特征方面是正确的,但他们只看到资本主义被(或主要被)共产主义的幽灵围剿。如果把他们的分析拓展到对包括民粹主义在内的其他幽灵的理解,那么马克思和恩格斯的警告是有预见性的,考虑到《共产党宣言》发表于 1848 年,这一警告更具先见之明。在过去的一个世纪中,自由主义制度和自由市场有时并不匹配。为将民粹主义置于牢笼之中,亟须在自由主义制度和自由市场间建立更为紧密的联系。

"特朗普主义"与世界秩序的转型

□ 孙兴杰

摘要：特朗普竞选成功被认为是 2016 年的"黑天鹅事件"，而他上台一年之后，美国以及全世界经历了一轮又一轮"特朗普冲击"，特朗普的胜选本身就是世界秩序调整的一个侧面，同时，作为非典型美国总统，特朗普的商人理念又加速了美国的"退出主义"。特朗普的偏激、执着的商人心态、用人之道增加了总统"学习"的时间和成本，同时，从特朗普大厦到白宫，特朗普需要逐渐适应华盛顿的政治气候，特朗普也经历着角色的转变，同时又将美国打上了鲜明的特朗普印迹，甚至可以说美国经历了一个特朗普化的过程。夹杂着杰克逊主义、里根主义和尼克松主义的因素，特朗普的外交政策具有高度的不确定性，从而让世界秩序转型带有混沌的色彩。特朗普的"推特治国""通俄门"的调查让特朗普成为自带新闻的爆点，但是新闻媒体上的特朗普并不代表特朗普低下的治国能力，从特朗普大厦到白宫之路，对特朗普来说是人生的一次升华，但是对美国来说，可能意味着时代的转换，而对世界来说，则是一段前途未卜的颠簸。

关键词：特朗普主义；交易型领导；世界秩序

作者简介：孙兴杰，吉林大学公共外交学院副院长、副教授，历史学博士，经济学博士后。

一　从特朗普大厦到白宫

2016 年美国大选之后，计票的过程就是一场惊心动魄的现场直播,特朗普一开始就处于领先地位,直到关键的摇摆州被特朗普收入囊中,全世界才不得不接受了"特朗普总统"。日本首相安倍晋三更是"错"得离谱,在美国大选之际,强行通过了 TPP,因为他押宝希拉里将成为总统,而在参加联合国大会的时候与希拉里见了一面,却忽视了特朗普。当然,作为补救,安倍晋三在特朗普胜选之后,第一时间到特朗普大厦拜访,并送去了特朗普喜欢的高尔夫球杆。就连美国最亲密的盟国都不能预见到美国大选的结果,那特朗普当选成为"黑天鹅"也就不令人感到奇怪了。

特朗普当选给世界的第一个冲击就是没有谁为"特朗普总统"做好应对准备。如果是希拉里当选,至少美国以及世界是有准备的。作为政治人物,希拉里从 1992 年克林顿竞选之时就成为世界名人,八年的第一夫人加上四年的国务卿,希拉里已经镶嵌在国际政治舞台之中了。对于希拉里的政治理念和可能的政策远景,无论美国还是世界,都有比较稳定的预期,尤其是在外交层面,奥巴马八年最重要的"亚太再平衡"就是希拉里任国务卿期间执行的。因此,如果希拉里当选,这一战略会得到进一步推进,尤其是 TPP,已经完成谈判,建立美国主导的高级别的太平洋范围内的自贸区将是大概率事件。这也是安倍晋三在美国总统大选之日非常"默契"地在众议院强行通过 TPP 法案的重要原因。特朗普不能说没有名气,但是他从没有担任过公职,虽然在美国富豪榜上进入了前一百位,也在自己建造的大厦上打上了名字,但是"Trump"还没有成为国际政治的符号,至少对世界而言,他还是个陌生人。因为不确定,而产生恐慌感,直到最后的时刻,多数人还是认为特朗普不会成为总统。

特朗普带来的第二个冲击就是白宫将迎接一个商人成为主人,虽然美国总统的背景是多元化的,但是律师是底色,即便杰克逊总统也算是律师出身。纽约距离华盛顿并不远,但却是两个世界,在一片荒地上建立一座新城作为首都,也是让政治与经济能够保持一定的距离。特朗普生在纽约,成名于曼哈顿,而曼哈顿已经是世界经济或者说是金钱的中心,商场如战场,商场中更是一个近乎丛林状态的世界,因为企业的兴衰要比国家的兴衰更加频繁,特朗普本人也经历过商业上的失败,生存的法则在商界可能是更加严酷的。几十年的商界沉浮,让特朗普懂了一个深刻的道理:"做生意就是洞晓世界。"①可以说,特朗普在曼哈顿形成的世界观,在很大程度上与华盛顿的生存法则是有相当距离的。曼哈顿的第一原则就是效率,是结果导向的,时时刻刻的生存压力让人不敢懈怠,

①　[美]唐纳德·特朗普、梅瑞迪丝·麦基沃:《永不放弃——特朗普自述》,蒋旭峰、刘佳译,上海译文出版社 2016 年版,第 77 页。

正义是通过成功来实现的,看看特朗普之前写的商业秘籍,既是高浓度的心灵鸡汤,也是特朗普经商的经验总结。特朗普最津津乐道的就是他接手纽约中央公园的沃尔曼溜冰场,已经烂尾多年,耗费巨大,在他接手之后,不到六个月便完工,而且节省了近百万美元的成本。这一成功也让特朗普对政府心生厌恶感,对官僚主义以及附着于政府身上的承包商充满了鄙视。华盛顿的政治机器的第一原则是妥协和中庸,"根据新宪法的规定,权威来自人民,但是复杂的联邦主义体制、权力的分立和权力的制衡,阻碍了民众的直接行动。一个国家,它使人民成为主权者,并且使鼓吹民治政府的杰斐逊、杰克逊和林肯这样的领导者脱颖而出,但同样是这个国家,它又用权力制衡限制了大多数民众及其领导者,这种权力制衡可能是宪政史上最精心和精确设计的障碍。"①从曼哈顿的自由竞争的世界到华盛顿的"分权制衡"的世界,几乎没有什么过渡,从11月8日特朗普胜选到第二年的1月20日就职,特朗普从一个地产商蓦然变成了特朗普总统。

第三个冲击是特朗普总统就职之后面临的挑战就是改变自己的理念,从商业冒险向政治平衡转变。对于特朗普而言,竞选总统是一次冒险,而且是一次成功的冒险,也是特朗普个人奋斗史的巅峰时刻。"成功者总在找寻下一笔生意,总会追逐着下一个目标或冒险。成功者的热情绝不是无中生有的,它们来自他们的内心深处。成功者从挑战中得到成就,他们把每一笔交易都视为另一个超越自我、创造更大成就的机会。深深地反省自己,去发掘更卓越的自我,那就是你的本质。"②对于特朗普而言,能够成为共和党总统候选人已经是一次飞跃了,他在商海奋斗的经历得出一个结论:"好名声比坏名声强,不过,坏名声比没名声强。说白了,争议也能促进销售。"③还有什么营销活动能跟美国大选相比的吗?经过竞选,"Trump"这个品牌就世界化了。迈克尔·沃尔夫在《烈焰与怒火》一书中披露,特朗普竞选团队并没有预料到能够成功,胜选的演说似乎也比较仓促。如果说竞选是一桩非常非常大的生意的话,无论是否胜选,特朗普已经是赢家,而胜选之后,特朗普必须完成角色的转变,从特朗普大厦的竞争氛围超脱出来,适应白宫的"纸牌屋"游戏。

---

① [美]詹姆斯·麦格雷戈·伯恩斯:《领袖》,常健、孙海云等译,中国人民大学出版社2007年版,第23页。

② [美]唐纳德·J.特朗普、梅雷迪思·麦基弗:《特朗普的成功之道:特朗普成功学的第一课》,姜达洋译,中国人民大学出版社2016年版,第258页。

③ [美]唐纳德·特朗普、托尼·施瓦茨:《特朗普自传——从商人到参选总统》,中国青年出版社2016年版,第119页。

第四个冲击来自特朗普的角色转变。就职一年来,特朗普和白宫之间的张力依然存在,特朗普化的动力十足,这与华盛顿政治气候非常不协调。特朗普几本畅销书中都强调成功的秘诀在于"激情","激情能够激发你的工作积极性,激情饱满的人从来不会轻言放弃,他们的激情可以溶解内心的恐惧。"①特朗普的激情与自信背后当然是勤奋工作,他是个工作狂,而事业成功带给他的自信让他有些偏执与自恋,特朗普与一般商人不一样的是,他在构建自己的品牌,所有的资产最终归结到"Trump"这个品牌之下。很难有哪个商人会把自己的名字放到自己盖的大厦、造的汽车、生产的西装,甚至香水瓶子上,但是特朗普做到了。他认为,"我把我的生意,也就是特朗普集团,视为一个不断发展演进的有生命的组织。和绝大多数大公司一样,我的公司也包含着许多不同的部门,它们需要紧密协调,以实现巅峰表现。将由我决定应该如何理解全局,以及整个商业环境是如何变化的。我必须保证每一个有机组成部分都各司其职,各个部门都运转流畅,没有阻碍,随时准备行动,每个部门都拥有它所需要的人员、时间、资源,以创造出配得上特朗普品牌的产品。"②特朗普的品牌意识,使之成为成功的商人,即便在愁云惨淡的负债亿万的时候,依然保持了自己的品牌价值。从特朗普大厦到白宫,特朗普需要"去特朗普化",让自己成为"普通总统",但是这一点一直没有实现,白宫政治传统并没有"规训"特朗普,反而是特朗普改变了了白宫。

特朗普虽然是共和党总统,但是与共和党一直处于摩擦之中,特朗普冲击也体现在两党政治方面。一方面,特朗普不断批判民主党,尤其是希拉里,两党合作并不在特朗普的日程表上;另一方面,共和党建制派也跟特朗普不对付,以至于特朗普感慨为什么共和党要给自己的总统使绊子。"通俄门"成为特朗普的原罪,就职一年多,特朗普一直被"通俄门"所掣肘,而他与媒体的战争一直持续下去,只有通过推特他才能获得媒体的话语权。《华盛顿邮报》自特朗普上台之后一直高度关注,也试图"揭示特朗普",几乎每天头版头条都是特朗普,尤其是"通俄门"。而扎卡里亚的评论比较中肯,他认为,特朗普总统其实是三重角色的叠加,第一重角色是一个马戏团,推特、不着调的说辞、类似于电视选秀一样的现实;第二重角色是黑色的民粹主义和对少数群体、媒体和司法部门的煽动性攻击;第三重角色是传统的共和党总统,履行了共和党非常标准的日

① [美]唐纳德·J. 特朗普、梅雷迪思·麦基弗:《特朗普的成功之道:特朗普成功学的第一课》,姜达洋译,中国人民大学出版社2016年版,第3页。

② 同上书,第157—158页。

程——减税、去管制化和鹰派外交政策，这些政策都是在经济委员会主席加里·科恩、防长马蒂斯等主流顾问的指导下进行的。当我们去思考这些政策的时候，最重要的一点就是作为正统共和党的特朗普是在美国体系下工作而不是试图摧毁它。① 到底是白宫改变特朗普，还是特朗普改变白宫，这才是特朗普造成巨大冲击的根源所在。

二　从特朗普总统到特朗普团队

"外人再好，也比不上家人值得信任。"②这是特朗普的生意经，当他在大西洋城开赌场的时候，还是希望自己的兄弟来接手管理。特朗普的生意做得很大，但是他的小圈子并不大，除了家庭成员之外，与之共事的也是"老朋友"，特朗普对科层制的管理非常反感，他的办公室的大门一直开着，目的是能够让手下的员工第一时间向特朗普反映问题，解决问题。特朗普的产业很大，但是一直是扁平化管理，对繁文缛节非常反感，当然也包括官僚主义。从特朗普董事长到特朗普总统，必须完成一种转变，也就是领导方式的转变。

伯恩斯研究"领导"的问题，他提出领导可以分为三种：交易型领导、变革型领导和道德型领导。所谓的交易型领导就是着眼于以物易物：以工作换选票，以补助换竞选捐助；而变革型领导确认并利用潜在的追随者的现有的需求或要求，此外，还会发掘追随者潜在的动机，试图去满足其更高的需要，并且使追随着成为全身心为己效劳的人。而道德型领导来自总是回归追随者的基本欲求、需要、渴望和价值观念，他能够产生一种将满足追随者的真正需要的社会变革的领导。③ 特朗普写的自传《交易的艺术》一度占据畅销书排行榜的榜首，被翻译成多种文字出版，但并不代表特朗普就是交易型的领导，至少他带有比较强的变革型领导的色彩，所谓的领导其实就是领导者的动机与能力和追随者的动机与能力的对接，也是一种政治社会动员的能力，一呼百应，也是领导的最高境界。

----

① https://www. washingtonpost. com/opinions/trump – acted – like – a – normal – president – in – davos – thats – good – for – all – of – us/2018/01/27/57c879ca – 0395 – 11e8 – bb03 – 722769454f82 _ story. html? hpid = hp_no – name_opinion – card – b% 3Ahomepage% 2Fstory&utm_term = . 27537e659a18，2018 年 1 月 28 日访问。

② ［美］唐纳德·特朗普、托尼·施瓦茨：《特朗普自传——从商人到参选总统》，中国青年出版社 2016 年版，第 138 页。

③ ［美］詹姆斯·麦格雷戈·伯恩斯：《领袖》，常健、孙海云等译，中国人民大学出版社 2007 年版，第 4—5 页。

　　领导,就意味着不可能是孤胆英雄,而是要组建团队,特朗普作为商人,他的"团队"是分为不同圈层的,最核心的当然是自己的家人,在胜选之后,他的产业也交给自己的儿子经营。特朗普虽然经历了三次婚姻,但是他能够与自己的前妻以及孩子们处理好关系,这与特朗普早年对家族观念的认知是有关系的,家庭才是事业的基础和后方。次一级圈层是追随特朗普几十年的老搭档,包括他的秘书,这些人是能够跟得上特朗普节奏的人,算是志同道合之人。再次一级的是能够与特朗普合作的人,特朗普说,"在经营管理上,我有一条最简单的原则:用高价从竞争对手那里聘请最好的员工,并且根据他们的表现付给奖金。这也是我的经营管理能长盛不衰的原因。"①而对于不能跟上节奏,尤其是不够自信的人,特朗普会说他最经典的那句"You are fired",原因很简单,"做生意就是为了赚钱,做生意需要获得收入,否则你就不能存活"。这话听起来似乎非常简单,但这就是事实。一定要让你的销售人员知道,如果他们不能做成生意,那么你的生意就不能维持下去,他们也将失去工作。"②如果特朗普是一般的商人,他的"团队"也就止于此了,但是特朗普还是电视真人秀的制片人,进一步说,他是个明星,因此,他的粉丝无形之中也变成了"团队"的重要成员,铁杆"川粉"就是忠诚的追随者。

　　从特朗普大厦到白宫,特朗普的领导角色和方式需要根本的转变,搭建自己的团队。特朗普带的一个"创业型团队",在特朗普大厦是扁平化的组织,特朗普的领导是垂直的,跨越了科层组织,他可以到各个施工现场亲自指挥,亲力亲为,当然也可以随时解雇那些不称职的职员。"增加英才,剔除不合格人选,直到你得到一个运转良好的团队为止。过度的自我可能会瓦解一个团队,一个薄弱的领导者可以成为一名有力的下属,不是每一个人都可以负起领导责任的。"③在特朗普大厦,他就是那个"王",白宫和特朗普大厦的逻辑是不一样的,需要建立一个均衡、等级、科层制的团队,当特朗普把特朗普大厦的团队逻辑带到白宫之后遭遇了一系列的摩擦,引发了外界对"特朗普白宫"强烈的关注。

　　白宫的"同心圆"的团队结构在班农离开白宫之后就出现了坍塌,在迈克尔·沃尔夫出版了《烈焰与怒火》之后,特朗普和班农的关系出现了裂变。白宫团队经历了结构性的调整,越来越具有科层制的特征。特朗普入主白宫之初,

---

① ［美］唐纳德·特朗普、托尼·施瓦茨:《特朗普自传——从商人到参选总统》,中国青年出版社2016年版,第145页。

② ［美］唐纳德·J.特朗普、梅雷迪思·麦基弗:《特朗普的成功之道:特朗普成功学的第一课》,姜达洋译,中国人民大学出版社2016年版,第267页。

③ 同上书,第173—174页。

基本是竞选团队、家人以及共和党建制派之间的三方组合,这一组合是高度不稳定的,带有强烈的特朗普个人色彩。

特朗普竞选团队以及特朗普在竞选过程中的形象设计带有民粹主义的元素。杰克逊总统虽然有律师、法官、投机商等多个角色,但是最终还是以军人形象而被载入美国总统史中,特朗普也是如此,他是成功的地产商、畅销书作家、真人秀主持人、演说家等等,但是在竞选中,他却被设计为白人蓝领的代言人,从政治而言,特朗普就是"边缘人",他的胜选代表着一种"边缘"的反叛,霍夫斯塔特对安德鲁·杰克逊的评论同样适用于特朗普:"边疆社会的理想形象是靠个人奋斗而获成功的人。这样的人一般都在某种程度上受到乡巴佬的一些尊敬,而后者自身又在不断产生着新人,准备进入当地上层圈子。"①无论杰克逊还是安德鲁都是社会的上层,但是他们却代表了要打破华盛顿和纽约政商精英的秩序。对特朗普而言,班农不仅是竞选的顾问,也是精神的同路人,甚至可以说是特朗普的精神导师,班农出身于中下层,经历了阶层的纵向流动,成为总统的心腹之人,但是他更是一个"理念之人",提出民粹主义、民族主义和反全球化的理念,而班农的理念也代表了美国政治思潮的周期性的变革,亨廷顿认为,每隔六十年,美国会经历一次政治激情时期,②如同杰克逊主义,"杰克逊主义政治哲学与其说是一种意识形态,不如说是一种本能,是一系列信仰和情感,而不是一套想法。"③而班农从"理念之人"成为"实践之人",他缺少华盛顿政治圈子的历练,而班农因为与特朗普的关系而获得了超常的权势。一是特朗普为班农设立一个职位叫首席战略师,而且成为国家安全委员会的常设成员,反倒是参谋长联席会议主席、国家情报总监从常设成员中被移除。二是班农在白宫形成了"权力重心",包括"禁穆令"的出台都没有经过充分讨论,作为执行部门的国土安全部都被晾在一边,尤其是国土安全部长约翰·凯利对此非常不满。特朗普上任之初,班农成为白宫操盘手,以至于《经济学人》称之为"班农总统",言外之意就是特朗普是个傀儡总统。

班农进了白宫,也没有改变"造反派"的角色和心态。"社会能否进步取决

① [美]理查德·霍夫斯塔特:《美国政治传统及其缔造者》,崔永禄、王永和译,商务印书馆 2010 年版,第 57 页。

② [美]塞缪尔·P.亨廷顿:《美国政治:激荡于理想与现实之间》,先萌奇、景伟明译,新华出版社 2017 年版。

③ [美]沃尔特·拉塞尔·米德:《美国外交政策及其如何影响了世界》,曹化银译,中信出版社 2003 年版,第 262 页。

于制度主义和造反派之间能否建立一种建设性的动态关系。"①班农的权力终归是特朗普总统权力的延伸，班农的激进做法打破了白宫的脆弱平衡，与此同时，特朗普本人也是一个具有领导欲望和能力的人，"领导和追随的最初的根源，就在于人类聚合起来的无穷的欲求，以及这些欲求向着需要、社会渴望、集体期望和政治要求的转变"②。班农是一个竞选的帮手，但却不是特朗普在白宫的最佳的搭档，作为政治素人，特朗普需要一个熟谙华盛顿政治游戏规则的人作为他的搭档，就像小布什与切尼一样，切尼"精通华盛顿的运作方式，并获得了小布什的信任，从而形成了自己的权力基础。小布什把切尼看作军师，能引导他在政敌林立、错综复杂的政治中屹立不倒。"③班农则是一个比特朗普还要激进的造反派，特朗普与班农的组合无疑加剧了他与白宫政治之间的冲突。

与班农同属民粹主义阵营的是迈克尔·弗林，但是这位24天国家安全事务助理因为"通俄门"而黯然下台。弗林去职只是特朗普团队内斗的一个开始或者表征，他将女婿库什纳、女儿伊万卡都招入账下，委以"顾问"之职，而库什纳还担任新成立的"创新办公室"的主任，事实上成为特朗普贴身顾问。特朗普因人设岗的做法带有"特朗普大厦"的遗风，非制度化、以特朗普为中心，这样的管理方式管理一个企业团队，尤其是家族企业团队是没有什么问题的，但是白宫毕竟是行政分支的"大脑"，非制度化的任命方式带来的结果就是权限混乱，关系复杂，围绕特朗普形成的"轮毂结构"，彼此相互倾轧。特朗普的产业再大，那也只是曼哈顿岛的"弱水三千"中的一瓢，到了白宫，管理的是世界上最强大的国家，无法将过去行之有效的做法复制到白宫来。

班农、康韦所代表的竞选团队的元老，伊万卡、库什纳所代表的家人以及斯派塞、普里巴斯所代表的共和党，三方之间的斗争不断。其中的内情也只有到档案解密之后，才能明了，但是由白宫的人事关系的变动就可以看到，特朗普总统的团队在就职后的半年里一直处于磨合之中，弗林去职之后，白宫发言人斯派塞被撤职，接任他职位的是斯卡拉穆奇，不过此公没有被正式任命就被革职了。随后是白宫幕僚长普里巴斯辞职，到8月18日，班农离开白宫，这场旷日持久的团队的整合才算完成，最终的结果是，特朗普的家人胜出。在迈克尔·沃

---

① ［美］克里斯托弗·海耶斯：《精英的黄昏——后精英政治时代的美国》，张宇宏译，上海译文出版社2017年版，第145页。

② ［美］詹姆斯·麦格雷戈·伯恩斯：《领袖》，常健、孙海云等译，中国人民大学出版社2007年版，第67页。

③ ［美］彼得·贝克：《交火的日子：布什和切尼的白宫岁月》，李文远、潘丽君、王文佳译，广东人民出版社2015年版，第7页。

尔夫的书中，班农攻击特朗普的儿子不够爱国，女儿伊万卡想竞选总统，而且愚不可及。无疑，这触碰到了特朗普的底线，班农也彻底被特朗普扫地出门，失去了对白宫的影响力。特朗普深知，每次招聘都意味着一场赌博，因为无法确知招进来的那个人是不是可以成为好的顾问或者员工，而他所追求的一流的团队是这样的："集中一批你可以相信的顾问，与他们一起商讨那些严峻的问题。选择那些拥有绝佳判断力、丰富经验、多样化才能的人，在你的薄弱环节拥有具有专业素质及关心你的人，为你所用。"①显然，就职之后的半年时间里，特朗普的团队并没有达到这样的目标，而对于顾问的建议，特朗普也非言听计从，他的经验是，"慎重考虑你的顾问的建议，但必须自己做决策。只有你自己才知道什么才最适合你，因为只有你才会受到你的决策的影响。"②即便在班农"权势熏天"的时候，也是由特朗普做出最后的决断，只是他没有足够的时间进行学习，没有了解到充分的信息，以反奥巴马主义作为自己的决策方向，带来了政策的波动。

特朗普团队备受关注之处就是特朗普的推特。在就职之前，很多人会预测，入主白宫之后，特朗普的推特应该关闭才是，毕竟美国总统不能依靠推特治国。令人错愕的是，特朗普发推特的频率并没有因为身份转变而减少。总统发声代表的是白宫，重大的声明需要经过集体决策才能发布，但是特朗普成功地用推特将白宫实现了"特朗普化"，一年之后，特朗普的推特已经被"祛魅"了。据特朗普的前妻伊万娜透露，特朗普曾咨询她是否要坚持发推特，伊万娜认为这是特朗普与人民进行直接沟通的渠道。而特朗普在接受英国媒体采访的时候承认有时候是躺在床上发推特的。

特朗普为什么会这么执迷于推特呢？第一，推特代表了美国政治动员方式的转变，甚至是世界政治转型的重要组成部分。毫无疑问，特朗普已经到了"古稀之年"，但是学习的热情不减，不仅赶上了自媒体政治的时代，而且成为新政治时代的赢家。第二，推特体现特朗普"成本控制"的意识。在大选期间，特朗普筹集的竞选经费要远远低于希拉里，但是通过推特，特朗普实现了低成本的竞选。第三，特朗普迎接了一个"后真相"时代。竞选期间，多数美国主流的传统媒体都不支持特朗普，上任之后的第一次媒体发布会，特朗普就与他口中的"fake news"开撕，特朗普推特和主流媒体之间的战争依然继续，尤其是"通俄门"事件，特朗普需要推特这个阵地，以一己之力而战万人。第四，推特符合特

---

① ［美］唐纳德·J. 特朗普、梅雷迪思·麦基弗：《特朗普的成功之道：特朗普成功学的第一课》，姜达洋译，中国人民大学出版社2016年版，第263页。

② 同上书，第263页。

朗普的语言风格和习惯,"说话简洁其实是对听话者的一种礼貌,这显示了你尊重其他人的时间。"①推特恰好可以让特朗普以最少的词汇表达自己的观点或者态度,推特赋予特朗普特殊的表达渠道,也构成了特朗普叙事的重要的方式,以至于有些国家专门设立"推特官"跟踪特朗普的推特。推特带来的一个结果就是"特朗普主义容易沦为总统本人的个体叙事,与美国的国家叙事出现分野。"②其实这也是美国被动"特朗普化"的主要表现。

三　"美国优先"的战略意涵

特朗普以"让美国再次伟大"为口号赢得大选,以"美国优先"作为就职演说的关键词。从逻辑而言,"伟大"是美国与世界双向建构的,"美国优先"则更多的是一种"退出主义",美国不要再承担太多的国际责任,特朗普的"美国优先"并不仅仅是一种孤立主义的回潮,而是在"成本意识"之下的收缩。美国人认为,美国是全球秩序的构建者与维持者,"美国优先"必然会带来"自由国际主义"秩序的内卷。因此,特朗普上台之后,整个西方世界认定,只有默克尔才是西方秩序的支柱。然而,一年下来,尤其是特朗普的国情咨文显示,特朗普已经将"美国优先"置于"美国伟大"之前了,以实力求地位。研究一下特朗普的历史,就会发现,"别以为特朗普的生活像他做'真人秀'电视节目一样随意,在现实世界中,他是凭借着对细节的极度留心、非凡的个人魅力和洞察力、独树一帜的自我推销技巧和人际关系才建成了一个商业帝国。"③进入白宫后,一年多的"学习"让特朗普逐渐适应了总统的角色,同时也给白宫带来了变革之风,"特朗普主义"也是呼之欲出,"美国优先"是核心,"有原则的现实主义"是指导思想,以双边谈判重新进行"交易"是手段,最终达到重新调整美国主导的国际秩序的"收支结构",也就是美国以最小成本达到利益的最大化。

"美国优先"是对自由国际主义秩序的反叛,一个最基本的判断就是美国没有从全球化中获得应得的收益,至少在特朗普看来,美式全球化的收支结构是失衡的,现在需要进行调整了,他在竞选期间就有一问:为何我们保护日韩这样的盟友安全,还要花费那么多军费呢? 由此逻辑延伸开来,国际秩序这种公共

---

① [美]唐纳德·J. 特朗普、梅雷迪思·麦基弗:《特朗普的成功之道:特朗普成功学的第一课》,姜达洋译,中国人民大学出版社2016年版,第181页。

② 王一鸣、时殷弘:《特朗普行为的根源——人格特质与对外政策偏好》,《外交评论》(外交学院学报)2018年第1期。

③ [加拿大]王一韦:《特朗普的经商传奇与韬略》,中国华侨出版社2010年版,第179页。

产品需要大家共同承担成本，即便北约也是如此。特朗普曾经说北约已经过时了，把盟国吓了一跳，副总统彭斯和防长马蒂斯参加北约会议的时候安抚盟友，但是在防务开支上，美国还是要求盟国达到2%的底线。关于"美国优先"，特朗普的表述是：买美国货、雇美国人。而如何实现这一点呢？那就是重新商谈美国签订的各种贸易协议，让美国能够从贸易中获得更多的相对收益，不是说要把蛋糕做大，而是要获得最大的份额。特朗普的白宫国家贸易委员会主席纳瓦罗就认为，"遗憾的是，阻碍美国实现长期繁荣的最大障碍之一，就是其他国家坚持重商主义和贸易保护主义。"①白宫贸易谈判代表莱特希泽曾经是对日贸易战的高手，从人事安排来看，特朗普的经济政策难免会回到经济民族主义，在政策上更接近于汉密尔顿，特朗普对制造业非常重视，一是，美国的蓝领工人是特朗普的主要支持者，发展制造业，也是兑现自己的竞选承诺，把工作机会从竞争对手那里抢回来，尤其是汽车业。从这一点来说，特朗普具有强烈的"交易型领导人"的特点。二是，特朗普虽然是富豪，但是他一直从事的是地产业，也算是实体经济，他对华尔街主导的全球化的理解并不深，他曾提出，"关注全球，你会发现自己能够领跑这个时代。"②但焦点是外国人开始购买美国的公寓，因此，特朗普的视野并不是真正的全球化。

当然，特朗普的团队中也有国家经济委员会主席加里·科恩这样来自高盛集团的金融精英，可以看到，特朗普也在经济民族主义与全球化之间进行平衡，以实现利益的最大化。"英美人建立的金融基础设施在过去的三百年间协助英国和美国赢得了战争，改变了世界经济和政治图景。它也促进了英语世界的国内发展，助其对世界文化和社会产生自世界历史肇始以来比其他文化更为深远的影响。"③这也是美国主导的经济秩序的关键一环，不可否认，特朗普上任之后采取的一系列的"退出"政策，给全球、地区经济治理造成了不小的真空，比如TPP、TTIP以及北美自贸区可能要重新谈判，美国是不是真的要与现有的全球经济秩序"脱钩"呢？

特朗普在2018年的达沃斯世界经济论坛上发表了演说，非常吊诡的是，全球化的主导国家在一个全球化平台上大讲"美国优先"却没有违和感，特朗普将

①　[美]格伦·哈伯德、彼得·纳瓦罗：《毁灭的种子——美国经济的兴衰成败》，刘寅龙译，机械工业出版社2011年版，第21—22页。
②　[美]唐纳德·特朗普、梅瑞迪丝·麦基沃：《永不放弃——特朗普自述》，蒋旭峰、刘佳译，上海译文出版社2016年版，第164页。
③　[美]沃尔特·拉塞尔·米德：《上帝与黄金：英国、美国与现代世界的形成》，涂怡超、罗怡超译，社会科学文献出版社2017年版，第191页。

达沃斯之行当成了"招商引资"的说明会,向全世界昭告,美国是最具有商机的国家,包括大规模减税、失业率下降、1.5 万亿美元的基础设施建设等等。特朗普的策略也是非常明确的,那就是通过美国经济的复苏重新确立美国的主导地位,以实力求地位。对于特朗普在达沃斯论坛的表态,英国《卫报》评论说,企业家的世界看起来已经抑制了对特朗普各种行为的关注,他们不喜欢他所说的,但是喜欢他所做的。① 当然,特朗普总是喜欢夸大其词,他通过的减税方案并不是史上最大规模的方案,但也只是仅次于里根。税收、贸易和能源是美国经济复苏的三大支柱,货币政策在金融危机之后,能量基本释放,美联储主席伯南克在卸任之前就呼吁财政政策予以支撑。

毫无疑问,2008 年的金融危机让美国的经济发展模式受到了一定的质疑,伊肯伯里认为,战后世界秩序的核心是美国推动的自由国际主义,但是它遇到了一定的挑战。"自由主义国际事业在过去一个世纪中经历演变,当前它再次处于演变之中。过去,自由主义国际秩序的逻辑和特征的变化出现在战争和经济动荡之后。相比之下,当前困扰美国领导的自由国际主义的麻烦并不是体现在旧秩序的崩溃。美国自由主义霸权的危机是权威的危机。这是一场自由主义国际秩序如何治理的危机。这一危机为对主权、规则、制度、等级结构和权威在国际体系中的组合方式进行重构带来压力和动力。美国对自由主义秩序的霸权性安排似乎不再能为维持开放的、以规则为基础的自由主义秩序提供坚实基础。在某种程度上,自由主义事业本身将我们带到了这种僵局;它的成功帮助破坏了自由主义秩序的基础。"②特朗普上台之后,无疑加剧了这一秩序的难题,核心就在于美国不想承担自由主义国际秩序的成本,特朗普要将世界的资源集中到美国,优先发展美国的经济,而不是维持世界经济秩序。

从这个角度而言,特朗普退出多边主义就是理性的选择,通过双边的博弈,可以达到美国理想的状态。特朗普经商的经验投射到国际舞台,那必然是自由主义秩序的内卷。"人们总想以他们的方式来利用你。你必须让他们知道谁是老板。有许多方式可以让人听话。但无论是由于恐惧还是尊重,你的对手甚至你的朋友必须清楚,他们不可能支配你。如果他们能,你就不是老板了,他们才是。你还要让他们知道,如果试图利用你,他们会为此付出代价。要坚定、要强

---

① https://www.theguardian.com/business/2018/jan/27/five - things - we - learned - at - davos - 2018,2018 年 1 月 28 日访问。

② ［美］约翰·伊肯伯里:《自由主义利维坦:美利坚世界秩序的起源、危机和转型》,赵明昊译,上海人民出版社 2013 年版,第 282—283 页。

硬、要公正。如果谁想打击你，狠狠地反击他们，毫不留情。"①"美国优先"已经取代了公共产品的意识，美国的霸权越来越集中于强制力，而不是说服力。

在安全议题上，特朗普也是"美国优先"，美国的安全具有压倒性的重要性，重新塑造美国的超强的军事地位，才能实现"美国优先"。从《国家安全报告》到《国防战略报告》，再到《核态势评估报告》，特朗普的国家安全战略也经历了一个"美国优先"的战略收缩与调整。对美国而言，美国的军事能力加上全球性的同盟体系构成了美国的霸权基础。拉塞尔·米德就认为，英美人是有一个控制世界的规划的，而海权系统就是其中非常重要的一环。"在每一个版本中，海权都建立了全球贸易和实力体系；自荷兰首先发展出现代版本的海权以来，这一海洋秩序在世界历史中的重要性与日俱增。"②从麦金德到马汉，再到斯皮克曼，美国对地缘政治非常熟稔，对于欧亚大陆棋局也是非常敏感，特朗普并非地缘政治的专家，但是马蒂斯、麦克马斯特都是一流的战略家。至少在特朗普政府时期，美国的安全战略的重心是在调整的，进一步说，特朗普正式结束了美国的反恐战争。在美国安全威胁的排序中，恐怖主义只是其中之一，中国、俄罗斯代表的"修正主义国家"，伊朗、朝鲜的"流氓政权"以及恐怖主义是美国面临的威胁。

恐怖主义，从 2001 年就成为美国军事战略的重点对象，十几年过去了，恐怖主义并没有根除，迈克尔·弗林认为，恐怖主义与伊朗政权存在着非常紧密的关联，也认为伊朗处于毁灭的边缘。③ 特朗普提出"有原则的现实主义"，目标也很明确，就是要从中东脱身，美国还是要玩大国政治游戏，至于中东，对于美国的战略价值下降，让中东国家建立制衡，美国可以隔岸观火，也基于此，特朗普在巴以问题上冒天下之大不韪承认耶路撒冷是以色列首都。

中国和俄罗斯都被美国视为"战略竞争对手"，但是，中国和俄罗斯给美国带来的挑战是不一样的。美俄关系正在进入"冷战"轨道，一是因"通俄门"事件，美俄关系难以回转，美俄之间的对抗越来越呈现出结构性的特征；二是俄罗斯的战略性的拓展与美国的战略再平衡几乎同时，双方的摩擦在欧洲、中东和东亚都有体现；三是美国新的核战略的目标就是彻底抵消俄罗斯作为核大国的地位，全面压制俄罗斯。相比之下，中美关系具有更大的灵活性和非对抗性，中国对美国的挑战主要是在经济层面，中美之间有 6000 多亿美元的贸易量，中国

①　[加]王一韦：《特朗普的经商传奇与韬略》，中国华侨出版社 2010 年版，第 247 页。

②　[美]沃尔特·拉塞尔·米德：《上帝与黄金：英国、美国与现代世界的形成》，涂怡超、罗怡超译，社会科学文献出版社 2017 年版，第 116 页。

③　Michael T. Flynn Michael Ledeen, *The Field of Fight：How We Can Win the Global War against Radical Islam and Its Allies*, St. Martin's Press, 2016, pp. 128 – 129.

在很大程度上是美国主导的经济体系的获益者和参与者,因此,中美之间的竞争也可以说是体系内的竞争。

特朗普的商人经历带来的是效率优先的行政风格。皮尤研究中心 2017 年 8 月底的一项数据表明,两院联合通过了 46 项法案,在过去 15 届国会中排名第五。这与特朗普在媒体上的形象形成了巨大的反差。"特朗普主义"既是这个时代的表征,也加剧了世界秩序转型的不确定性。特朗普还没有挑战美国总统政治的框架,也没有超越美国政治传统的坐标系,但是,特朗普身上的诸多不确定性和特质则将美国政治的遗产和传统搅动起来,他以"非典型美国总统"在试探和扩张美国的边界。

Trump Doctrine and the Transformation of the World Order

Sun Xingjie

Abstract: Donald Trump's victory is regarded as an black swan event of 2016, and a year after his taking office, not only the United States but also the whole world have gone through rounds of "Trump Shock". The victory in itself is a profile of the transformation of the world order, and as a non – typical US president, Trump's business philosophy has accelerated the "withdrawal doctrine" of the US. The former business man has experienced the transformation of his own role. At the same time, the US has been added into a distinctive "Trump color" and has even witnessed the "Trumpization". Mixed with Jackson Doctrine, Reagan Doctrine and Nixon Doctrine, the Trump administration's foreign policies are highly uncertain, thereby masking the transformation of the world order. Governing by Twitter and the investigation of Russiagate Scandal have made Trump a tipping point of his own news while these news cannot represent his low ability to govern. From Trump Tower to White House, Trump has experienced a sublimation of his life, but for the United States, it might mean the change of time and, an ambiguous future for the world.

Key words: Trump Doctrine; Transactional Leadership; World Order

20世纪以来中东格局的演变及其影响

□ 黄民兴

摘要:两次大战期间,中东从传统的多民族帝国为主演变为众多现代民族实体。第二次世界大战后中东地区格局的变化分为三个阶段:1944—1967年,英法老殖民主义衰落,中东国家先后独立,同时卷入冷战并形成了亲美国家和亲苏国家两大集团,阿拉伯民族主义进入高潮;1967—1990年,美国逐渐取得优势,苏联影响下降,中东的冷战对立开始减弱,产油国的经济调整启动,伊斯兰复兴运动进入高潮。1990年以后,冷战结束,美国成为影响中东的主要外部势力,而中东的地区矛盾激化。海湾战争后,宗教极端势力崛起,发展为"9·11"袭击,美国发起的反恐战争和伊拉克战争使中东进入了新一轮动荡,中东剧变则推动地区国家彻底陷入了大动荡。

关键词:20世纪;中东;格局;演变;影响

作者简介:黄民兴,西北大学中东研究所教授。

一个地区的格局即该地区不同国家实力的对比及其联盟关系。决定地区格局形成的主要因素包括:本地区的国家、民族、宗教、教派演变历史,自然资源、人口和经济发展模式,地区和国家的文化,外来势力的影响等。中东作为世界上一个十分重要且临近欧洲的地区,其地区格局的演变值得关注,本文主要分析20世纪以来中东格局的演变及其地区影响。

一　第一次世界大战前传统的中东地区
格局特点（1914 年以前）

18 世纪晚期，奥斯曼帝国是中东的主要国家和政治实体中实力最为强大的，该帝国具有如下特点：

其一，一个拥有辽阔领土的多元化帝国。奥斯曼征服了巴尔干、埃及、西亚和除摩洛哥以外的整个马格里布，建立了一个庞大的帝国，而借助于帝国的统治，伊斯兰教传播到了巴尔干地区和塞浦路斯，改变了当地的宗教和民族结构。帝国的统治民族是土耳其人，但其人数有限，境内的主要民族包括阿拉伯人和库尔德人；主要宗教是伊斯兰教和基督教，逊尼派是穆斯林的主要教派。因此，奥斯曼是一个多民族、多宗教、多教派的帝国，它主要依靠武力和中央集权的政府维持统治。

其二，以伊斯兰教为主导。伊斯兰教是帝国维持统治的另外一支力量，素丹（皇帝）兼任哈里发职位。伊斯兰教的影响主要表现在以下几个方面：

第一，真主主权论。即人间的一切权力来自真主，君主只是真主在人间的代治者，而穆斯林必须服从君主。

第二，乌玛观念。乌玛有两种含义，即宗教社团和政治社团（伊斯兰国家），它具有唯一性。早期的阿拉伯帝国是一个乌玛，由此形成了"一个帝国、一个宗教、一个君主（哈里发）"的观念。从阿巴斯王朝开始，统一的乌玛不复存在，但它在穆斯林的心里依然存在，即"天下穆民是一家"的泛伊斯兰主义思想。

第三，政教合一观念。传统的伊斯兰政治体制具有政教合一性，哈里发兼任世俗国家和宗教界的首脑，而乌里玛则垄断了司法、教育等重要领域。同时乌里玛负责解释《古兰经》和圣训、发展教法，君主则制订有关土地、税收、行政管理和刑罚的法律。

第四，宗教自治的米列特体系（Millet System）。在这一制度下，不同的宗教社团（米列特）享有自治，但穆斯林占有优越地位，非穆斯林必须交纳人头税。

第五，"伊斯兰家园"的国际观。穆斯林把整个世界划分为"伊斯兰家园"（伊斯兰国家）和"战争家园"（异教徒国家），认为后者最终将被前者取代。但在实践中，奥斯曼国家与邻近的奥匈帝国和什叶派的波斯经常发生战争，而与天主教的法国却建立了联盟（对付奥匈帝国）。

其三，拥有强大的中央集权。奥斯曼人建立了强大的近卫军（加尼沙里），拥有精锐的骑兵和炮兵、海军。在政治上，其中央集权的程度超过阿拉伯帝国。

奥斯曼皇帝兼任素丹及哈里发的职位,在某种程度上恢复了阿拉伯帝国的哈里发职务的政教合一性。而且,政府控制了乌里玛(宗教阶层),实行宗教法庭和经学院的等级制,政府任命的大穆夫提(法典说明官)成为宗教界的领袖。政府也向苏菲派教团提供捐赠,并通过它们影响军队和行会。

其四,属于欧洲强国——帝国在军事上无往不胜。1453 年,素丹穆罕默德二世攻占君士坦丁堡,灭拜占庭帝国,之后该城成为帝国的首都,更名伊斯坦布尔。由于在巴尔干和黑海地区拥有领土,以及帝国强大的军事力量,奥斯曼与奥地利哈布斯堡王朝、俄国、波兰和法国均有频繁的战争和外交交往,成为参与欧洲事务的重要大国。

16 世纪以来,奥斯曼经受了明显的衰落:首先,作为帝国军队基础的近卫军和封建骑兵西帕希日趋腐败、解体。素丹对近卫军的偏爱和军事变革降低了骑兵的重要性,由此,帝国政府把收回的采邑等国有土地以包税制的形式出让,从而形成了新的包税人地主阶层。16 世纪末以后,近卫军的战斗力不断下降,其官兵经常与宫廷贵族联合发动叛乱,干预素丹的废立。其次,素丹的统治日趋无能。由于新任素丹多半在后宫长大,缺乏治国经验,也很少过问政治,导致后宫和宦官专权。再次,地方贵族的势力不断发展,经常犯上作乱,一些地方总督建立了事实上的独立政权。又次,包税制度等措施加重了农民负担,大批民众破产,乡间匪盗横行,城市也经常发生平民暴动,国际贸易线路的转移和给予欧洲商人的优惠权妨碍了本国商业的发展。此外还存在诸如通货膨胀、瘟疫、食品短缺、城市人口膨胀、失业等问题。

除了奥斯曼以外,波斯是近代世界三大伊斯兰帝国之一(另外一个是莫卧儿帝国),它以什叶派为主要教派,但中央集权远远弱于奥斯曼。埃及经济发达,是奥斯曼的一个省份,但被英法控制。阿曼曾经拥有广阔的领土,但在英国的控制下失去了在东非的领地,本身也被英国控制。阿富汗是部落社会,其近代国家直到 18 世纪中叶才建立,中央集权相当薄弱。至于阿拉伯半岛和海湾地区,均为部落社会,不存在国家。

18 世纪以后,欧洲国家对中东地区展开了积极的扩张:①夺取中东国家的领土,这方面尤以沙俄最为积极,后者通过一系列战争打击奥斯曼、波斯和阿富汗,蚕食其领土,吞并其周边的弱小汗国。英国、法国、意大利则在北非夺取奥斯曼的省份。英国还积极在海湾地区控制当地的酋长国(科威特和特鲁西尔国)。②鼓动奥斯曼的巴尔干地区独立,吞并帝国的领土。19 世纪初以后,巴尔干地区的基督教民族在西方的支持下先后获得独立或自治,包括塞尔维亚、希腊、马其顿、波黑、保加利亚和阿尔巴尼亚。③通过不平等贸易、买办、国债、筑路等方式掠夺中东的资源,控制中东国家的财政、内外贸易和交通,从而损害了中东本地商人的利益。随着新航路的开辟,奥斯曼对印度洋和地中海东部贸易的控制也告结束。④向奥斯曼境内的基督教各派提供保护,干预帝国的内政。奥地利、俄国先后获得对奥斯曼境内举行天主教仪式和东正教徒的保护的权力,法国则获得了对黎巴嫩天主教的马龙派的保护权。这些保护及基督徒地位的提高引发了穆斯林的不满,19 世纪发生了多起针对基督徒的骚乱。⑤划分势力范围。在阿富汗,英国经过两次战争,使该国成为其半殖民地,并把阿富汗东南方的大片领土划入英属印度。1907 年,英俄签订协约,确定了两国在波斯的势力范围。①

18 世纪以后,奥斯曼、伊朗、阿富汗和半独立的奥斯曼省份(埃及)君主开始了现代化改革。改革的特点如下:自上而下进行,目标首先在于确保王朝统治;改革是世俗性的;改革早期以军事、行政为主,后期则涉及文教、社会、经济等领域;改革在后期常常蜕变为为帝国主义经济政治渗透服务;改革以失败告终,但促进了社会经济的变动。

但是,中东国家并没有完成改革而成为强国。同时,针对泛突厥主义的兴起,寻求自治的阿拉伯民族主义和库尔德民族主义开始兴起,进一步削弱了奥斯曼帝国。在波斯,国王寻求现代化的努力遭到了本国宗教阶层和商人阶层的反对,被迫谋求外国的支持。

总之,20 世纪初的中东国家和政治实体,或者在政治经济上处于衰败地位并在一定程度上为欧洲国家所操控(奥斯曼及其领地埃及、塞浦路斯),②或者本身的中央集权薄弱却被欧洲国家控制(阿曼、伊朗、阿富汗),或者是欧洲国家的殖民地(亚丁保护地和特鲁西尔阿曼),阿拉伯半岛的腹地则不存在国家。上述国家之间存在矛盾:奥斯曼作为逊尼派强国与什叶派的波斯敌对;波斯与阿富汗存在领土争端。同时,欧洲也在中东相互竞争:英俄争夺波斯和阿富汗;奥斯曼受英法影响,后期则日益受到德国影响;英国影响最大,它控制了从地中海到红海、波斯湾的一系列战略要地(塞浦路斯、埃及、亚丁保护地和特鲁西尔阿曼)。

但奥斯曼仍然有与欧洲国家周旋的实力。不过,青年土耳其党人最终将帝国拖入大战,大战导致奥斯曼帝国的全面崩溃。大战期间,昔日坚决反对俄国全面肢解奥斯曼帝国的英法,改而暗中策划了瓜分奥斯曼的计划(《赛克斯—皮

---

① 详见黄民兴《中东历史与现状十八讲》,陕西人民出版社 2008 年版,第 16—17、19 页。
② 19 世纪中叶,奥斯曼帝国进入中兴,中央集权再度加强,但这最终并没有使其免于崩溃。

科协议》），①从而导致了战后中东格局的重大变化。

二　两次世界大战间中东地区格局的变化(1918—1944 年)

两次世界大战期间，影响中东格局变化的主要原因包括：奥斯曼帝国的崩溃；欧洲对奥斯曼阿拉伯领土及其他地区的殖民化；中东民族主义的兴起，包括泛突厥主义、阿拉伯民族主义、库尔德民族主义和犹太复国主义等。

1. 中东从传统的多民族帝国为主演变为众多现代民族实体

传统的奥斯曼、波斯和阿富汗等国家均为多民族国家，不过波斯和阿富汗各有一个主导民族（波斯人和普什图人），而土耳其人在奥斯曼并非人数上的主体民族。第一次世界大战后的现代民族实体包括现代土耳其和英法委任统治下的阿拉伯各国，以及伊朗、阿富汗、北也门、沙特等。②

它们的演变路径如下：第一，奥斯曼帝国的崩溃，其领土成为现代土耳其和英法委任统治下的阿拉伯各国，阿拉伯民族主义者统一新月地带的梦想宣告破产。此后，各委任统治地普遍发生了反对殖民当局的起义，其结果是伊拉克和埃及获得形式上的独立，英国从巴勒斯坦划出外约旦；法国将其托管地划为叙利亚和黎巴嫩两个委任统治地。在巴勒斯坦，建立了犹太"民族家园"。而土耳其也通过民族革命战争避免了列强分割的前途，建立了以土耳其民族为主体的现代土耳其国家。

第二，一批版图居中的政治实体通过不同方式实现了独立：波斯宣布成立巴列维王朝并改名伊朗；阿富汗通过对英战争实现了完全的独立；北也门脱离奥斯曼宣布独立；阿曼与英国签署条约实现独立。

第三，沙特家族与瓦哈比派相结合，以武力统一了权力分散的阿拉伯半岛，建立沙特阿拉伯。

第四，英国统治下的埃及、塞浦路斯、南也门和作为保护地的海湾各酋长领地（科威特、特鲁西尔阿曼）依旧处于大英帝国版图内。

第五，库尔德地区因为土耳其革命的胜利未能获得协约国主张的独立，被划入 4 国：土耳其，叙利亚，伊拉克，伊朗。

2. 中东从传统的政治体制向现代国家缓慢演变

第一，独立的各国开始了现代化改革，如土耳其、伊朗、阿富汗这三个北层

---

①　经过英国代表 M. 赛克斯和法国代表 G. 皮科的秘密谈判，两国于 1916 年 5 月在伦敦签署了有关瓜分奥斯曼帝国的阿拉伯领土的协议。此协议违反了此前英法与阿拉伯民族主义者的约定。

②　参见黄民兴《论 20 世纪中东国家的民族构建问题》，《西亚非洲》2006 年第 9 期。

国家①和沙特。就北层三国而言,其改革的特点是世俗化。②

第二,殖民地半殖民地国家开始建立议会等现代机构。如埃及、伊拉克、叙利亚等。

第三,独立国家和未独立的殖民地半殖民地国家均出现主体民族的民族主义高涨现象,包括政治、经济和文化方面,民族主义成为国家意识形态的基础。如土耳其(土耳其族)、伊朗(波斯族)、阿富汗(普什图族)和阿拉伯委任统治地(阿拉伯族)。其中,阿拉伯人自 10 世纪中叶以来,第一次成为本国的统治者,尽管仍然受制于西方势力。

第四,民族主义内部存在矛盾。③ 首先是同一民族内部的。在西亚各阿拉伯委任统治地,民族主义分裂为两派,即温和派和激进派。温和派包括各国王室、贵族、地主及其政党。它们主张把新月地带的统一作为长远目标,而当前目标是争取当局的让步以实现渐进的独立,进行温和的社会经济改革,在委任统治地的范围内巩固形成中的民族国家。但是,它们都一致支持巴勒斯坦人反对犹太人的斗争。激进派包括中下级军官、知识分子和少数宗教人士等。它主张对英国采取强硬政策,积极支持巴勒斯坦事业,尽快实现叙、黎、巴三地的统一。双方发生了武装冲突。英法殖民当局为笼络温和派,在委任统治地建立了议会,但议会往往为保守的军人和地主及宗教界人士所控制。加上欧洲法西斯主义的崛起,所有这一切都使西方的民主制度在中东名誉扫地,从而促进了激进的民族主义力量的兴起,后者把德国、意大利视为可以借助的力量。

其次是宗教与世俗的不同政治取向。宗教的民族主义包括泛伊斯兰主义、伊斯兰民族主义,世俗的包括泛阿拉伯主义、国家民族主义、阿拉伯社会主义等。

最后是不同民族间的矛盾。阿拉伯人、土耳其人与库尔德人、犹太人及其他少数民族的矛盾逐渐激化。巴勒斯坦问题成为阿拉伯民族主义关注的中心问题之一。

3. 欧洲列强主导中东格局

第一,英法是中东主要的殖民大国,法国控制了叙利亚和黎巴嫩。两国还

---

① "北层"概念其实是 20 世纪 50 年代初美国提出的,指位于阿拉伯地区以北的非阿拉伯国家,其特点是历史上受俄国侵略而怀有厌俄情绪、对巴以冲突缺乏兴趣,从而可能加入西方的军事集团。

② 有关三国的现代化改革,参见彭树智《现代民族主义运动史》,西北大学出版社 1987 年版,第 2—4 章。

③ 有关中东民族主义,参见黄民兴《中东民族主义的源流和类型探析》,载肖宪主编《世纪之交看中东》,时事出版社 1998 年版。

垄断了当地的石油资源,同时维持了与中东温和派民族主义者的良好关系。

第二,新兴资本主义国家(美国、德国、意大利、日本)力图向中东渗透。美国在中东的势力主要限于传教、办学,后来开始勘探石油。第二次世界大战期间,美军进驻中东地区,通过租借法案提供物资援助,到 1944 年它控制了中东42% 的石油。①

德国、意大利则利用中东民众对英法殖民主义的憎恨积极进行渗透,尤其加强了与北层三国政府和阿拉伯国家激进的民族主义(如埃及自由军官组织、穆斯林兄弟会)的关系。但德国势力在第二次世界大战中受到沉重打击。意大利、日本也积极向北层三国扩张。

第三,俄国重回亚洲国际关系的中央舞台。十月革命后,西方排斥俄国,但此后逐渐接纳它。第二次世界大战的开始使苏联与西方的关系最终正常化,它甚至与英国共同出兵伊朗,确立了其在中东的地位。

第四,独立的中东国家加强团结。北层三国发展外交关系,相互借鉴现代化经验。它们还于 1937 年签订《萨阿达巴德条约》,共同应对世界大战和库尔德民族主义的威胁。② 阿拉伯各国在巴勒斯坦问题上团结起来向英国施压。

亨廷顿认为,文明的集团包括核心国家、成员国、毗邻国家中文化相似的少数民族人口以及核心国家希望控制的邻国中其他文化的民族。单一的核心国家或几个核心国家是文明集团的中心,反映了与该文明的认同程度以及融入该文明集团的程度。③

总之,两次大战期间,中东失去了"第一次世界大战"前奥斯曼那样的核心大国地位,从而失去了与西方博弈的中心力量。新出现的众多政治实体仍然处于变化中,不具备强大的政治力量,而内部的多种矛盾预示着战后中东的发展困局。从影响中东的外部力量看,仍然是欧洲列强的一统天下,并且保持了英法对德国的局面。

三　第二次世界大战后中东地区格局的变化(1944 年至今)

第二次世界大战以后,中东的地区格局发生了重大变化。中东国家纷纷独

---

① 彭树智主编:《二十世纪中东史》,高等教育出版社 2002 年版,第 334 页。

② Michael M. Gunter, "Iraq, Syria, ISIS and the Kurds: Geostrategic Concerns for the U. S. and Turkey", *Middle East Policy*, Vol. XXII, No. 1, 2015.

③ [美]塞缪尔·亨廷顿:《文明的冲突与世界秩序的重建》,周琪等译,新华出版社 2002 年版,第167 页。

立,而美苏两个超级大国取代英法成为中东的主要地缘政治玩家。就苏联而言,中东对其具有极其重要的战略地位,因为后者是苏联唯一与非社会主义国家接壤地区,从而构成其"柔软的下腹部"。同样,这里也因此成为美国构建对社会主义阵营的军事包围圈的重要一环。就中东自身而言,当地石油的大量开采和价格飙升促成了中东产油国的迅速崛起。

笔者把第二次世界大战后中东地区格局的变化划分为以下三个阶段。

1. 地区民族主义从兴起走向全盛及冷战的高峰(1944—1967年)

第一,大批中东国家独立。战后,一系列国家宣告独立:叙利亚、黎巴嫩于第二次世界大战结束前,塞浦路斯、科威特于20世纪60年代前期。这样,尚未独立的少数国家主要分布在海湾地区和阿拉伯半岛。但是,巴勒斯坦因阿、犹对立而实行分治,以色列国宣告成立,随后爆发了阿拉伯国家针对以色列的第一次中东战争。因此,中东的泛民族主义(阿拉伯民族主义)不得不让位于务实的国家民族主义,即从事现有边界内的民族国家建构。

第二,独立的中东国家呈现出集团化和碎片化并存的趋势。集团化主要是1944年建立的阿拉伯国家联盟,但阿拉伯国家围绕着阿盟主导国家的地位开展了斗争,出现了亲英的哈希姆家族的伊拉克、外约旦与反对哈希姆家族的埃及、沙特及中立的叙利亚、也门两大集团,后者最终主导了阿盟的建立。阿拉伯国家的其他矛盾包括意识形态(君主制、共和制)、外交政策(亲西方、亲苏联)、财富(产油、非产油)等。1962年,沙特倡议成立了伊斯兰世界联盟,以对抗埃及等国的阿拉伯社会主义。

阿拉伯国家与非阿拉伯的北层也存在芥蒂。土耳其奉行"脱亚入欧"政策,在政治、军事、经济、文化上都无意与"落后的"阿拉伯国家为伍。伊朗也与阿拉伯国家来往较少,以色列与阿拉伯国家更是死敌。因此,中东国家不能形成强大的凝聚力和共同的价值观,从而难以在地区和国际事务上发挥重要作用。

第三,东西方推动冷战在中东的发展,从而形成两大集团对立。中东是冷战起源地,因为与苏联存在领土、意识形态和历史纠葛的北层国家(包括巴基斯坦)推动了杜鲁门计划的出台,其中的土耳其和巴基斯坦分别加入了北约和东南亚条约组织。北层只有阿富汗维持中立。20世纪50年代初,美国在阿拉伯国家的南层组建中东军事集团的计划宣告破产,因为阿拉伯国家视以色列为主要敌人,否认苏联构成威胁。然而,土耳其、伊朗、伊拉克和巴基斯坦加入到西方倡导的军事联盟中,即1955年建立的巴格达条约组织。相反,阿拉伯国家(包括保守的沙特阿拉伯)立即将巴格达条约组织视为对手。

激进的民族主义展开了反对西方和保守的本国政权的斗争,一些国家先后通过革命建立了共和国：埃及，1952 年；伊拉克，1958 年；也门，1962 年。1954 年，激进的民族主义者也控制了叙利亚的政权。其中，伊拉克革命终结了巴格达条约组织，后者更名为中央条约组织。在国内政治方面，1963 年和 1968 年，阿拉伯复兴社会党分别在叙利亚和伊拉克通过政变上台，开始推行激进的内政外交政策。1964 年，中央条约组织国家成立了地区发展合作组织开展经济合作。

在中东，逐渐形成了两大集团的对立：亲西方的土耳其、伊朗、以色列、沙特奉行倾向于市场经济的体制，大量接受美国的军事和经济援助；亲苏联的"阿拉伯社会主义"国家埃及、叙利亚和伊拉克奉行苏联的经济模式，接受苏联集团的军事和经济援助，军事上成为对抗以色列的前线国家的核心。但沙特等以君主制为主的阿拉伯产油国，受制于阿拉伯民族主义观念，与美国保持某种疏离，并支持巴勒斯坦人民的斗争。海湾地区的伊朗和沙特成为美国在中东的两大支柱。

第四，英法老牌殖民主义逐渐衰落。英法由于力所不及，不得不允许殖民地独立。英国也请求美国介入土耳其和伊朗事务，抵制苏联的非分要求。50 年代中东的共和主义浪潮进一步打击了英国的势力，而美苏两国不断渗入中东，从经济和政治上削弱了英国的影响。1956 年的苏伊士运河战争中英法的失败，成为旧殖民主义在中东由盛而衰的转折点，阿拉伯民族主义由此达到了高峰。1958 年，埃、叙合并，成立阿拉伯联合共和国（但 1961 年两国再度分离）。

第五，冷战在中东演变为持续而激烈的代理人热战，即阿以冲突。60 年代前期，美国与以色列建立了同盟关系，并利用其对抗"阿拉伯社会主义"国家埃及、叙利亚和伊拉克，后者得到苏联的大力支持。1967 年的第三次中东战争成为阿以之间的大对决。在战争中，埃及和叙利亚遭受重大损失，而以色列则夺取了约旦河西岸、加沙地带、戈兰高地和西奈半岛。战争给阿拉伯国家带来了心理上的深深的创伤，阿拉伯民族主义从此走向衰落，而伊斯兰主义开始兴起。

本阶段，中东国家先后独立，英法老殖民主义衰落。同时，中东在世界上最先卷入冷战，并形成了亲美国家和亲苏国家两大集团，以及与西面的北约和东面的东南亚条约组织相衔接的巴格达条约组织。两大集团的对抗从意识形态扩展到发展模式，甚至演变为地区热战，阿拉伯民族主义进入高潮。

2. 新泛伊斯兰主义崛起和冷战走向高峰的时期（1967—1990 年）

第一，民族独立斗争基本完成。1967 年，南也门宣告独立。1971 年，英国撤出海湾，其控制下的特鲁西尔诸国独立，分别成立阿拉伯联合酋长国、巴林和卡塔尔，除巴勒斯坦外，中东国家的独立大业全部完成。1990 年，南北也门宣告统一。

第二,阿拉伯民族主义走向低潮。第三次中东战争结束后,埃及缓和了与君主制的沙特的关系。1972 年,埃及驱逐了苏联军事顾问。沙特成为新泛伊斯兰主义的倡导者,①它主导下于 1970 年成立了伊斯兰会议组织,致力于促进伊斯兰国家在政治、经济、外交、文化等领域的广泛合作。

同步崛起的还有巴勒斯坦民族主义。阿拉法特领导下的法塔赫开展了对以色列的武装斗争,并逐步控制了巴解;少数激进的巴勒斯坦人以恐怖行动反对保守的阿拉伯政权和以色列。

1973 年 10 月 6 日,十月战争爆发。埃及和叙利亚军队出其不意地向以色列发起进攻,收复了大片失地。十月战争打破了以色列"不可战胜"的神话和中东不战不和的局面,迫使超级大国正视阿拉伯各国的要求。

第三,中东产油国崛起。以往中东经济实力最强的是历史悠久、拥有丰富的、较高水平的人力资源的非产油国(埃及、叙利亚、土耳其等)。但随着十月战争的开始,情况发生了根本性变化。战争开始后,阿拉伯各产油国统一实行减产、提价、禁运和国有化,引发了西方的第一次能源危机。此后,产油国通过不同形式完成了石油国有化,为发展民族经济奠定了基础,富裕的产油国走上了经济迅速现代化的道路,中东地区的经济重心发生了重大变化。在伊朗,巴列维开始了以白色革命为名的大规模社会经济改革,大量购买军备,国力明显加强。

石油财富的增加为阿拉伯产油国发挥地区作用奠定了基础。沙特等海湾产油国大力支持伊斯兰教在海外的传播,促进了伊斯兰复兴运动。它们也向埃及等前线国家、巴解和也门等落后的阿拉伯国家和组织提供财政援助,从而对中东地区格局产生了巨大影响。产油国的大量海外资产和石油以美元计价改善了美国的国际收支和美元地位,而严重依赖中东石油的欧洲和日本则开始重视阿拉伯国家对巴勒斯坦问题的诉求。

第四,一些中东国家出现严重动荡,波及整个地区,冷战达到高峰。塞浦路斯在建国后,土、希两大民族冲突频繁,1974 年有关国家签署协议,确认塞岛实行分治。1973 年,阿富汗发生反君主制的政变,建立共和国;1978 年再度发生政变,建立亲苏的人民民主党政权。1975 年,黎巴嫩发生内战,国家陷入无政府状态。1980 年两伊战争爆发,战争双方势均力敌,战事陷入胶着状态。伊朗伊斯兰革命的爆发和两伊战争意味着海湾成为与巴勒斯坦并行的阿拉伯世界两

---

① "新泛伊斯兰主义"指"二战"后的泛伊斯兰主义,是战前泛伊斯兰思想的延续和发展。参见金宜久《新泛伊斯兰主义》,《世界宗教研究》1995 年第 4 期。

大热点。伊拉克在战争中得到了阿拉伯国家和西方国家的大力支持。1988 年 8 月,两伊实现停火,长达 8 年的两伊战争结束。战争给伊拉克带来严重影响。1979 年 12 月,苏联入侵阿富汗,扶持建立卡尔迈勒政权。苏联入侵引起了阿富汗全民抵抗,促成了伊斯兰组织的崛起,后者得到了伊斯兰世界和西方国家的大力支持。1989 年,苏军全部撤离阿富汗,美国开始主导中东局势,而阿富汗陷入了全面内战。

第五,伊斯兰主义全面崛起。它反对世俗的民族国家,主张实施伊斯兰教法。一方面,伊斯兰主义的崛起是对民族国家世俗化政策的反动,如土耳其 1950 年后的情况。另一方面,它也是各国民众对本国政府现代化政策失望、对以色列战争的失败和保守的海湾产油国不断推动的结果。因此,1967 年成为伊斯兰主义崛起的分水岭,伊斯兰组织成为各国反政府的重要力量。伊朗伊斯兰革命于 1979 年爆发,导致巴列维王朝的垮台。这一革命标志着伊斯兰复兴运动取得突破性成就,开始了通过伊斯兰模式改造国家的尝试。霍梅尼提出"既不要东方,也不要西方,只要伊斯兰"的口号,使美国在海湾的"两根支柱"(伊朗和沙特)宣告崩溃,而输出伊斯兰革命的政策更使西方和海湾君主制国家感到不安。

第六,中东的民主政治进一步发展。独立初期,中东的民主国家只有以色列和黎巴嫩。在土耳其,1950 年开始实行多党制;1980 年的军人政变后,逐步还政于民,恢复了大选和多党政治。在伊朗,革命后建立了共和国,颁布了新宪法,总统由民选产生。在埃及,萨达特上台后,逐步允许反对派和伊斯兰组织开展活动。穆巴拉克政府释放了萨达特时期被捕的反对派人士,恢复了新华夫脱党等反对党的合法地位,开放言论自由,允许无党派人士参加选举。

第七,阿以开始寻求政治解决的途径。1973 年 12 月,日内瓦国际和平会议召开。会后在美国斡旋下埃及和叙利亚开始与以色列举行外交谈判,于 1974 年签署了埃以和叙以军事脱离接触协议。这在事实上标志着中东和平进程的开始,阿以冲突从军事解决进入政治解决的轨道。① 1978 年 9 月,萨达特和贝京签署了戴维营协议。根据协议,埃以双方承认联合国安理会第 242 号决议是和平解决中东问题的基础,中东各国有权在安全和公认的边界内和平地生活;以军分阶段撤出西奈半岛;两国最终建立正常的外交关系。1979 年 3 月,萨达特和贝京在白宫签署埃以和约。同时,埃及等非产油国开始摸索经济和政治改革,向市场经济和多党制的方向发展,在事实上放弃了阿拉伯社会主义的政策。

① 一般认为中东和平进程始于戴维营协议。有关本文的观点,参见黄民兴《试析中东和平进程的起点和分期》,《中东研究》2007 年第 2 期。

戴维营协议遭到阿拉伯世界的抵制,埃及因此被开除出阿盟,阿拉伯世界出现分裂,叙利亚和其他激进阿拉伯国家组成反对埃及的拒绝阵线。1981 年10 月,埃及总统萨达特被伊斯兰极端分子刺杀身亡。1982 年,以色列入侵黎巴嫩,迫使巴解总部撤出贝鲁特。黎巴嫩战争促使世界各国提出解决阿以冲突的各种方案,阿拉伯国家提出了非斯计划,暗示承认以色列的生存权。

第八,中东的地区合作加强。阿盟建立后,开展了成员国之间的经济文化合作,但经济合作成效不显。① 1981 年,成立了海湾合作委员会,包括除两伊以外的海湾六国,均为产油的君主国,主要以经济合作为主,政治和外交合作为方向。它发展成为阿拉伯世界最有活力的地区组织。

从冷战角度看,本阶段美国取得明显优势,苏联影响下降。20 世纪 80 年代,中东进入大分化、大改组阶段。最突出的特点是冷战的对立减弱,意识形态淡化,阿拉伯世界对阿以冲突的立场更加实际;产油国的经济调整开始启动;同时,伊斯兰复兴运动进入高潮,而中东的战乱加剧,地区热点增加。

3. 地区和平与动荡交织的时期(1990 年至今)

本阶段冷战宣告结束,世界进入全球化时代,中东也发生了新的重大变化:

第一,海湾地区成为中东动荡的主要发源地。1990 年 8 月,为了挽回两伊战争的损失,伊拉克悍然入侵科威特,从而引发了海湾危机。在美国统率下的多国部队于 1991 年 1 到 2 月先后进行了对伊空袭战和地面进攻,解放了科威特。海湾战争成为一超主导下的后冷战世界中美国打击地区霸权国家的重要案例。战争结束后,伊拉克蒙受了重大损失,并遭受了联合国的制裁和对大规模杀伤性武器的核查。美国因此在包括伊斯兰圣地在内的海湾地区驻留了地面部队和装备,埋下了“9·11”事件的伏笔。

第二,中东和平进程的高潮和衰落。美国于 1991 年 10 月召开了马德里中东和会,与会的有苏联、阿拉伯国家、以色列和联合国、欧共体等。会议启动了阿以的双边谈判和多边谈判。此后,巴以经过秘密谈判,于 1993 年 8 月在奥斯陆草签了《加沙和杰里科先行自治协议》,9 月正式签署了《奥斯陆协议》。1994年 7 月,巴自治领导机构开始在加沙和杰里科行使权力。1996 年 1 月,巴勒斯坦举行首次大选,阿拉法特当选巴民族权力机构主席。然而,1995 年拉宾遇刺和利库德集团上台后,和平进程基本停滞。2000 年 7 月,美国主持了有阿拉法特和以色列工党领袖巴拉克总理参加的戴维营谈判,但双方无法达成协议,巴

---

① 参见彭树智主编《二十世纪中东史》,高等教育出版社 2001 年版,第 239—240 页。

建国日期无限期推迟。同年 9 月,巴勒斯坦发生第二次起义,中东和平进程从此走向衰落,巴勒斯坦问题也逐渐不为世人所关注。

第三,阿富汗与伊拉克成为新的地区和世界热点。在阿富汗,各抵抗组织之间为争夺地盘展开内战。1996 年,伊斯兰极端组织塔利班占领喀布尔,北方联盟退居北方。海湾战争后,本·拉登领导的基地组织加强了反美活动,美国指责其策划了 1998 年美国驻肯尼亚和坦桑尼亚大使馆爆炸事件和 2000 年 10 月也门美军科尔号军舰爆炸事件。由于塔利班收容了基地组织,美国于 1998 年用导弹袭击了基地组织在阿营地。2001 年,美国遭受"9·11"恐怖袭击,随即发动阿富汗战争,一举推翻了塔利班政权,此后阿富汗进入重建。

美国于 2003 年再次发动伊拉克战争,顺利推翻了萨达姆政权。出乎意料的是,伊拉克出现了广泛的反美武装斗争,其中不但有残余的复兴党人和基地组织,还有本地的伊拉克居民,美国陷入了越南式的陷阱。

第四,海湾战争从外部促进了中东国家民主的发展。埃及、黎巴嫩和约旦允许一些政党和个人参加市政和议会选举;1992 年,沙特颁布基本法,它和巴林均成立协商会议,科威特恢复了解散多年的国民会议。2000 年,巴林宣布废除《国家安全法》,2001 年授予妇女以选举权,并经全民公决通过《巴林国民宪章草案》,规定在 2004 年建立君主立宪制,恢复 1975 年被解散的国民议会。卡塔尔于 2003 年通过宪法,授予妇女以选举权。科威特则于 2005 年授予妇女以选举权。2005 年,埃及第一次通过直选选举总统,并允许多位候选人参选。但无论是共和制国家还是君主制国家,中东的民主化实际上都存在着种种问题。

第五,地区合作有喜有忧。海合会的经济合作不断深入,六国已实现了签证互免,自 2003 年 1 月 1 日起成员国实行统一关税,2001 年 12 月起也门获准加入海合会卫生、教育、劳工和社会事务部长理事会等机构。1997 年 12 月,阿盟成员国决定开始在相互贸易中减少关税,10 年内免除关税。1998 年 1 月,阿盟宣布成立大阿拉伯自由贸易区。

1992 年,由伊朗、土耳其和巴基斯坦三国组成的经济合作组织接纳乌、塔、吉、土中亚四国及阿塞拜疆和阿富汗为会员国。此外,1995 年欧盟正式提出新地中海战略并付诸实施,其内容是支持南地中海国家的经济转轨,到 2010 年建立欧洲—地中海经济区,但成效不明显。

第六,土耳其与伊朗从不同角度改变地区秩序。1989—1993 年任土耳其总统的厄扎尔开始关注中亚,他的政策以"新奥斯曼主义"(Neo – Ottomanism)闻名。"新奥斯曼主义"的概念反映出知识分子的新思想,这一思想已经偏离了凯末尔主义,它主张土耳其应当寻求穆斯林和突厥世界领袖及欧亚大陆中心强国的地位,奉行基于奥斯曼历史传统和积极主动、多样化的外交政策。① 由此,土耳其也开始发展与高加索国家和阿拉伯国家的关系,提出"零问题"的睦邻政策,同时疏远与美国和以色列的关系。

伊朗自两伊战争以后在中东的影响不断扩大。一方面,它的实力迅速上升;另一方面,伊朗积极支持什叶派的叙利亚复兴党政府和黎巴嫩真主党,甚至与美国推翻萨达姆后建立的伊拉克什叶派政府和也门的什叶派胡塞武装组织关系密切。逊尼派的阿拉伯君主国对伊朗势力的扩散忧心忡忡,提出了"什叶派新月"的说法,中东的教派对抗已然成型。此外,伊朗的核工业也受到美国的关注,伊朗核问题成为中东的新热点。

第七,"阿拉伯之春"颠覆整个地区秩序。尽管中东国家在各方面取得了一些进展,但进入21世纪以后,除了以色列、土耳其和沙特等少数国家外,以阿拉伯非产油国为主的多数中东国家开始面临种种问题,包括经济社会改革停滞、社会两极分化、政治体制僵化等,2008年开始的国际金融危机进一步促成了矛盾激化。在热点方面,中东和平进程陷入停滞,美国的奥巴马政府开始致力于从伊拉克和阿富汗撤军,但阿富汗的局势持续恶化,伊朗核危机延续。金融危机引发的全球性衰退促成国际能源价格下降,削弱了中东产油国的影响,欧佩克地位不稳,而中东地区除海合会以外的地区合作成效不彰。

战后阿拉伯国家孕育的种种问题于2010年年底全面爆发,即中东剧变,西方称之为"阿拉伯之春"。这一时期中东形势具有如下特点:②

(1)阿拉伯国家从全面动荡演变为三大地区热点持续高烧。2010年12月,突尼斯的一个失业大学生自焚事件迅速演变为大规模的民众示威,进而发展为推翻政府的行动。这场声势浩大的政治运动很快波及22个阿拉伯国家和地区,成为阿拉伯国家历史上规模最大的政治运动之一。到2012年6月,突尼斯、埃及、利比亚和也门4国实现了政权更迭,不过运动很快在多数国家结束,但叙利亚卷入了持续的血腥内战,利比亚和也门也先后陷入内战。

(2)伊斯兰温和势力的全面崛起及各国激烈的政治博弈。中东剧变后,阿拉伯国家的伊斯兰政党很快就从运动开始的沉默转为积极参政,在埃及、摩洛哥、科威特、约旦等国家,它们均成为议会第一大党,一些国家还新建了较为保守的萨拉菲派政党。在突尼斯,"茉莉花革命"后的过渡时期建立了由三党组成

---

① 参见黄民兴《历史的轮回与帝国情结——战后土耳其外交的三次转型与"阿拉伯之春"》,《西北大学学报》2014年第1期。

② 参见黄民兴《再论中东剧变的背景、发展阶段和主要特点》,《史学集刊》2016年第3期。

的联合政府,而作为第一大执政党的是伊斯兰政党复兴运动。2012 年 6 月,埃及穆斯林兄弟会的穆尔西赢得埃及总统选举,至此"阿拉伯之春"演变为"伊斯兰之春",宗教议题成为各国议会讨论的重要事项。然而风云骤变。在埃及,总统穆尔西于 2013 年 7 月 3 日被军方废黜,传统的世俗政治势力最终结束了兄弟会的统治。在突尼斯,世俗派各党派联合要求现政府下台并解散议会,复兴运动领导的政府被迫于 2014 年 1 月辞职。因此,与伊朗和土耳其不同,阿拉伯国家的伊斯兰政党掌权的尝试仅仅是昙花一现。

(3)伊斯兰极端势力大举扩张。2013 年 4 月,原基地组织的伊拉克分支宣布成立"伊拉克和大叙利亚伊斯兰国"(ISIS),即后来的"伊斯兰国"(IS)。2014 年 6 月,巴格达迪宣布在伊拉克和叙利亚建立"哈里发国",其控制地域迅速扩大,而"伊斯兰国"更是在两国攻城略地,建立了拥有独立的政权、军队的政治实体,严重威胁到两国政府的稳定和人民的生命财产安全。而且,"伊斯兰国"的影响扩展到北非、南亚、东南亚和高加索地区,从而震惊了整个世界。在也门等地,基地组织也乘机积极活动,扩大势力。

(4)叙利亚、伊拉克、利比亚和也门的动荡加剧,在中东形成了逊尼派和两大地区联盟的对决。叙利亚和也门处于持续的内战中,在叙利亚是政府军对决反动派,而政府一方得到黎巴嫩真主党、伊朗特种部队和也门胡塞武装等什叶派地区力量的援助,以及俄罗斯、伊拉克的外部支持;反对派一方参战力量包括基地组织、"伊斯兰国"等武装组织和库尔德武装,并得到美国等西方国家、土耳其、海湾国家的外部支持。也门是什叶派的胡塞武装与前总统萨利赫的部队对决总统哈迪的部队,前者得到伊朗支持,后者则得到沙特、埃及、卡塔尔和美国支持。中东因此正式形成逊尼派和什叶派两大集团公开对抗的局面。此外,伊拉克北部和中部受到"伊斯兰国"崛起的猛烈冲击,而利比亚在卡扎菲总统被推翻后同样陷入了持续的动荡。

(5)剧变对中东少数族群产生重大影响。一些国家的少数族群积极参加了反政府运动。在利比亚,当地的柏柏尔人大规模地参与运动,以致有人称其为"柏柏尔人之春"。①伊拉克、叙利亚的库尔德人在剧变中发挥了重大的地缘政治作用。伊拉克北方的库尔德地区计划举行独立公投,只是因"伊斯兰国"崛起而暂时放弃了这一设想。在叙利亚,库尔德人开始建立武装,而伊、叙两国的库尔德武装成为反对"伊斯兰国"的主要力量之一。

---

①　"Arab Spring",31 December 2015,http://en. wikipedia. org/wiki/Arab_Spring。

（6）中东动荡的外溢效应加剧。叙利亚、伊拉克、利比亚的动荡对周边地区形成了强烈冲击。大批叙利亚难民进入土耳其、约旦、黎巴嫩，并经由这些国家流入欧洲。利比亚的武器、伊斯兰组织和原先为卡扎菲政权服务的一些非洲人返回所在国，造成了这些国家的动荡，如马里。同时，动荡的利比亚也成为向欧洲输出难民的重要跳板。来自中东的恐怖主义也成为欧洲的新麻烦。难民潮和恐怖主义加剧了本来就不稳定的欧盟内部的动荡，促进了脱欧思潮和民粹主义的兴起。

（7）外部势力的干预加强。中东剧变开始后，西方国家和俄罗斯分别开始大力干预热点国家的局势，努力施加影响。欧盟和美国积极推翻了利比亚的卡扎菲，支持叙利亚反对派对抗巴沙尔，要求后者下台。美国也支持沙特干预也门政局。此外，美国还组建联盟对"伊斯兰国"进行空中打击。俄罗斯则大力支持巴沙尔，并直接出动海空力量发动对"伊斯兰国"和反对派的打击。美俄还围绕着叙利亚化武与和谈问题开展博弈。

（8）外部势力在中东的博弈格局发生重大变化。首先，美国的传统盟国对美出现疏离。由于美国的能源实现了自给并开始出口，对中东油气的依赖下降，甚至双方在国际市场上出现竞争，而奥巴马推动从伊拉克和阿富汗的撤军进一步引发了沙特等亲美产油国的不满。美国"撤出中东"的政策还表现在前者在应对中东乱局时有意让欧盟打头阵。同时，奥巴马政府对以色列的内塔尼亚胡政府十分冷淡，时常抨击后者的定居点政策。另外，2015年4月，欧洲国家和美国与伊朗就伊核问题达成框架协议，这更加剧了沙特、以色列与美国的矛盾，从而促成了海合会国家和以色列"自力更生"和"向东看"的政策出台。相比于美国，俄罗斯却积极介入叙利亚内战，把中东作为俄美全球博弈的重要棋子，其地区影响不断扩大。

（9）阿拉伯产油国出现动荡预兆，海合会瘫痪。在中东剧变中，阿拉伯产油国总体保持稳定，但近年来国际油价的下行对产油国财政造成巨大压力。到2015年9月，沙特拥有的海外资产已经减少了728亿美元。同年10月30日，美国标准普尔公司把沙特的长期主权信用评级从AA—调为A＋，评级展望为"负面"。据沙特政府估计，该国2015年的财政赤字可能超过1000亿美元。①此外，沙特国内的失业率也居高不下。另外，2015年1月，萨勒曼·本·阿卜杜勒·阿齐兹·沙特继任沙特国王。此后，沙特新政府奉行了强势的对外政策，组织联盟干预也门内战。2017年6月5日，沙特、巴林、埃及和阿联酋四国以支

---

① 《低油价致沙特出现创纪录财政赤字》，新华网消息，2015年12月29日，http://news. xinhuanet. com/fortune/2015－12/29/c_1117611004. htm。

持恐怖主义为由,以最后通牒的形式要求卡塔尔限制与伊朗的关系,切断与"恐怖组织"的一切联系等,并立即终止了与卡塔尔的外交关系、切断与卡塔尔的海陆空联系。四国的上述行动使海合会出现了严重分裂,科威特、阿曼均未追随沙特,而卡塔尔拒绝了四国的要求,并由此加强了与伊朗、土耳其的关系。海合会已经处于瘫痪状态,面临分裂的危险。

总之,本阶段冷战彻底结束,美国成为影响中东的主要外部势力,而中东的地区霸权国家兴起,地区矛盾日益显现。海湾战争粉碎了伊拉克的霸权势力,也使西亚阿拉伯国家的极端宗教势力迅速崛起,最终发展为"9·11"恐怖袭击,而由美国发起并签署的《奥斯陆协议》却在执行几年后宣告停滞。此后,美国发起反恐战争,打败了阿富汗的塔利班政权,随后开始的伊拉克战争更使中东进入了新一轮动荡,伊拉克局势持续混乱,伊朗和"什叶派新月"的形成促成了中东两大教派联盟的对峙。中东剧变推动地区国家彻底陷入了大动荡,形成了叙利亚、利比亚、也门和伊拉克几大热点,"伊斯兰国"的兴起更使得"一战"以来的"赛克斯—皮科"体系出现了动摇,两大教派联盟开始了公开的武装对抗,阿拉伯国家进一步碎片化。

四　20 世纪中东地区格局变化的基本特点

综上所述,20 世纪中东地区格局变化具有如下特点:

第一,随着第一次世界大战中帝国体系的崩溃,中东从近代全球政治的主要玩家之一沦落为现代全球大国争夺的对象。纵观东亚、南亚、西亚即亚洲大陆的三大板块,近代存在过基于三大文明的三大帝国,即奥斯曼帝国、莫卧儿帝国和中华帝国,最终后两大帝国成功地转变为近代民族国家,尽管它们失去了部分领土;进入 21 世纪,印度与中国迅速崛起成为世界主要大国。但奥斯曼帝国完全崩溃,其地缘政治意义极为重大,取而代之的是脆弱的"赛克斯—皮科"体系。中东自古以来就是全球政治的主要玩家之一,此后永久失去了这一地位,沦落为现代全球大国争夺的对象,内部分裂动荡。尽管有关国家的独立大大提高了它们的国际地位,但并没有从根本上改变这一状况。

第二,中东的社会特点影响了本地区的现代化进程。中东是世界文明的发源地,拥有悠久的历史和辉煌的文明。但中东地处干旱半干旱地区,是历史上农耕文明与游牧文明冲突的典型地区,直到近代为止的游牧民族的反复入侵造成了部落社会在本地区的长期延续和广泛影响,而部落社会的特点是中古以后中东文明的发展迟滞和暴力频繁的重要原因。其结果是中东地区的现代化发展受阻,无论是非产油国还是产油国。其表现之一是古老的教派冲突始终存在,甚至在进入 21 世纪以后进一步恶化,如当前叙利亚、伊拉克、也门的教派冲突以及两大教派联盟的对立。这与其他发展中地区形成了鲜明对比。2017 年世界"和平指数"最差的国家是叙利亚、阿富汗、伊拉克、南苏丹和也门。

第三,中东错失了世界现代化发展的机遇,依旧依赖原料的经济模式面临着危险的前景。除了以色列和土耳其,其他中东国家的经济都面临着各种问题。非产油国没有形成有竞争力的合理的经济体系,产油国(尤其是像沙特这样的产油大国)依然在整体上依赖石油及其产品(油品和石化产品)以及来自这些产品的石油美元和外汇储备,还有外国技术人员和劳工,从而面临着世界油价波动的不确定因素。当前,不依赖化石能源的新能源技术的迅速发展和美国成为油气出口大国的现实对未来国际市场的油价和油气资源的前景构成严重威胁。未来中东主要产油国的国际经济和政治地位必然受到严重影响。

第四,中东国家之间矛盾重重并产生严重影响。这些矛盾涉及领土、意识形态、民族、家族、教派、领导人的个人恩怨、经济差距等。其结果,首先是中东成为二战后世界有限战争爆发最为频繁的地区。这些战争包括阿以之间的四次中东战争、黎巴嫩内战、黎巴嫩战争、两伊战争、伊拉克入侵科威特、海湾战争、阿富汗抗苏战争、阿富汗内战、美国的阿富汗战争、两次也门内战、叙利亚内战、海合会对也门胡塞武装的战争等,此外,塞浦路斯爆发了希、土两族冲突,这些战争和冲突对有关国家的政治、经济和社会的稳定造成严重而深远的影响。其次是中东国家难以像欧洲、东南亚那样形成有凝聚力的地区组织。阿盟内部矛盾重重,土耳其与伊朗同样关系不睦,阿拉伯国家仇视伊朗,海合会于 2017 年因卡塔尔而公开分裂。最后,由于"阿拉伯之春"引起剧烈动荡,叙利亚、也门先后陷入长期而血腥的内战,"伊斯兰国"组织在伊拉克建立并向叙利亚扩张,叙利亚的库尔德人开始谋求内部自治和独立,以"赛克斯—皮科"体系为标志的现代中东国家体系因此面临分崩离析的局面。

第五,当代中东再未出现实力雄厚的稳定的核心国家。亨廷顿分析了当代的有关情况,指出此后伊斯兰世界再也没有出现有足够的力量和足够的宗教、文化合法性的国家胜任核心国家的角色,并得到其他伊斯兰国家和非伊斯兰国家的认可。他认为具有潜力的 6 个国家:埃及、巴基斯坦、伊朗、土耳其等,它们都有各自的问题。① 因此,当代的伊斯兰世界"正在强化共同意识,但迄今为止

---

① ［美］塞缪尔·亨廷顿:《文明的冲突与世界秩序的重建》,周琪等译,新华出版社 2002 年版,第193—195 页。

只形成了一个初级的共同政治结构"。①

　　第六,中东成为世界上反西方情绪最为强烈的地区。如果说,世界其他地区的反西方情绪主要表现在政治方面,而中东的反西方情结既有政治又有文化方面。事实上,伊斯兰教与基督教均属于"亚伯罕系宗教",②但宗教的同源性和历史上中东伊斯兰国家与毗邻的欧洲基督教国家的激烈冲突③导致双方的冲突从隐性走向显性,西方的反恐战争成为其突出例证。第一次世界大战后美国在中东的形象从民族自决的倡导者、民主自由的捍卫者沦落为第二次世界大战后以色列的守护神、独裁者的捍卫者、虐囚和酷刑的实施者,即使是美国的盟国如沙特、约旦,也有大批民众持强烈的反美情绪。

　　第七,中东对外部世界具有巨大的影响。经济上,中东是世界能源的主要供应者,也是影响世界油价、美元地位和海外投资的重要地区。在国际关系方面,中东的伊斯兰国家政府和民间组织对本地区和其他地区涉及伊斯兰的问题十分敏感,并积极干预,包括阿富汗、伊拉克、波黑、车臣、中国新疆等,中东的极端主义也影响到南亚、东南亚、中亚、东亚、非洲等地区。中东的难民严重影响到欧洲的稳定。

　　从世界范围看,20 世纪以来中东格局的变化是非常有特点的,上述变化对这一时期的世界历史产生了深远影响。

Changes of the Configuration of the Middle East and their Influences since the 20th Century

Huang Minxing

Abstract：Between the two world wars, the traditional multi – ethnic empires be-

---

　　① ［美］塞缪尔·亨廷顿:《文明的冲突与世界秩序的重建》,周琪等译,新华出版社 2002 年版,第167 页。

　　② 秦家懿、孔汉思:《中国宗教与基督教》,吴华译,生活·读书·新知三联书店 1997 年版,序。

　　③ 参见法籍黎巴嫩裔学者阿敏·马洛夫《阿拉伯人眼中的十字军东征》,彭广恺译,河中文化实业有限公司 2004 年版,第 XIII 页。

came modern political entities in the Middle East. After World War II , changes of the configuration of the Middle East can be divided into three stages: in 1944 – 1967 , the British and French colonialism declined; Middle East countries gained independence, were involved in the Cold War then and formed pro – American and pro – Soviet countries, and Arabia nationalism climaxed. In 1967 – 1990 , the US gradually replaced Soviet influence as the dominant force, the Cold War confrontation began to weaken, the economic adjustment in oil producing countries started, and the Islamic Revival Movement climaxed. After 1990 , the Cold War ended, The US became the main external force affecting the Middle East, and the regional contradictions there were intensifying. After the Gulf War, the rise of extremist religious forces led to the "9 · 11" attack; the War on Terrorism and the Iraq War launched by the US have resulted a new round of turmoil, and the Upheaval of Middle East have promoted regional countries completely into big turmoil.

Key words: the 20th century; Middle East; configuration; change; influence

中国—东盟在"一带一路"建设中的合作

□ 任晶晶

摘要：自 2013 年 10 月以来，中国大力推动"一带一路"倡议落地实施，同东盟积极开展务实合作，在政策沟通、设施联通、贸易畅通、资金融通、民心相通五个方面取得了令人瞩目的成就。在政策沟通方面，双方就"一带一路"合作达成重要共识，多层次沟通磋商平台的建立为"一带一路"合作提供了重要保障；在设施联通方面，泛亚铁路计划落实，通道、口岸、港口建设成绩斐然，设施便利化程度不断提高；在贸易畅通方面，双边贸易额不断增长，相互投资快速增加，产业园建设蓬勃开展，合作方式不断创新；在资金融通方面，多层次融资平台为"一带一路"建设提供资金支持，金融合作形式灵活多样；在民心相通方面，教育合作成为中国—东盟关系的重要纽带，人文交流成为中国—东盟关系的新支柱。虽然中国与东盟围绕"五通"目标开展了一系列卓有成效的合作，但也存在一些深层次问题，需要双方着力加以解决。比如，细节出台有限，合作仍处探索期；贸易增速放缓，合作动力不足；地缘政治环境复杂，合作难度加大；南海问题悬而未决，仍存变数。针对中国—东盟在"一带一路"建设合作中存在的上述问题，笔者建议从加深政治互信、细化实施内容、推动人文交流、妥善处理南海问题几个方面入手，进一步推动"一带一路"倡议在东盟各国的落地实施。

关键词：中国；东盟；"一带一路"建设；成就；问题；政策建议

作者简介：任晶晶，中国社会科学院当代中国研究所副研究员，中国社会科学院地区安全研究中心副秘书长。

2013 年 10 月,习近平主席访问印度尼西亚时,提出了共建"21 世纪海上丝绸之路"和携手建设更为紧密的"中国—东盟命运共同体"的倡议,为中国—东盟关系的长远发展指明了方向,开启了中国—东盟"一带一路"建设合作的序幕。随后,李克强总理提出中国—东盟"2 + 7 合作框架"①,为中国—东盟各领域务实合作制定了规划。3 年多来,中国积极推动"一带一路"倡议落地实施,东盟国家作为中国的周边国家,成为中国推进"一带一路"合作的重点和优先地区。中国—东盟共建"21 世纪海上丝绸之路"和更为紧密的"中国—东盟命运共同体",既有古代海上丝绸之路的历史基础,又有中国—东盟建立对话合作关系 25 年来打下的现实基础,更有互利共赢、共同发展的长远需求。中国—东盟在"一带一路"建设合作中所取得的成就和面临的问题,值得学术界认真总结、积极应对。

一　中国—东盟在"一带一路"建设合作中的成就

自 2013 年"一带一路"倡议提出以来,中国和东盟积极开展务实合作,在政策沟通、设施联通、贸易畅通、资金融通、民心相通五个方面取得了令人瞩目的成就。

(一)政策沟通

1. 高层交流、双边互访促进中国—东盟就"一带一路"合作达成重要共识

2014 年是中国—东盟建立战略伙伴关系第二个十年的开局之年,也是中国—东盟共建"21 世纪海上丝绸之路"的开局之年。中国—东盟关系经历了"黄金十年"之后,稳步向"钻石十年"迈进。9 月,以"建设 21 世纪海上丝绸之路"为主题的第 11 届中国—东盟博览会和中国—东盟商务与投资峰会在广西南宁成功举办,东盟各国表现出对"一带一路"倡议的极大兴趣和巨大热情,纷纷表示愿在重点合作领域积极推动先行项目实施,促进"政策沟通、道路联通、贸易畅通、货币流通、民心相通"。11 月,习近平主席访问时任东盟轮值主席国缅甸时,缅甸政府表达了对"一带一路"倡议的欢迎。②

2015 年 3 月,中国政府发布《推动共建丝绸之路经济带和 21 世纪海上丝绸

---

①　"2"指两点政治共识,即深化战略互信,拓展睦邻友好;聚焦经济发展,扩大互利共赢。"7"指政治、经贸、互联互通、金融、海上、安全、人文七个重点合作领域。

②　参见《中华人民共和国与缅甸联邦共和国关于深化两国全面战略合作的联合声明》,新华网,http://news. xinhuanet. com/world/2014 - 11/14/c_1113257573. htm。

之路的愿景与行动》文件,更是引起东盟各国的热烈反响。印度尼西亚总统佐科当月访华时提出,中国的"21 世纪海上丝绸之路"倡议与印尼的"全球海洋支点"战略构想高度契合,愿同中国发挥各自优势,深化合作。① 同年 10 月,李克强总理在马来西亚参加东亚峰会期间表示,应以"2 + 7 合作框架"和中国—东盟战略伙伴关系第三份《行动计划》为指导,深化中国—东盟各领域务实合作,推动"一带一路"和东盟国家发展战略对接。② 时任东盟轮值主席国马来西亚总理纳吉布表示,东盟将积极参与"一带一路",造福沿线人民。③ 同年 11 月,习近平主席在访问新加坡和越南时,新加坡对"一带一路"倡议表示欢迎,认为该倡议契合地区发展需要。④ 越南则表示将积极推动"一带一路"倡议和本国的"两廊一圈"构想对接。⑤

2016 年,中国与东盟双方为推进"一带一路"项目落实开展了积极规划。缅甸新政府欢迎中国倡导的"一带一路"和孟中印缅经济走廊合作倡议,希望在经贸、农业、水利、电力、产能、金融等领域与中国开展互利合作。菲律宾新政府积极对接"一带一路",杜特尔特总统访华期间,中菲签订 13 项框架协议,两国合作全面升温。老挝和柬埔寨分别在习近平主席和李克强总理对本国进行访问期间,同中国签订了"一带一路"合作文件,希望同中方共同编制推进"一带一路"建设的合作规划纲要。上述重要共识的达成,为中国同东盟"一带一路"建设合作的开展奠定了政治基础。

2. 双多边合作机制建立完善,多层次沟通磋商平台为"一带一路"合作提供重要保障

经过多年完善和发展,中国和东盟原有的"10 + 1"、"10 + 3"、大湄公河次区域合作(GMS)等各项机制已经拓展到多个领域,延伸出数十个部长级会议机制和多层次对话机制,大大推动和促进了中国—东盟各项合作的开展。2016 年,中国—东盟合作机制又新增澜沧江—湄公河合作机制,该机制与东盟共同体建

---

① 参见《中华人民共和国和印度尼西亚共和国关于加强两国全面战略伙伴关系的联合声明》,新华网,http://news. xinhuanet. com/2015 – 03/26/c_127625705. htm。

② 参见《李克强:坚定信心　继往开来　推动中国—东盟关系更加全面深入发展》,新华网,http://news. xinhuanet. com/world/2016 – 09/08/c_1119528496. htm。

③ 《马来西亚总理:东盟将积极参与"一带一路"建设》,中新网,http://www. chinanews. com/gn/2015/11 – 23/7637394. shtml。

④ 《中华人民共和国和新加坡共和国关于建立与时俱进的全方位合作伙伴关系的联合声明》,新华网,http://news. xinhuanet. com/world/2015 – 11/07/c_1117071914. htm。

⑤ 《中越发表联合声明　推动 5 大领域合作》,环球网,http://china. huanqiu. com/hot/2015 – 11/7927665. html。

设"三大支柱"(政治安全、经济和可持续发展、社会人文)相对接,涵盖领导人会议、外长会议、部长级高官会议等多层次、多领域,进一步丰富了中国—东盟合作机制的内容和范围。在 2016 年 3 月召开的首届澜湄合作领导人会议上,发表了《澜沧江—湄公河合作首次领导人会议三亚宣言》和《澜沧江—湄公河国家产能合作联合声明》两份重要文件。各方在《三亚宣言》中表示,将秉承共商、共建、共享的理念,鼓励澜湄合作和"一带一路"倡议与《东盟互联互通总体规划》、湄公河沿岸国家的发展规划相对接,共同促进地区的和平、稳定、发展。① 截至 2016 年 12 月,澜湄合作 45 个早期收获项目中,过半数已经完成或正在实施。5 个优先领域联合工作组的筹建有序推进。澜湄合作的融资支持机制全面铺开,一些重大项目已经落地。②

(二)设施联通

1. 泛亚铁路计划落实,中国铁路走向东盟

2006 年 11 月,《泛亚铁路网政府间协定》在韩国釜山签署,亚洲各国计划共同兴建横跨亚洲的铁路网。泛亚铁路东盟部分分为东、中、西线,从中国昆明出发,经中南半岛,于曼谷汇合后,经吉隆坡最终到达新加坡。泛亚铁路建成后,将把中国、缅甸、老挝、越南、泰国、马来西亚、新加坡乃至印度尼西亚连接起来,构成一张巨大的经济合作网络。但由于铁路标准、海关检验程序、资金筹措等因素的影响,加上部分国家政府更迭,泛亚铁路协议签署后近 10 年依然没有落实。直到"一带一路"倡议提出后,按照"优先打通缺失路段、促进设施联通"的要求,泛亚铁路云南段开工建设。2016 年 12 月,时速 200 公里的昆(明)玉(溪)城际铁路通车,中国—老挝铁路全线开工建设。中老铁路由中方主投资(中方占 70% ,老方占 30%),中老双方共同运营,全线采用中国技术标准,使用中国设备。③ 同月,中泰贸易、投资和经济合作联合委员会第 5 次会议举行,会议签署铁路合作备忘录,中泰铁路(曼谷—廊开标准轨铁路)将在 5 年内建设,首段曼谷—呵叻线于 2017 年年初开工。④

2016 年,中国和印度尼西亚的高铁项目取得突破性进展。作为"一带一路"

① 《澜沧江—湄公河合作首次领导人会议三亚宣言》,新华网,http://news. xinhuanet. com/world/2016 – 03/23/c_1118422397. htm。

② 《澜湄合作机制"天天有进展,月月有成果"——澜沧江—湄公河合作机制第二届外长会议在柬召开》,中青在线,http://news. cyol. com/content/2016 – 12/23/content_15062849. htm。

③ 《中国老挝铁路全线开工》,新华网,http://news. xinhuanet. com/world/2016 – 12/25/c_1120183940. htm。

④ 《泰国部长:泰中铁路明年开建　双方互惠双赢》,新华网,http://news. xinhuanet. com/thailand/2016 – 12/18/c_129408934. htm。

早期收获项目的雅加达—万隆高铁自 2015 年中印尼两国签署相关协议以来一直进展顺利,2015 年年底开工,2016 年 1 月奠基,3 月获得特许经营权,8 月获得全线开工许可证。截至 2016 年年底,雅万高铁的征地工作已经完成 85%,中国国家开发银行的贷款融资程序也已进入最后阶段。① 目前,中国—东盟高铁合作已经成为中国—东盟"一带一路"建设合作的标志性成果。

2. 通道、口岸、港口建设成绩斐然,设施便利化程度不断提高

为更好促国际运输便利化,中国与泰国、老挝、缅甸四国共同制定了《澜沧江—湄公河国际航运发展规划　2015—2025》;2016 年 12 月,中国交通运输部、外交部、国家发展改革委、公安部、财政部、商务部、海关总署和质检总局联合发布了《关于贯彻落实"一带一路"倡议　加快推进国际道路运输便利化的意见》;广西将加强与越南的铁路、公路、桥梁对接,开通至东盟的海上"穿梭巴士",加密东盟航线航班②;云南将加快"八出省、五出境"铁路网,"七出省、五出境"公路网,"两出省、三出境"水运网建设③。上述政策方案的制定出台将进一步促进中国—东盟的通道建设和有效衔接。

在通道建设方面,广西加快与东盟的国际运输线路建设合作。截至 2016 年 7 月底,广西已开通国际道路运输线路 14 条,其中客运线路 9 条,货运线路 5 条,并实现了广西与越南公务车辆的相互开行。④ 云南以"五网"建设和与境外互联互通综合交通运输体系规划建设为依托,积极与周边国家商谈开通昆明—河内—海防、昆明—万象—曼谷、昆明—曼德勒—仰光等多条国际联运物流大通道⑤,文山到越南河江客货运输线路已经完成联合踏勘与会谈。

在口岸建设方面,中国各相关沿边口岸积极对接东盟,打造互联互通重要节点。广东、福建多个集国际陆港、保税物流、快件中心、跨境电商于一身的跨境综合外贸通关平台建设取得重要进展。广西凭祥边境贸易货物物流中心(中越跨境)货物专用通道项目 2015 年年底启动,实现人货分流,极大地提高了通

---

① 《印尼雅万高铁即将开工》,中国国际贸易促进委员会,http://www.ccpit.org/Contents/Channel_4115/2017/0204/755469/content_755469.htm。

② 参见《广西壮族自治区国民经济和社会发展第十三个五年规划纲要》,广西壮族自治区发展和改革委员会,http://www.gxdrc.gov.cn/fzgggz/fzgh/wjgg/201604/t20160413_675577.html。

③ 参见《云南省国民经济和社会发展第十三个五年规划纲要》,云南省人民政府,http://www.yn.gov.cn/yn_zwlanmu/qy/wj/yzf/201605/t20160505_25013.html。

④ 《广西推进国际道路运输便利化》,广西壮族自治区人民政府,http://www.gxzf.gov.cn/zjgx/jrgx/201608/t20160803_488898.htm。

⑤ 参见《云南省人民政府关于促进跨境物流发展的若干意见》,云南省人民政府,http://www.yn.gov.cn/yn_zwlanmu/qy/wj/yzf/201609/t20160926_27015.html。

关便利程度。目前,云南的 16 个国家一类边境口岸正在积极打造对越南、缅甸、老挝等国的重要贸易枢纽。

在港口建设方面,2016 年 5 月,以"推进中国—东盟港口合作,建设'一带一路'海上桥梁"为主题中国—东盟港口城市合作网络工作会议在南宁召开,中国—东盟港口城市合作网络中方秘书处正式揭牌。中国 10 个港口(大连、上海、宁波、钦州、广州、福州、厦门、深圳、海南、太仓)和马来西亚 6 个港口(巴生港、马六甲、槟榔屿、柔佛、关丹、民都鲁)组成"港口联盟",通过减少海关障碍,促进双边贸易往来。① 此外,中国企业还积极参与了柬埔寨西哈努克港经济特区、马来西亚皇京港、印尼占碑钢铁工业园综合性国际港口等东盟国家港口的建设项目。

(三)贸易畅通

1. 双边贸易额不断增长,相互投资快速增加

在贸易方面,自 2010 年中国—东盟自贸区建立以来,双边贸易额不断增长,2016 年达到 4522 亿美元。② 2015 年中国—东盟自贸区升级版谈判文件《中华人民共和国与东南亚国家联盟关于修订〈中国—东盟全面经济合作框架协议〉及项下部分协议的议定书》正式签署,标志着中国—东盟自贸区向更高水平迈进。2016 年 7 月,自贸区升级版正式生效,为推动实现中国—东盟贸易额 1 万亿美元、新增双向投资 1500 亿美元目标的实现打造了新的平台。中国与东盟共同参与的区域全面经济伙伴关系协定(RCEP)正在积极推进,有望成为"一带一路"建设合作中中国—东盟贸易畅通的新突破口。

在相互投资方面,截至 2016 年年底,中国对"一带一路"沿线 53 个国家的非金融类直接投资为 145.3 亿美元,主要流向新加坡、印尼、印度、泰国、马来西亚等国家地区。③ 中国在"一带一路"沿线 61 个国家新签对外承包工程项目合同 8158 份,其中对东盟新签承包工程项目合同金额达到 100 亿美元,同比增长 8.2%,项目涉及电力、桥梁、农业、制造业等领域。2016 年,"一带一路"沿线国家对华投资新设立企业 2905 家,实际投入外资金额 70.6 亿美元,其中东盟对华投资新设立企业 1160 家,占比超过 1/3;实际投入外资 67.3 亿美元,占比超过

① 《港媒:中国—马来西亚组建"港口联盟"促进双方贸易》,参考消息网,http://www. cankaoxi-aoxi. com/finance/20160412/1124738. shtml。

② 《2015 年 1 – 12 月我对亚洲国家(地区)贸易统计》,中华人民共和国商务部,http://yzs. mofcom. gov. cn/article/g/date/201601/20160101246448. shtml。

③ 《2016 年对"一带一路"沿线国家投资合作情况》,中华人民共和国商务部,http://fec. mof-com. gov. cn/article/fwydyl/tjsj/201701/20170102504239. shtml。

95％；新加坡对华投资 61.8 亿美元，成为全球第二大对华投资国。① 随着"一带一路"倡议的进一步落实，未来中国—东盟相互投资的规模将会进一步扩大。

2. 产业园建设蓬勃开展，合作方式不断创新

2015 年 5 月，国务院发布《关于推进国际产能和装备制造合作的指导意见》，其中特别强调了通过产业园区合作，健全完善与其他国家的协调配合，提高中国企业"走出去"的水平。② 中国—东盟产业园区合作起步较早，已有产业园包括中马钦州产业园、马中关丹产业园、泰中罗勇产业园、中越龙江产业园、中国—东盟跨境电子商务产业园（南宁）、中新苏州工业园、中新天津生态城等。中国和印尼共同建设的青山工业园是"一带一路"在印尼的重点项目，截至 2016 年 10 月，工业园区已投入资金 24.5 亿美元，创造了约 1 万个就业岗位。③ 云南和老挝合作建立的万象赛色塔北斗产业示范园是"一带一路"的早期收获项目，中国政府将赛色塔综合开发区列为国家级境外经贸合作区。④ 该产业园于 2015 年 9 月落地，成为中国—中南半岛经济走廊建设的重点项目。

中国—东盟贸易合作模式创新还包括境外经贸合作区和边境经济合作区两种形式。截至 2016 年 9 月，中国企业在东盟 8 个国家先后设立了 26 个具有境外经贸合作区性质的项目，引入超过 300 家中资企业入驻，已累计投资 17.7 亿美元，实现产值 90.2 亿美元，成为中国—东盟互利合作的新高地。⑤ 截至 2016 年年底，国务院已批准在广西东兴，云南勐腊（磨憨）、瑞丽建立沿边重点开发开放试验区，全力打造增进中国—东盟经贸往来的天然载体，助力中国—东盟经贸合作全方位开展。

（四）资金融通

1. 多层次融资平台为"一带一路"建设提供资金支持

资金融通是"一带一路"项目建设的重要支撑。中国和东盟原有的政府间融资平台包括中国—东盟投资合作基金、中国—东盟海上合作基金等。中国—

---

① 《中国与东盟双边贸易额年均增长 18.5％》，新浪网，http://finance.sina.com.cn/roll/2016 - 07 - 20/doc - ifxuaqhu0768883.shtml。

② 《国务院关于推进国际产能和装备制造合作的指导意见》，中华人民共和国商务部，http://fec.mofcom.gov.cn/article/tjgjcnhz/zcwj/201511/20151101193011.shtml。

③ 《中国投资产业园助推印尼经济发展》，中国国际贸易促进委员会，http://www.ccpit.org/Contents/Channel_4124/2017/0110/744188/content_744188.htm。

④ 《云南出资产业园老挝落成 "一带一路"战略早期项目收获》，央广网，http://news.cnr.cn/native/city/20150902/t20150902_519745568.shtml。

⑤ 参见《李克强在第 19 次中国—东盟（10＋1）领导人会议暨中国—东盟建立对话关系 25 周年纪念峰会上的讲话》，新华网，http://news.xinhuanet.com/world/2016 - 09/08/c_1119528511.htm。

东盟投资合作基金一期规模为10亿美元,共投资东盟8国10个项目。截至2016年3月,中国—东盟海上合作基金已开展40多个项目。

"一带一路"倡议提出后,中国设立了400亿美元的丝路基金,旨在通过多元化的投资为相关项目合作提供融资支持。东南亚地区一直是丝路基金关注的重点区域。柬埔寨积极与丝路基金开展对接,柬埔寨首相洪森认为,丝路基金将推动东南亚、东亚、南亚和中亚地区在陆路和海路方面的互联互通,使柬埔寨受益。[①]

2015年12月25日,中国发起的亚洲基础设施投资银行(简称亚投行)正式成立,东盟10国均作为创始成员国加入。2016年,亚投行共支持了9个项目,其中有3项来自东盟成员国(印尼贫民窟改造计划、菲律宾马尼拉洪灾治理项目、马尼拉便捷巴士项目)。目前,亚投行正在积极与国际货币基金组织、世界银行、亚洲开发银行等国际金融机构就"一带一路"项目的开展与实施进行密切合作。

此外,中国国家开发银行为印尼雅万高铁提供贷款;中国进出口银行参与中老铁路、印度尼西亚棕榈园、马来西亚关丹产业园钢铁厂等项目的融资;中国工商银行参与老挝外交公寓项目、泰国4G移动通信系统项目等。

总体来看,目前中国—东盟金融合作的多融资平台已经建成,对"一带一路"倡议在东盟的推进提供了重要的融资支持。

2. 金融合作政策支持力度大,形式灵活多样

为推动"一带一路"建设合作,中国和东盟开展了形式多样的金融合作,不断满足东盟国家对建设资金的需求,推进人民币国际化和金融机构全覆盖,不断加强金融监管合作,促进了地区金融生态的健康发展。

在机制建设方面,2017年1月,中国国家发改委会同13个部门联合发布了"一带一路"PPP工作机制[②],通过创新融资模式,加快合作项目的"落地生根"。由于法律限制和政府资金短缺,许多东盟成员国的基础设施建设采用PPP方式,"一带一路"PPP工作机制的推行,将极大助力中国—东盟的基础设施建设合作。

在货币互换方面,中国先后同泰国、马来西亚、印尼、新加坡等东盟成员国

---

① 《洪森说柬埔寨将受益于亚投行和丝路基金》,新华网,http://news. xinhuanet. com/world/2016 - 03/07/c_128780947. htm。

② PPP(Public - Private Partnership)指公私合营,即政府和社会资本合作参与公共基础设施项目建设和运作的模式。

签订了货币互换协议。中国国务院副总理张高丽在第 13 届中国—东盟博览会上表示,要加大货币互换合作力度,推动人民币与东盟各国货币之间多种形式的货币交易,为"一带一路"的推进和中国—东盟经济合作提供有力支撑。①

在人民币跨境结算方面,自 2013 年 11 月中国政府批准设置沿边金融改革试验区以来,中国—东盟人民币跨境结算取得重大进展,东盟 10 国均已在中国开设了人民币结算业务。人民币纳入 SDR 货币篮子后,将会成为更多东盟国家的储备货币,从而为中国—东盟金融货币合作的进一步开展创造有利条件。

在互设金融机构方面,2016 年 12 月,中国银行(香港)在文莱设立分行,中国银行集团实现东盟机构全覆盖。东盟在华设立分支的著名金融机构包括新加坡南洋银行、大华银行,马来西亚马来亚银行,泰国开泰银行、盘谷银行、泰京银行、暹罗银行等。目前,中国、东盟双方正计划共同设立中国—东盟银行,以保障"一带一路"资金融通的需要。

在金融监管方面,2016 年 9 月,中国分别同老挝、柬埔寨签署《关于反洗钱和反恐怖融资信息交流合作谅解备忘录》。此前,中国已与印度尼西亚、马来西亚、泰国、新加坡等东盟国家签署了类似协议。2016 年 9 月,中国银监会和老挝中央银行签订双边监管合作谅解备忘录。此前,银监会已与新加坡、菲律宾、泰国、越南、马来西亚、印度尼西亚、柬埔寨签订金融监管协议;中国证监会也与新加坡、马来西亚、印度尼西亚、越南、泰国、老挝、文莱签署了监管合作备忘录。2015 年,中国保监会开始举办中国—东盟保险合作与发展论坛,积极探索深化同东盟的监管合作,使之成为双边保险监管合作的重要平台。

(五)民心相通

1. 教育合作成为中国—东盟关系的重要纽带

2009 年 8 月,在第 2 届中国—东盟教育交流周期间,中国和东盟提出了"双十万学生流动计划"(简称"双十万计划")。"一带一路"倡议提出后,双方加快了"双十万计划"的推进。截至 2015 年年底,中国在东盟留学生超过 12 万人,东盟在华留学生超过 7.2 万人②,"双十万计划"有望提前实现。中国政府为东盟留学生提供的奖学金包括中国政府奖学金、中国—东盟(AUN)奖学金、中国大使奖学金、云南政府东盟国家留学生奖学金、广西政府东盟国家留学生奖学

---

① 《张高丽在第 13 届中国—东盟博览会和中国—东盟商务与投资峰会开幕大会上的致辞》(全文),新华网,http://news. xinhuanet. com/politics/2016 - 09/12/c_1119547285. htm。

② 《中国—东盟力推教育开放合作升级》,人民网,http://gx. people. com. cn/n2/2016/0921/c179430 - 29039785 - 2. html。

金、江苏茉莉花东盟国家奖学金等。中国经教育部审批同意在境外办学的 4 个机构和 98 个项目中,有 3 个机构和 30 个项目在东盟国家;中国在东盟开设了31 个孔子学院和 32 个孔子课堂,成立了 30 个中国—东盟教育中心。① 中国分别与新加坡、马来西亚、越南、文莱、缅甸、老挝、柬埔寨、菲律宾签署了教育交流协议,与泰国、马来西亚签订了学历学位互认协定。②

2016 年是中国—东盟教育交流年。7 月,中国教育部发布了《推进共建"一带一路"教育行动》计划,将开展教育互联互通合作、人才培养培训合作、共建丝路合作机制作为合作重点,愿意与包括东南亚教育部长组织(SEAMEO)在内的"一带一路"沿线各国际组织开展合作。③ 8 月,第 9 届中国—东盟教育交流周暨第 2 届中国—东盟教育部长圆桌会议在中国贵阳召开,国务院副总理刘延东出席会议并提出完善合作机制、打造特色品牌、丰富交流形式、加大青年交流力度四点倡议,还提出打造"中国—东盟双十万学生流动计划升级版",设立"中国—东盟海上丝绸之路奖学金"。④ 在之后的第 2 届中国—东盟教育部长圆桌会议上,双方通过了《中国—东盟教育合作行动计划 2016—2020》,该计划是中国和东盟在教育领域的首个行动计划,为双方下一个阶段的教育合作指明了方向。目前,中国—东盟教育交流机制日趋多元,交流内容日趋丰富。教育合作的深化,对双方加深相互了解、实现民心相通起到了重要作用,是中国—东盟命运共同体建设的"稳定器"和"黏合剂",为中国—东盟关系的长远发展提供了持久动力。

2. 人文交流成为中国—东盟关系的新支柱

人文交流与合作一直是中国—东盟"一带一路"建设合作的软性支撑,成为"中国—东盟命运共同体"建设的新支柱。

在机制建设方面,2014 年 4 月,《中国—东盟文化合作行动计划 2014—2018》签署,拓宽了中国—东盟文化合作的领域,为新阶段双方开展文化对话与合作提供了指导性文件。2015 年 5 月,刘延东副总理访问印度尼西亚时,与印尼人类发展与文化统筹部长布安正式启动中国—印尼副总理级人文交流机制,

---

① 张力玮、许方舟:《充分发挥纽带和平台作用　深入推进中国—东盟教育交流合作——访中国—东盟中心秘书长杨秀萍》,《世界教育信息》2016 年第 24 期,第 4 页。

② 《中国教育装备企业"抱团"闯东盟》,中新网,http://finance. chinanews. com/cj/2016/11 – 20/8069354. shtml。

③ 《推进共建"一带一路"教育行动》,中华人民共和国教育部,http://www. moe. edu. cn/srcsite/A20/s7068/201608/t20160811_274679. html。

④ 《刘延东出席第九届中国—东盟教育交流周暨第二届中国—东盟教育部长圆桌会议开幕式并演讲》,新华网,http://news. xinhuanet. com/2016 – 08/01/c_1119317617. htm。

该机制是中国和发展中国家建立的第一个高级别人文交流机制,涵盖教育、科技、卫生、文化、旅游、体育、青年、媒体等八个领域,对中国和东盟以及"一带一路"沿线发展中国家开展相关领域交流与合作具有重要示范和引领作用。2016年12月,《文化部"一带一路"文化发展行动计划》发布,提出利用中国与东盟"10+1"文化部长会议机制在内的多种渠道加强磋商与交流,优先在缅甸、马来西亚、印度尼西亚、越南等国设立中国文化中心,鼓励中国—东盟博览会设置"一带一路"人文板块。①

在文化交流方面,中国和东盟积极开展文艺会演、广播电影电视、书籍出版、文化展览等内容多样的文化交流活动。2014年2月,柬埔寨文物展在北京首都博物馆开展;5月,泰国国家基金会、泰国驻华大使馆在北京推介泰拳;6月,"魅力东盟·走入中国"文化之旅在中国多地开展;11月,中国首个海外文化之家落户柬埔寨金边;2015年2月,中国驻老挝大使馆、老挝中国文化中心在万象举办中国文化展;12月,马来西亚、越南、缅甸、柬埔寨、泰国、老挝驻昆明总领事馆主办的"2015中国昆明·东盟精品文化博览会"开幕;2016年10月,马来西亚旅游文化部、中国驻马来西亚大使馆、东盟秘书处、中国驻东盟使团在吉隆坡举办了首届东盟—中华文化艺术博览会。

在旅游合作方面,2015年中国—东盟互访游客达到2364万人次,2016年前三季度双方人员往来达到2200万人次,中国已成为东盟第一大客源国,在中国旅游主要客源地排名前15名中,东盟国家占6位。②"一带一路"互联互通项目使中国和东盟游客在对方的旅游更加便利。截至2016年年底,东盟成员国中的印尼、老挝、越南、缅甸、柬埔寨、泰国、文莱已对中国公民实行免签或落地签,菲律宾正在针对中国研究新的签证方案。东盟10国在中国—东盟博览会旅游展上积极推介本国旅游资源,中国和东盟相关国家的旅游机构正在合作开发"海上丝绸之路"主题游,双方在旅游市场开发、旅游营销、产品推广上的合作,将使中国—东盟旅游市场的前景变得更加美好。

二　中国—东盟"一带一路"建设合作中存在的问题

自"一带一路"倡议提出以来,虽然中国与东盟双方围绕"五通"目标开展了

---

① 《"一带一路"文化发展行动计划》,中华人民共和国文化部,http://zwgk.mcprc.gov.cn/auto255/201701/t20170113_477591.html。

② 《中国—东盟旅游合作年迎来开门红》,中华人民共和国国家旅游局,http://www.cnta.gov.cn/xxfb/jdxwnew2/201701/t20170130_813532.shtml。

一系列卓有成效的合作,取得了令人振奋的成绩,但也存在一些深层次问题,需要双方着力加以解决。

(一)细节出台有限,合作仍处探索期

自"一带一路"倡议提出以来,虽然中方各部委和省市陆续出台了一系列政策和文件,但大多属于纲要或框架性文件,操作性较强的具体规划公布有限。在各省市出台的相关文件中,一些地方未能发挥自身优势,突出本地特色,存在一哄而上的现象。与"一带一路"在国内的火暴宣传相比,东盟国家对于该倡议的内容、性质、合作方式等却知之不多,主动制定政策进行对接的则更少。这其中既有对"一带一路"的推动仍主要停留在宣传推广层面的原因,也说明一些东盟国家对倡议的实施存在疑虑和担忧。打消这些疑虑的最好办法就是使"一带一路"项目尽快落地东盟,造福当地民众,让合作方百姓在"一带一路"项目中体验实实在在的获得感,进而提高东盟各国的积极性。但现实情况是,"一带一路"倡议的早期收获项目大多仍处在建设阶段,且缺乏相关经验可以借鉴。一些项目缺乏对当地情况的深入了解,方案准备不充分,"摸着石头过河"的特点十分突出。

(二)贸易增速放缓,合作动力不足

自中国—东盟自贸区建成以来,双边贸易额曾创下持续多年增长的佳绩。但由于近年来全球经济不景气,中国和东盟的贸易额也在下滑。2015 年,中国—东盟双边贸易额为 4721.6 亿美元,较 2014 年下降 1.7%;2016 年,中国—东盟双边贸易额为 4522 亿美元,较 2015 年下降 4.1%。① 从国别来看,2016 年,中国与马来西亚、新加坡、印度尼西亚、缅甸、老挝、文莱的贸易额均为负增长,除与印度尼西亚贸易额仅下降 1.3% 个百分点外,同其余五国的贸易额降幅均达两位数(见表 1)。中国和越南、泰国、菲律宾、柬埔寨的贸易额虽有增长,但增幅均在个位数。照此下去,完成 2013 年李克强总理在第十届东盟博览会上提出的力争 2020 年中国—东盟双边贸易额达到 1 万亿美元的目标将非常困难。在贸易平衡方面,2016 年,中国对东盟的贸易顺差虽然比 2015 年有所下降,但仍有近 600 亿美元,以致东盟方面有观点认为,东盟未能在同中国的贸易中得到实质性好处。贸易一直是中国—东盟合作的内生动力,在世界经济形势未见根本好转的情况下,东盟各国的贸易保护主义将很有可能抬头,未来中国—东盟的"一带一路"合作将面临动力不足的风险。

---

① 《2016 年 1—12 月我对亚洲国家(地区)贸易统计》,中华人民共和国商务部,http://yzs. mofcom. gov. cn/article/g/date/201702/20170202510057. shtml。

表 1　　　　　　　　　　　**2016 年中国和东盟贸易情况**　　　　　单位:%、亿美元

国家/地区	进出口		出口		进口		差额	
	金额	同比	金额	同比	金额	同比	当年	上年同期
东盟 10 国	4522.1	− 4.1	2559.9	− 7.7	1962.2	0.9	597.7	828.7
越南	982.3	2.5	611.0	− 7.4	371.3	24.5	239.7	361.6
马来西亚	868.8	− 10.7	376.6	− 14.4	492.1	− 7.6	− 115.5	− 92.6
泰国	758.7	0.5	371.9	− 2.9	386.8	4.1	− 14.9	11.4
新加坡	704.2	− 11.4	444.8	− 14.4	259.5	− 5.9	185.3	243.8
印度尼西亚	535.1	− 1.3	321.2	− 6.5	213.9	7.6	107.2	144.7
菲律宾	472.1	3.4	298.3	11.9	173.7	− 8.4	124.6	76.9
缅甸	122.8	− 18.6	81.9	− 15.2	41.0	− 24.8	40.9	42.1
柬埔寨	47.6	7.4	39.3	4.4	8.3	24.5	31.0	31.0
老挝	23.4	− 15.7	9.9	− 19.6	13.5	− 12.6	− 3.7	− 3.2
文莱	7.2	− 52.4	5.1	− 63.7	2.1	105.5	3.0	13.1

资料来源:《2016 年 1—12 月我对亚洲国家(地区)贸易统计》,中华人民共和国商务部,http://yzs. mofcom. gov. cn/article/g/date/201702/20170202510057. shtml。

(三)地缘政治环境复杂,合作难度加大

2016 年,东南亚地区国际形势发生了重要变化。就东盟内部而言,缅甸、菲律宾、越南均经历了政府换届,一些国家政局出现动荡,恐怖主义、跨国犯罪等非传统安全威胁未能根本改观,给中国—东盟合作带来挑战。就区域外而言,具有孤立主义和贸易保护主义倾向的美国新总统特朗普上台,其贸易政策的不确定性给经济外向型的东盟国家造成了不小的恐慌。特朗普上任伊始,便宣布退出有越南、马来西亚、新加坡、文莱参与的《跨太平洋伙伴关系协定》(TPP),使东南亚地区经济贸易合作的前景变得扑朔迷离。日本在东南亚经营多年,在本地区具有巨大影响力。"一带一路"倡议提出以来,日本更是加大了在东南亚的投资力度,大有和中国"打擂台"的架势。2015 年,日本对东南亚的投资额为 1809 亿美元,连续 3 年超过日本在中国内地和中国香港的投资。[①] 日本还在东盟铁路、桥梁建设等基础设施项目上与中国展开竞争,而这些领域正是"一带一路"所涉及的重要方面。

―――――――――

① 《日本在东南亚投资额连续三年超越中国》,中华人民共和国商务部,http://www. mofcom. gov. cn/article/i/jyjl/j/201606/20160601330409. shtml。

三　推动中国—东盟"一带一路"建设合作的政策建议

针对中国—东盟在"一带一路"建设合作中存在的上述问题,笔者建议从以下几个方面入手,进一步推动"一带一路"倡议在东盟的落地实施。

(一)加深政治互信

针对东盟内部部分人士对"一带一路"倡议存在疑虑的情况,应利用好双方领导人互访、高层交流、现有中国—东盟合作机制等多个平台,表明"一带一路"是中国为世界提供的公共产品,争取同东盟各国就此达成共识,并签订相关合作协议。"一带一路"倡议在东盟实施的途径是"一方搭台,多方唱戏",打消担忧最好的办法就是坚持"睦邻、安邻、富邻"政策和"亲、诚、惠、容"理念,使"一带一路"项目尽快落地东盟,造福当地民众,让合作方百姓在"一带一路"项目中体验实实在在的获得感。同时,中国应避免在倡议实施中大包大揽,独断专行,要在切实尊重和照顾东盟各国国情的基础上,调动各国参与"一带一路"建设的积极性。

(二)细化实施内容

目前,"一带一路"倡议在顶层设计上已基本完成,下一步应在细节规划、执行方式、合作内容、保障措施等实施层面"做文章"。应考虑东盟国家中央政府、地方政府、民间团体和广大民众的实际需要,及时沟通,加强交流,合作规划实施方案,加快"一带一路"与东盟各国政策的对接。要尊重对象国的民俗、文化,以"东盟国家提需求,中国出方案供选择"的方式,使倡议真正成为造福东盟国家的公共产品。要争取早期收获项目尤其是重大项目尽快落成,发挥示范效应,提高"一带一路"的品牌影响力。

(三)推动中国—东盟人文交流

首先,要进一步加强教育合作。中国—东盟的"一带一路"合作,需要人才先行。要加快东盟小语种人才的培养速度,跟上"一带一路"推进的步伐。在培养模式上,应通过联合培养、学科交叉等方式,培养熟知东盟国家国情的人才。应通过政策引导,进一步扩大东盟国家在华留学生的规模,设立"海上丝绸之路奖学金",扩大"一带一路"在东盟国家的影响力,促进民心相通。

其次,要进一步拓展旅游合作。旅游合作起点低、见效快,对于民心相通有着重要的催化作用。2017 年是中国—东盟旅游合作年。利用这一机会,就"一带一路"旅游合作同东盟达成更多协议和早期收获项目,如合作建设旅游基础设施等。要加快东盟国家旅游产品在中国的宣传推广,推动旅游便利化措施优化升级,构建中国—东盟旅游信息交流平台,力争通过旅游产业合作,打通产业链,推动中国—东盟全方位互联互通早日实现。

(四)妥善处理南海问题

南海问题在未来一个时期内仍将是影响中国—东盟合作的最大不确定因素,妥善处理南海问题是在东盟稳步推进"一带一路"的重要保障。2016 年,中国和东盟已经就南海适用《海上意外相遇规则》和推动设立中国—东盟应对海上紧急事态外交高官热线达成共识。下一步应继续在"双轨"思路的指导下,利用好现有机制,尽快推动海上搜救、气象信息共享、海洋环境保护等平台投入运转,推动《南海各方行为准则》的商签。对于南海争议相关当事国,应本着积极对话、求同存异的精神,争取搁置争议,共同开发,通过"打通关口,以点带面"的方式,将南海从"争议之海"逐步变为和平之海、友谊之海、合作之海。

China – ASEAN cooperation in
"One Belt and One Road" Construction

Ren Jingjing

Abstract:Since October 2013, China has vigorously promoted the implementation of the Belt and Road Initiative. It has carried out pragmatic cooperation with ASEAN, and made remarkable achievements in five aspects including policy coordination, facilities connectivity, unimpeded trade, financial integration and people – to – people bonds. In terms of policy coordination, the two sides have reached an important consensus on the "Belt and Road" cooperation. The establishment of a multi – level communication consultation platform has provided an important guarantee for "Belt and Road" cooperation. In the area of facilities connectivity, the Pan – Asian Railway Plan has been put into operation, construction of channels, ports and harbours are underway providing increased convenience; in the aspect of unimpeded trade, the bilateral trade volume is increasing and the mutual investment is increasing rapidly. The industrial park construction is booming and the mode of cooperation is innovating. In terms of financial integration, the multi – level financing platform is providing funding with flexible and diversified financial cooperation; as for people – to – people bonds, education cooperation has become an important link of China – ASEAN relations. Cultural and people – to – people exchange has become a new pillar of China – ASEAN relations. Although China and ASEAN around the "five aspects" goal have carried out a series of fruitful cooperation, there are some deep – seated problems that both sides need to address. For example, disclosure of the details of cooperation is limited, and cooperation is still in the exploration period; trade growth has slowed down, there is a lack of vibrant cooperation; the geopolitical environment is complex, making it more difficult to cooperate; the South China Sea issue remains pending, there still exist variables. In view of the above – mentioned problems in the cooperation between China and ASEAN on "Belt and Road" construction, the author proposes to further facilitate the implementation of the Belt and Road Initiative in various ASEAN countries from deepening political mutual trust, refining the implementation of content, promoting cultural exchanges and properly handling the South China Sea issue.

Key words: China, ASEAN; "One Belt and One Road" construction; achievements; problems, policy suggestions

阿富汗与巴基斯坦恐怖主义问题关联①

□ 富育红

摘要：自 2014 年西方主要作战部队从阿富汗撤军以来，该地区安全形势日益恶化。阿富汗与巴基斯坦恐怖主义问题紧密交织，两国的和平进程与反恐计划也在某种程度上取决于对方的合作。阿、巴两国恐怖主义问题的复杂关联主要体现在阿富汗战争对地区恐怖主义活动的影响、主要极端暴力组织及其活动的交织以及阿巴反恐合作的进展与限度等三个方面。对于阿巴两国恐怖主义问题关联的探讨，有助于了解该地区恐怖主义活动的发展动向，厘清该地区恐怖主义滋长的根源，以及思考如何避免越反越恐的恶性循环。

关键词：阿富汗；巴基斯坦；恐怖主义；关联

作者简介：富育红，吉林大学公共外交学院讲师，法学博士，研究方向为阿富汗问题中—南亚地区安全等。

一　导论

从近年全球恐怖袭击与人员伤亡数量上看，阿富汗和巴基斯坦始终位居前列，是世界上受恐怖主义活动侵扰最为严重的两个国家。② 目前，阿富汗境内暴恐事件与人员伤亡数量

① 本文为 2016 年吉林大学基本科研业务费哲学社会科学研究种子基金项目"'伊斯兰国'在阿富汗的渗透与我国对策研究"（批准号：2016ZZ043）及博士启动专项项目"ISIS 兴起后阿富汗的新局势与责任共同体构建研究"（批准号：2016BS004）的阶段性成果。
② "Reports on International Terrorism: Statistics on Incidents of Terrorism Worldwide", June 2015. http://www. jewishvirtuallibrary. org/jsource/Terrorism/terrorstats. html.

持续攀升,巴基斯坦加强了反恐力度,境内暴恐事件较之从前有所减少,但反恐形势依然十分严峻。

自 2015 年以来,阿塔利班(Afghani Taliban)逐渐在北部地区发动攻势,同时东南部和南部塔利班传统活跃区域也不断处于其大规模袭击之下。阿塔利班反叛运动目前在全国的扩散范围处于 2001 年以来的最大规模。① 阿富汗和驻阿美军指挥官声称,"阿塔利班看上去比 2001 年以来的任何时期都要强大。"② 巴基斯坦的恐怖主义形势也不容乐观,巴塔利班(Pakistani Taliban)恐怖组织是巴国家安全的最大威胁。2014 年 6 月,在巴塔利班袭击卡拉奇机场以及与政府谈判无果后,巴军方开始对北瓦济里斯坦地区武装分子展开一系列军事打击,随后又激起了巴塔利班的报复袭击行动。另外,"伊斯兰国""基地组织"等暴力极端组织持续在阿富汗、巴基斯坦渗透,两国恐怖主义中心不断强化。

面对日益严峻的安全威胁,阿、巴两国政府采取了一系列反恐举措。在阿富汗,除军事打击之外,阿富汗政府的反恐措施还包括立法、司法、宗教和社会等方面内容。比如阿中央政府改革立法,加强调查阿恐怖组织融资情况;推动宗教宽容运动;以及积极与公民社会团体接触等,旨在深入了解国家当前反恐任务面临的挑战及解决之道。目前,阿富汗总统加尼(Ashraf Ghani)视国内和平进程为政府任务的重中之重,积极寻求在省级层面融合阿塔利班中、低层成员,在国家层面与阿塔利班高级成员接触与对话。③ 在巴基斯坦,2014 年年底白沙瓦校园袭击惨剧使巴举国上下陷入愤怒和悲痛,而巴政府与军方也迎来了重要的反恐机遇,并迅即采取了新的反恐立法与军事行动。2015 年年初,巴基斯坦时任总理谢里夫(Nawaz Sharif)宣布新的国家反恐行动计划(NAP),主要内容包括建立军事法庭,恢复对恐怖分子实施死刑,禁止被取缔的组织以不同名义活动,禁止宣扬仇恨言论,限制恐怖分子接触地方电视台或印刷媒体,设立反恐热线,加强国家反恐机构建设,增强中央情报机构与各省区的合作,登记和管理宗

---

① Nordland, Joseph Goldstein, "Afghan Taliban's Reach Is Widest Since 2001, U. N. Says", October 11, 2015. http://www.cnbc.com/2015/10/11/new – york – times – digital – afghan – talibanas – reach – is – widest – since – 2001 – un – says. html.

② 阿塔利班成员人数在两万到四万人之间。参见 Jason Ditz, "US: 70 – 80 Airstrikes Against ISIS in Afghanistan in Three Months", April 14, 2016. http://news. antiwar. com/2016/04/14/us – 70 – 80 – air-strikes – against – isis – in – afghanistan – in – three – months/。

③ United States Department of State, "Country Reports on Terrorism 2014 – Afghanistan", June 19, 2015. http://www. refworld. org/docid/5587c75d28. html.

教学校及阿富汗难民,追踪和斩断国内外恐怖组织融资渠道等。① 与此同时,巴军方也加强了在部落和城市地区的军事行动。

自 2014 年阿富汗加尼政府上台以来,阿、巴国内发生重大恐怖袭击事件后往往伴随着两国高官的互访,以及双方探寻反恐协调或合作的努力。地区国家乃至国际社会也普遍相信,阿、巴两国恐怖主义问题紧密交织,阿富汗的和平进程与巴基斯坦密不可分。也有学者认为,巴基斯坦新反恐计划能否取得成功,也在很大程度上取决于阿富汗的合作。② 在西方主要作战部队撤离阿富汗,以及"伊斯兰国"极端组织在南亚地区扩张的背景下,一些学者甚至将阿、巴两国称为"难兄难弟"、"像兄弟一样的关系",用以强调两国安全局势紧密相关,唯有合作才能维护各自的安全。③

从地理、部落/民族因素来看,阿、巴边境地区地势险要,存在着跨境民族普什图族及其独特的部落文化,同时阿、巴两国政府在边境地区的管控能力有限,从而为大量外籍与本土极端与恐怖组织的流窜或藏匿提供了有利条件,这也是该地区被称为国际恐怖主义大本营的一个重要原因。以此为背景,对于阿、巴恐怖主义问题的关联,既有研究主要强调了两国边境两侧恐怖主义活动的共生关系,"杜兰线"争议加剧的两国间战略互疑,以及两国在美国领导的反恐战争中不可替代的作用等。在既有研究的基础上,本文旨在对阿、巴两国恐怖主义问题关联的机制进一步梳理,从而加深了解该地区恐怖主义活动滋长的根源,同时思考如何避免在打击恐怖主义的同时加强恐怖组织的力量。本文提出,阿富汗战争对地区恐怖主义的影响,主要极端暴力组织及其活动的交织,以及阿、巴反恐合作的进展与限度,是阿、巴两国恐怖主义问题的主要关联机制。

二 阿富汗战争对地区恐怖主义的影响

在 21 世纪初这场旷日持久的阿富汗战争中,美国为打击阿、巴地区恐怖组织付出了巨大的人力与物力资源,然而不仅未能遏制恐怖主义的发展,而且还

① Selina Adam Khan, "Deradicalization Programming in Pakistan", September 14, 2015. http://www. usip. org/publications/2015/09/14/deradicalization – programming – in – pakistan.

② Meriam Sabih, "Pakistan's anti – terrorism dilemma", January 21, 2015. http://america. aljazeera. com/opinions/2015/1/pakistan – counterterrorismtalibanabdulaziznawazsharif. html.

③ 蓝建学:《阿巴地区反恐将步入新阶段》,中国国际问题研究院网站,2014 年 12 月 26 日,http://www. ciis. org. cn/chinese/2014 – 12/26/content_7471837. htm。《第四届世界和平论坛:阿富汗未来稳定与发展的国际合作》,中国网,2015 年 6 月 28 日,http://opinion. china. com. cn/opinion_94_132394. html。

在某种程度上助长了恐怖主义滋生的环境。自 2015 年以来，美国当局多次宣布在阿富汗延长驻军的计划。有学者认为，美国以反恐之名在阿富汗驻军，会使更多恐怖分子出现，继而美国也将有理由继续留在该地区，从而形成了美国的"恐怖—反恐"循环。① 2017 年 6 月 24 日，阿富汗前总统卡尔扎伊（Hamid Karzai）在第六届世界和平论坛上谈及反恐问题时表示，美国在阿富汗驻军进行反恐，却没有遏制恐怖主义，导致了越反越恐的局面。② 在美国阿富汗战争所导致的一系列负面后果中，反巴恐怖组织的出现，美军无人机袭击与阿富汗难民问题的影响，以及巴国内极端宗教势力的发展等，都不同程度地推动了阿、巴地区恐怖主义的发展。

（一）阿富汗战争催生了巴塔利班的出现

1979 年苏联入侵阿富汗，曾孕育了阿塔利班和"基地"组织的诞生。2001 年美国阿富汗战争爆发、阿塔利班政权倒台后，阿塔利班与"基地"组织残余藏匿于阿、巴边境部落地区。自 2002 年至今，阿塔利班重整旗鼓、发展壮大，且催生了反对巴政府的"巴基斯坦塔利班运动"（TTP）的出现，即巴塔利班。同时"基地"组织也在反巴当局的恐怖组织发展中起到重要的协调与推动作用。

一直以来，南亚地区"基地"组织核心希望通过与不同伊斯兰武装团伙建立联系，从而获得广泛支持，编织起更大的国际恐怖主义网络，实现其总体战略目标。可以说，几乎所有阿、巴地区的逊尼派伊斯兰武装团伙都与"基地"组织建立了程度不等的联系。在这些联系中，最具深远影响的是"基地"组织促成了巴基斯坦塔利班的统一，并竭力破坏巴基斯坦对美国反恐战争的支持。在"基地"组织的推动和支持下，2007 年年底，巴基斯坦部落地区约三十支支持阿塔利班的本土武装团伙在贝图拉·马赫苏德（Baitullah Meshud）的领导下成立了"巴基斯坦塔利班运动"，随后不久该组织便进入了独立发展阶段。巴塔利班等反巴恐怖组织的出现对地区及全球"圣战"运动的发展、巴基斯坦政局的变化、美国反恐政策的调整以及地区相关国家的行动产生了重要影响。

（二）美军空袭行动刺激了地区恐怖主义发展

在奥巴马政府执政时期，美军在阿富汗战争中选择了更加灵活和机动的反恐手段，重点使用无人机打击、定点清除与特种部队秘密行动等方式，以避免错

---

① "Retention of US forces in Afghanistan and the cycle of terror – anti terror", October 18, 2015. http://www. sachtimes. com/en/analysis/3863 – retention – of – us – forces – in – afghanistan – and – the – cycle – of – terror – anti – terror.

② 《阿富汗前总统：美国要推动和平，而不是越反越恐》，2017 年 6 月 25 日，http://military. china. com/important/gundong/11065468/20170625/30824927. html。

综复杂与代价高昂的常规战争,同时增强反恐的实战效果。但美军日益重视的无人机行动却产生了大量负面后果,特别是美军在阿、巴边境普什图部落地区的空袭推动了更多年轻普什图人加入狂热的伊斯兰武装队伍。在美国主流媒体撰稿人马克·马泽蒂(Mark Mazzetti)看来,美军无人机空袭行动效果明显,其缺点是它"在灭敌的同时也会树敌"。换言之,相对于传统军队而言,此类军事行动的任务执行者承担的责任要少得多,但也更容易发生"越轨"行为,招致更多的仇恨。①

在关于美军空袭后果的既有研究中,有学者将美军空袭对地区民众的影响与当地历史文化结合起来,比如有学者提出巴部落地区的报复性恐怖袭击活动与当地普什图部落文化(复仇传统)有关。美军的空袭行动甚至被一些人称为"新关塔那摩"(New Guantanamo),意即武装分子的招募工具。② 换言之,美军的无人机袭击可能推动更多的部落民众加入恐怖组织,从而激起各种报复性恐怖袭击的出现。保罗·吉尔(Paul Gill)在其研究中指出,美军无人机行动能够削弱恐怖组织的实力并增加其活动成本,但通常在空袭发生二至四周以后,报复性恐怖袭击事件及相应的人员伤亡也会增加。③ 另外,2014 年美军在巴部落地区的空袭次数有所下降,并宣称大多数恐怖分子已被"根除"。但有分析指出,美军空袭致使该地区很多恐怖分子转移到其他地区,继续参与恐怖与犯罪活动。④

此外,美军无人机空袭对安全局势的负面影响还通过对象国政府而体现出来。比如对于美国在对象国的一些负面行动,如果对象国政府未能及时、妥善地处理,就很容易遭到地方民众的抵制和反对,从而被极端与恐怖势力利用。就美国在巴边境部落地区发动无人机袭击并导致平民伤亡来说,如果巴政府只是对其予以谴责,而并未采取重要举措防止这些空袭,也未设立对因空袭而丧生的无辜民众家属给予补偿的机制,那么巴当局将持续受到公众压力,从而可

---

① [美]马克·马泽蒂:《美利坚刀锋:首度揭开无人机与世界尽头的战争》,王祖宁等译,新世界出版社 2014 年版,第 2—7 页。

② Vijay Luhan, "The New Guantanamo: The Psychological Impact of US Drone Strikes in Pakistan", May 16, 2015. http://www. e - ir. info/2015/05/16/the - new - guantanamo - the - psychological - impact - of - us - drone - strikes - in - pakistan/.

③ Paul Gill, "The Impact of Drone Attacks on Terrorism: The Case of Pakistan", June 2015. http://remotecontrolproject. org/wp - content/uploads/2015/06/Paul_Gill_drones_terrorism_Pakistan. pdf.

④ Wali Aslam, "Terrorist Relocation and The Societal Consequences of US Drone Strikes in Pakistan", June 2014. http://www. oxfordresearchgroup. org. uk/sites/default/files/WaliAslamReport. pdf.

能恶化国内的政治与安全环境。① 自巴基斯坦当局选择与美合作反恐以来,巴国内公众抗议美军越境袭击以及侵犯巴主权的反美行动从未间断。可以说,尽管空袭后地方民众的愤怒情绪未必都通过暴力方式而表现,但公众的抗议活动及其对巴政府支持的下降,也能为恐怖组织的招募与宣传创造有利的条件。

可见,美军空袭行动作为"因与果",刺激了该地区恐怖主义活动的发展,且至少体现在四个方面:一是美军空袭导致的平民伤亡加深了该地区的反美情绪,并使得以反美为旗帜的各种极端暴力组织能够获得部分民众与党派的同情或支持。二是美军空袭激发了恐怖组织实施更多的报复性恐怖袭击,加剧了"恐怖—反恐"恶性循环。三是美军空袭间接加剧了其他(城市)地区的动荡局势。四是美军空袭在某种程度上削弱了民众对政府的支持,有利于各极端暴力组织的宣传与招募。

表 1　　　　**2004—2015 年美国 CIA 在巴部落地区的无人机袭击**　　单位:次、人

袭击次数	奥巴马任内袭击次数	丧生人数	平民丧生人数	儿童丧生人数	受伤人数
421	370	2476—3989	423—965	172—207	1158—1738

资料来源:"Get the data:Drone wars",https://www.thebureauinvestigates.com/category/projects/drones/drones – graphs/。

(三)难民问题为地区恐怖主义滋长提供条件

自 1979 年苏联入侵阿富汗以来,大批阿富汗难民涌入巴基斯坦,成为地区恐怖主义发展的主要背景之一。而随后的阿富汗内战,阿塔利班统治以及美国阿富汗战争的爆发,致使越来越多的阿富汗难民涌入巴境内,给巴经济与社会发展带来很大压力,一些难民甚至成为该地区各种极端与恐怖组织的主要招募来源。

目前巴基斯坦境内登记的阿富汗难民有 150 多万②,是世界上最大的难民群体之一。阿难民大多生活贫困且备受歧视,很多年轻人被迫加入或支持各种极端暴力组织。而且,在阿难民"好客"的传统下,许多来自中亚、中东等地区的外籍极端分子得以在此避难,并对这些年轻的阿富汗难民灌输极端思想。而且,巴境内的阿富汗难民主要生活在开伯尔—普赫图赫瓦省和俾路支斯坦省,这些地区同时也是各极端暴力组织活跃的区域。2014 年年底白沙瓦校园恐怖

① Muhammad Ilyas, "Drone Attacks vs US Public Diplomacy", September 4, 2012. http://www.cmcpk.net/2012/09/drone – attacks – vs – us – public – diplomacy/.

② "2015 UNHCR country operations profile – Pakistan". http://www.unhcr.org/pages/49e487016.html.

袭击事件发生后第三天,巴基斯坦当局就召开了紧急会议,要求遣返部分阿富汗难民。① 这也是巴当局于 2015 年年初制定的新反恐计划的主要内容之一。此后,巴当局发起了肆意逮捕和骚扰行动(Arrests and Harassment),大批阿富汗难民被驱逐出境。② 巴当局暗示有阿富汗难民参与了白沙瓦校园袭击,认为阿难民与巴境内恐怖主义活动存在一定的关联。实际上,多年来不断有巴基斯坦人指责阿富汗难民牵涉到(特别是西北部落地区)一些犯罪和武装活动中,对巴基斯坦国家安全构成威胁。

　　巴基斯坦境内的阿富汗难民深受边境部落地区恐怖袭击与官方反恐行动的伤害,并持续深陷于暴力与边缘化的窘境中。而巴遣返(或施压)大量阿难民回国,不仅加剧了阿富汗国内的安全与经济困境,而且也不利于阿、巴双方建立互信。③ 这些被遣返的大量阿富汗难民将继续面临战乱与贫困的生活环境,加之受到许多因遭受巴军方打击而潜入阿境内的极端暴力组织的影响,阿富汗难民问题或将成为地区恐怖主义进一步发展的动力。

(四)阿富汗战争刺激了巴宗教极端势力的发展

　　"9·11"事件后美国发动的阿富汗反恐战争,刺激了巴基斯坦国内宗教极端势力的发展,巴基斯坦逐渐从反恐的前沿国家变成反恐主战场。长久以来,巴宗教势力对国家政治具有非常重要的影响,宗教与政治之间亦存在着错综复杂的关联。在穆沙拉夫(Pervez Musharraf)总统执政时期,当时巴基斯坦政府选择与美国合作反恐,并坚定地遏制境内极端的宗教激进主义者及"基地"组织等极端暴力组织的活动。然而,随着伊斯兰世界主张政治伊斯兰化的呼声不断高涨,很多国家存在的日益强烈的反美情绪,巴基斯坦宗教政党不断批评政府在美国反恐战争中的立场。也就是说,巴政府支持美国的反恐政策与国内大量宗教政党、宗教势力的诉求之间有着根本分歧。2007 年前总统穆沙拉夫断然处置"红色清真寺"事件,更是彻底疏远了本国强大的宗教势力,导致宗教极端势力

---

　　① 巴当局允许境内登记注册的阿富汗难民滞留的截止日期是 2015 年 12 月 31 日,2016 年以后阿难民的去与留还在讨论中。参见 Raza Khan,"The impact of Afghan refugees",August 30, 2015. http://tribune. com. pk/story/947773/the – impact – of – afghan – refugees/。

　　② "Harassment' drives Afghan refugees from Pakistan",February 26, 2015. http://www. bbc. com/news/world – asia – 31588821.

　　③ 根据国际移民局(IMO)的信息,在 2015 年 1 月,平均每天约有 650 名阿富汗难民返回阿境内,是上年 12 月的 23 倍,而 1 月巴当局驱逐阿难民的总数,是上年全年的 1/3。参见 Christine Roehrs,"The Refugee Dilemma:Afghans in Pakistan between expulsion and failing aid schemes",March 9, 2015. https://www. afghanistan – analysts. org/the – refugee – dilemma – afghans – in – pakistan – between – expulsion – and – failing – aid – schemes/。

深厚的部落地区安全形势不断恶化,并使得很多巴当局曾支持过的武装团伙调转枪口对付巴政府与军方。

另外,在美国反恐与平叛行动中,巴军方为美军和北约部队提供了许多重要情报,帮助后者"捕杀"了大量"基地"组织和塔利班武装分子。加上近年来美国在一些军事活动中对巴主权利益的侵犯,以及巴当局在国内加强了反恐力度等,都在很大程度上刺激了该地区更多反巴和反美宗教极端势力与暴力组织的出现,推动地区恐怖主义活动强烈反弹。

三 主要极端暴力组织及其活动的关联①

活动于阿、巴地区的主要反叛团伙相互联系与配合,已在两国境内整合多条战线,形成复杂的地区极端暴力组织关系网络,对该地区的安全与稳定构成严峻挑战。下面以哈卡尼网络与阿塔利班、"基地"组织的关系为例。

哈卡尼网络日益成为阿塔利班运动的中坚力量。自 2015 年 7 月曼苏尔(Mohammad Mansur)被宣布为阿塔利班新领导人后,贾拉勒丁·哈卡尼(Jalaluddin Haqqani)被宣布为曼苏尔的副手。② 2016 年 5 月海巴图拉·阿洪扎达(Haibatullah Akhundzada)成为阿塔利班新任首领后,哈卡尼网络在阿塔利班运动中的影响力逐渐上升。哈卡尼网络历来以反美、反西方著称,并被西方国家视为阿富汗境内最具威胁性的恐怖组织,而且它与"基地"组织等外籍武装团伙的联系十分紧密。有报道指出,贾拉勒丁·哈卡尼还是"基地"组织行政委员会的成员,两个组织之间互动频繁,关系十分密切。在一些学者看来,这也许会终结阿富汗反叛运动中存在的"温和"性质。③ 加之阿塔利班组织内部的分裂以及"伊斯兰国"极端组织的竞争带来的压力等,都可能使阿塔利班采取更多的暴力活动,持有更为强硬的立场。

自 20 世纪 90 年代阿富汗内战以及 2001 年以来的阿富汗战争中,"基地"组织始终与阿塔利班并肩作战。目前,阿塔利班与"基地"组织联系更为紧密。

---

① 参见富育红《阿富汗反叛团伙及其关联》,《南亚研究季刊》2015 年第 1 期,第 30—38 页。

② Tom Wyke, "Could it get any worse? Taliban look set to clash with ISIS as Mullah Omar's successor vows to continue the war in Afghanistan", August 1, 2015. http://www.dailymail.co.uk/news/article-3182445/Could-worse-Taliban-look-set-clash-ISIS-Mullah-Omar-s-successor-vows-continue-war-Afghanistan.html.

③ Prem Mahadevan, "Afghanistan: Back to the Brink withdraws", CSS Analyses in Security Policy CETHS ZuSrich, NO. 178, September 2015. http://www.css.ethz.ch/publications/pdfs/CSSAnalyse178-EN.pdf.

2015 年 8 月初,"基地"组织曾在其媒体"阿尔—萨哈布"(As – Sahab)上宣布对曼苏尔效忠,随后曼苏尔也在塔利班网站"圣战之音"(Voice of Jihad)上宣布接受"基地"组织的效忠。阿塔利班领导人公开承认与"基地"组织的结盟关系,并表示将继续支持"基地"组织打击美国的行动。这意味着在阿塔利班的支持下,未来"基地"组织在阿境内可能会获得更多的行动空间。① 近年来,南亚"基地"组织核心持续受到西方部队、阿富汗与巴基斯坦两国的军事打压以及"伊斯兰国"竞争的压力,未来该组织将更为重视与阿塔利班及哈卡尼网络的合作,以更多地利用阿富汗领土作为宣传、招募与策划的基地。

此外,"伊斯兰国"极端组织在阿、巴两国的渗透也深刻影响着该地区反叛运动的演变趋向。而且阿、巴两国还存在其他大量极端暴力组织团伙,比如"乌兹别克斯坦伊斯兰运动"(Islamic Movement of Uzbekistan,IMU,简称乌伊运)、"东突伊斯兰运动"(East Turkestan Islamic Movement,简称"东伊运")、"圣战者运动"(Harakat ul – Mujahidin,HUM)、"虔诚军"(Lashkar – e – Toiba,LeT)以及"强戈维军"(Lashkar – e – Jhangvi)等恐怖组织,它们都与上述主要极端暴力组织存在着不同程度的联系。各极端暴力组织之间关系的演变,将对地区"圣战"运动的发展以及阿、巴两国和平进程产生重要影响。

另一方面,阿富汗、巴基斯坦两国恐怖主义问题的关联还体现在地区极端暴力组织所参与的跨境犯罪活动。其中,阿、巴地区毒品—恐怖网络②受到许多学者与政策制定者的关注。阿富汗是全球鸦片的主要供应国,巴基斯坦是阿富汗非法毒品活动的主要过境国之一③,阿、巴两国边境地区成为国际恐怖主义的活跃地带,各种恐怖活动、毒品与武器走私活动以及人员流动十分频繁。非法毒品贸易还是阿塔利班与巴塔利班等武装组织的主要收入来源。④ 在阿、巴地

---

① Fazul Rahim, F. Brinley Bruton, "Afghan Taliban 9/11 Statement: Victory Over U. S. 'Occupiers' Imminent", September 11, 2015. http://www. nbcnews. com/news/world/afghan – taliban – 9 – 11 – statement – victory – over – u – s – occupiers – n425631.

② 本文使用的"毒品—恐怖网络",笔者主要指在跨境非法毒品生产与走私活动中,毒品犯罪集团、恐怖组织以及其他非国家行为体相互联系、配合与合作的状态。参见富育红《阿富汗与巴基斯坦地区毒品—恐怖网络问题探析》,载《中国与世界》第五辑,第 174—186 页。

③ 《联合国称 2013 年鸦片产量达历史新高——阿富汗居首》,环球网,2014 年 6 月 27 日。http://world. huanqiu. com/exclusive/2014 – 06/5038734. html.

④ John F. Tierney, "Warlord, Inc. : Extortion and Corruption Along the U. S. Supply Chain in Afghanistan", in Jacob E. Jankowaski ed. , *Corruption, Contractors, and Warlords in Afghanistan*, New York: Nova Science Publishers, Inc. ,2011, pp. 37 – 42; Whit Mason ed. , *The Rule of Law in Afghanistan: Missing in Inaction*, UK: Cambridge University Press 2011, p. 101; Dania Ahmed, "Heroin and Extremism in Pakistan", August 17, 2015. http://foreignpolicy. com/2015/08/17/heroin – and – jihad – in – pakistan/; Anwar Iqbal, "TTP using drug money to fund activities", December 9, 2014. http://www. dawn. com/news/1149674.

区毒品—恐怖网络中,各主要恐怖组织与毒品犯罪集团形成了紧密的联系网络。① 而不同武装组织之间围绕着毒品收入而展开的竞争与冲突也时有发生。值得一提的是,西方部队大规模撤军,也为阿富汗及地区毒品犯罪集团重新控制贩毒路线以及开放更多对外走私渠道提供了机会。

四　阿、巴反恐合作:进展与限度

随着地区恐怖主义形势日渐高涨以及阿富汗、巴基斯坦安全形势密不可分,近年来两国不断寻求加强彼此在反恐问题上的协调与合作。

在军事层面,两国加强交流与合作。比如2014年11月,巴前陆军参谋长拉希勒·谢里夫(Raheel Sharif)提议为阿安全部队士兵提供"全面"培训。2015年年初,第一批阿富汗学生抵达巴军事学院。12月,阿、巴达成谅解,同意加强军事合作,双方重新启动边境控制中心以协调打击恐怖分子的行动。② 在政治层面,两国加强彼此交流与谅解。比如2014年12月白沙瓦校园恐怖袭击事件发生后,巴基斯坦时任总理纳瓦兹·谢里夫(Nawaz Sharif)强调将与阿共同打击恐怖分子,同时拉希勒·谢里夫迅速赶往阿富汗,就逮捕策划本次恐怖袭击、藏身于阿东部地区的巴塔利班首领法兹鲁拉(Maulana Fazlullah)以及双方的反恐合作等事宜进行沟通。又如2015年8月阿富汗境内发生一系列袭击事件后,阿外交部部长萨拉胡丁·拉巴尼(Salahuddin Rabbani)率代表团访问了巴基斯坦,希望寻求巴方的合作,并敦促巴方对境内恐怖分子实施更为严厉的打击。同时,巴总理外交事务顾问阿齐兹(Sartaj Aziz)也向阿代表团表达了对恐怖分子利用阿领土打击巴国的担忧,并再次表示与阿合作应对安全威胁的意愿。③

2017年6月,在中国调解下,巴基斯坦和阿富汗发表声明称,同意建立双边危机管控机制,愿意改善同对方关系。④ 这使得笔者回想起2015年5月,阿、巴

① John F. Tierney, "Warlord, Inc.: Extortion and Corruption Along the U. S. Supply Chain in Afghanistan", pp. 37 – 42.

② Tahir Khan, "ISI chief, Afghan president agree to boost anti – terror cooperation", January 11, 2015. http://tribune. com. pk/story/820139/isi – chief – afghan – president – agree – to – boost – anti – terror – cooperation/.

③ Kamran Yousaf, Tahir Khan, "Pakistan renews anti – terror pledge with Afghanistan", August 14, 2015. http://tribune. com. pk/story/937856/full – cooperation – pakistan – renews – anti – terror – pledge – with – afghanistan/.

④ 《中国调停下,巴基斯坦和阿富汗同意建立危机管控机制》,环球网,2017年6月26日,http://world. huanqiu. com/exclusive/2017 – 06/10896127. html。

情报机构正式签署合作性谅解协议（MoU），双方承诺将共享情报，协调反恐行动，以及共同实施对恐怖分子嫌犯的调查等。当时在一些学者看来，对于长期充斥敌意与紧张的阿、巴关系而言，这份协议具有里程碑式的意义。然而，这份合作性协议的签署却激起阿富汗国内的强烈反对。阿前总统卡尔扎伊形容该协议为"对阿富汗国家利益的打击"。① 阿塔吉克族政治集团也反对与巴情报机构合作，一些议会成员呼吁取消协议，甚至前情报机构主管拉赫马图拉·纳比勒（Rahmatullah Nabil）也拒绝签署协议。加之阿塔利班在国内持续发动袭击，进一步增强了国内对该协议的反对之声。有学者认为，无论这份协议能否带来持久和平，都将增加巴基斯坦对阿富汗政治的影响力，特别是它可能利用"情报共享"条款渗透到阿富汗情报机构中。② 更为重要的是，阿塔利班继续在巴境内活动，且没有证据表明巴方完全停止支持阿塔利班。有学者相信，尽管目前巴当局与阿塔利班之间存在着越来越多的政治分歧，但这并不表明巴基斯坦不希望或不支持阿塔利班重新进入阿富汗国家政治。在阿富汗国内分裂与冲突的环境中，阿塔利班是巴基斯坦唯一存在历史联系的政治力量。换言之，这种观点认为，只有通过支持阿塔利班，巴基斯坦才能确保它在阿富汗的利益。③

在外部力量对阿、巴地区反叛武装的支持中，巴基斯坦三军情报局（ISI）的角色多年来一直备受争议，阿塔利班也常被描述为与巴三军情报局存在着"千丝万缕"的关系。自20世纪70年代末苏联入侵阿富汗以来，巴基斯坦曾作为美国的盟友为阿富汗穆斯林武装抵抗运动提供支持，并在90年代阿富汗内战中大力支持塔利班，再到2002年以后成为美国反恐战争的重要盟友，巴基斯坦在阿富汗的角色已发生很大转变。但从根本上说，巴基斯坦在阿富汗的主要利益和关切并未改变。④ 许多分析人士确信，巴基斯坦军方及其三军情报局有选择地与哈卡尼网络等武装组织结盟，并视其为抵抗印度、控制阿富汗的战略工具，从而对巴基斯坦国内以及周边地区宗教极端势力的扩张负有不可推卸的责任。而巴基斯坦安全与情报机构一直否认相关的指控，并认为自身作为恐怖主

---

① Natalya Zamaraeva, "Pakistan – Afghanistan: an Intelligence War in the Making?", June 15, 2015. http://journal – neo. org/2015/06/15/pakistan – afghanistan – an – intelligence – war – in – the – making/.

② Sudha Ramachandran, "Afghanistan – Pakistan Intelligence Cooperation and the Prospect of Peace", June 10, 2015. http://www. cacianalyst. org/publications/analytical – articles/item/13226 – afghanistan – pakistan – intelligence – cooperation – and – the – prospect – of – peace. html.

③ Salman Rafi, "Pakistan's inroads into Afghanistan: Fighting for space", June 19, 2015. http://atimes. com/2015/06/pakistans – inroads – into – afghanistan – fighting – for – space/.

④ Rasul Bakhsh Rais, "Pakistan's Perspective on the Afghan Transition", in Shanthie Mariet D'Souza ed. ,*Afghanistan in Transition: beyond* 2014?, New Delhi: Pentagon Press, 2012, p. 149.

义的受害者,已在反恐事业中作出了巨大牺牲。①

　　总体来看,自"9·11"事件以来,巴基斯坦在阿富汗问题中扮演的角色发生了很大转变,但有学者认为,巴国内某些军事和情报人员与阿塔利班、哈卡尼网络等组织依旧保持着联系,很多人难以放弃将阿富汗视为"战略纵深"的思想,其中不仅包括普通士兵,也包括一些中层官员甚至部分高级将领。这不仅削弱了巴军方打击恐怖主义的能力,而且为巴本国安全带来很多负面影响。② 特别是各反叛武装之间存在着密切联系,选择对其中某些武装组织提供支持很可能会增加其他反巴极端组织的势力,从而使巴本土遭受比其他国家更大的伤害。

　　阿富汗和其他部分国家经常指责巴当局对阿富汗实施的"战略纵深"政策,使阿塔利班得以在巴境内避难与策划袭击。但在当前复杂变幻的地区局势中,所谓的"战略纵深"不只存在于巴军方机构,巴方也越来越多地指责恐怖分子利用阿富汗领土策划对巴基斯坦的袭击。巴军方甚至怀疑策划白沙瓦校园袭击事件的巴塔利班首领法兹鲁拉就藏身于阿富汗东部昆纳尔省,并要求阿当局配合抓捕法兹鲁拉的行动。③ 还有报道称,阿富汗前情报机构主管拉赫马图拉·纳比勒支持巴塔利班前指挥官拉蒂夫·马哈苏德(Latif Mehsud)。④ 在一些学者看来,由于巴国内部分人员多年来不断为阿塔利班和哈卡尼网络提供支持,阿富汗基于"一报还一报"(Tit for Tat)战略,也为巴武装分子提供避难。⑤ 可见,阿、巴两国安全机构之间根深蒂固的不信任,为它们的反恐合作带来局限。

---

　　① 在巴军方反恐行动中有数千名士兵与数万平民丧生,经济损失达数百亿美元。安全环境的恶化还导致国内外经济投资环境的恶化,而巴国家预算很大一部分又用于安全事务而非社会发展。

　　② 比如2011年5月6日,巴基斯坦高级军官布里格迪尔·阿里·汗(Brigadier Ali Khan)被逮捕,且被指控与伊斯兰非法武装团伙伊扎布特(Hizbut Tahrir, HuT)有联系,而后者与"基地"组织关系密切。2011年5月30日,即巴海军基地被巴塔利班武装分子袭击一周后,巴军方逮捕了前海军指挥官卡姆兰·阿赫迈德(Kamran Ahmed),后者被指控向武装分子提供帮助。对于巴军方内部伊斯兰极端主义倾向的论述,参见 Hiranmay Karlekar, *Endgame in Afghanistan: for whom the dice rolls*, New York: Sage Publications, 2012, pp. 238 – 251。

　　③ Christine Roehrs, "The Refugee Dilemma: Afghans in Pakistan between expulsion and failing aid schemes", March 9, 2015. https://www. afghanistan – analysts. org/the – refugee – dilemma – afghans – in – pakistan – between – expulsion – and – failing – aid – schemes/.

　　④ Natalya Zamaraeva, "Pakistan – Afghanistan: an Intelligence War in the Making?", June 15, 2015. http://journal – neo. org/2015/06/15/pakistan – afghanistan – an – intelligence – war – in – the – making/.

　　⑤ "ISAS Brief: Peace – making Challenges in Afghanistan", Institute of South Asian Studies, National University of Singapore, No. 369, June 11, 2015.

表2　　　　　　　阿富汗与巴基斯坦恐怖主义问题关联机制

①阿富汗战争的影响	②极端暴力组织及其活动	③阿、巴反恐合作
·催生反巴恐怖组织 ·美军行动、难民问题的负面影响 ·刺激极端宗教势力发展	·地区极端暴力组织关系网络 ·跨境恐怖—犯罪活动	·进展:两国安全局势密不可分 ·限度:两国安全部门战略互疑深刻

资料来源:笔者自制。

结　论

在本文的分析中,阿、巴两国恐怖主义问题的关联机制主要体现在三个方面:阿富汗战争对地区恐怖主义活动的影响,主要极端暴力组织及其活动的关联,以及阿、巴反恐合作的进展与限度。其中,阿富汗战争催生了巴塔利班组织的出现,不仅将反恐战场扩大到南亚地区,而且牵动着相关国家政策的变化与调整。而美军无人机袭击行动、阿富汗难民问题,以及巴宗教极端势力的发展等,也都不同程度地推动了阿、巴地区恐怖主义活动的发展与相互强化。随着地区安全形势变化,阿、巴主要极端暴力组织之间也不断经历着分化与重组,不同团伙的关系演变对它们各自的行动空间,对地区恐怖主义活动发展趋向以及阿富汗与巴基斯坦的和平进程都产生了重要影响。而恐怖组织与毒品犯罪集团形成的联系网络,亦加强了地区恐怖组织的力量,并为地区和域外相关国家的安全与发展带来更为复杂的挑战。为应对地区安全威胁,阿、巴两国加强了反恐框架下的双边合作。然而,阿、巴两国互信至今仍难实现,双方战略互疑仍难化解,有效的反恐合作机制亦远未形成。

总之,阿富汗与巴基斯坦地区恐怖主义问题的出现有着深刻的历史与现实根源,并与战争、贫困、犯罪活动、宗教极端主义以及国内外行为体的博弈等存在错综复杂的关联。打击地区恐怖主义不仅需要增强阿、巴两国政府的治理能力,重视根除极端暴力活动产生的环境,而且还需要在战略上缓和地区国家间博弈带来的负面影响,结束不同行为体之间的敌对状态,吸取过去成功或失败的经验与教训,以及避免在打击恐怖主义的同时加强恐怖组织的力量。

An analysis of the relevance between Afghan and Pakistani terrorism

Fu Yuhong

Abstract：Since the major Western combat troops withdrew from Afghanistan in 2014, the terrorism situation in Afghanistan and Pakistan became deteriorating and worrying. The issues of terrorism in both countries have been closely intertwined, and the peace process of them as well as their counter – terrorism programs have been depended largely on the cooperation of each other. In the paper, the complex relevance between the terrorism in Afghanistan and Pakistan mainly be represented from the impacts of the war in Afghanistan, the interlinks among different extreme violent organizations and their activities, as well as bilateral counter – terrorism cooperation, which posed great challenge on the security and development in the region. The analysis of the relevance of terrorism in Afghanistan and Pakistan helps us to understand the recent developments of terrorist activities in the region, further exploring the deep roots of the regional terrorism, as well as avoiding strengthening the power of terrorist organizations while countering them.

Key words：Afghanistan；Pakistan；terrorism；relevance

布热津斯基的思想、理想与遗产

□　时佳希

摘要：布热津斯基生前是美国的地缘战略大师，在冷战中以苏联学家身份走入政界，主张坚定执行对苏斗争的方针。在后冷战时代，他给出了美国地缘战略的总体设计，即通过对地缘棋手国家和支轴国家的特殊政策，在欧亚大陆维护一个由美国领导的地缘格局，稳固跨大西洋联盟、防范俄罗斯的帝国追求、加强与中国和日本的合作、支持大陆南部的政治多元化，并推动大陆各主要国家走向长远的地缘安全合作。直到去世前，布热津斯基都在不断调整、完善其地缘政治思想，这种思想历程集中体现于他在"实力与原则"之间的摆动。对构建中国视角的地缘政治理论，布热津斯基的思想有一定参考价值。

关键词：布热津斯基；苏联学；地缘政治；大棋局；欧亚大陆

作者简介：时佳希，吉林大学文学院世界史博士研究生。

2017 年 5 月 27 日，兹比格纽·布热津斯基（Zbigniew Brzezinski）在美国弗吉尼亚州的一家医院离世，享年 89 岁。他生前是享誉世界的地缘战略专家，著作等身，又有外交实践经历，因而在地缘政治理论界和政策界都具有巨大影响力。由于在担任卡特的国家安全事务助理期间促成中美建交，此后长期与中国领导层保持往来，也被视为美国国内的"亲华派"代表。总体而论，布热津斯基的地缘战略思想主题宏大，视野宏观，指导性强，立足于欧亚大陆乃至全球的高度，给出了美国地缘战略的"顶层设计"。

关于他的思想和决策经历，特别是其代表作《大棋局》一书,中国学术界已经有所论述。一般认为布热津斯基思想中的可取之处较多,相当权威地反映了美国政府在地缘政治方面的理解和判断;但也不乏对其形势"预测"不准确、蓝图好高骛远的批评,甚至还有人认为布氏的战略设计导致美国衰落的激进论调①。其见解殊异虽然可理解为见仁见智,但所用资料集中于《大棋局》也造成了人物评论的视野局限。评论布热津斯基的思想,应认识到他在写作《大棋局》之前已经是一位有三十余年冷战斗争经验的政治老手,在《大棋局》出版后的二十年间也从未停止修正他的地缘政治蓝图,并且始终活跃在外交界,始终在坚持思考和著述。对于这样一位有丰富、漫长职业生涯的思想家,评价者理应从更为多元的视角出发,观察其思想脉络的演变,探讨其思想和行动背后的追求,并挖掘他对于这个时代遗留的教益。

一　冷战的地缘战略家

布热津斯基的思想主要集中于地缘政治领域。从年代角度看,布热津斯基的地缘政治思想可按冷战的结束分为前后两段。冷战结束以前,他的精力主要集中在如何运用美国的资源和智力,制衡乃至扳倒扩张中的苏联帝国主义;而在后冷战时代,由于美国已经占据了毋庸置疑的全球领先地位,探索未来道路成了他新的出发点。在成为地缘政治大师之前,布热津斯基是以苏联问题专家的身份出道的,这既是他的初衷使然,也是应冷战条件下的特殊人才需求。

对于搞垮苏联,布热津斯基有着不同于一般美国人的执念。毕竟,他出身于波兰外交官家庭,就在随父亲常驻加拿大时,祖国突然于 1939 年被德国和苏联瓜分,这使布热津斯基一家瞬间沦为政治流亡者。这种国仇家恨为他注入了非凡的使命感,从此一生与苏联(一定程度上也包括俄罗斯)和共产主义为敌。大学期间开始学习俄语,并把苏联研究作为学术生涯的主攻方向。在哈佛攻读哲学博士期间,师承美国第一代苏联学家芬索德(Merle Fainsod),发表了论文《苏联陆军中的政治控制》,通过微观视角分析苏军内部的政治控制,包括其组织架构、思想控制和秘密警察②——此文发展了芬索德的苏联"极权主义"论,并奠定了布热津斯基对苏联国家性质的认识基础。自 1961 年以肯尼迪政府外交

---

① 　参见张文木《大失败——布热津斯基的战略理论及其历史地位》,《世界经济与政治》2017 年第 6 期,第 148—155 页。

② 　Zbigniew K. Brzezinski,"Political Controls in the Soviet Army",*The Journal of Politics*,Vol. 4,No. 4,1952,pp. 565 – 591.

顾问的身份参政开始，布热津斯基得到了施展抱负的机会，通过政策专家的身份为冷战中的美国建言献策。

　　他的白宫生涯中最辉煌的时刻莫过于担任总统吉米·卡特（Jimmy Carter）的国家安全事务助理（1977—1981 年），期间一改尼克松时期的"缓和"路线，打下了卡特政府的对苏强硬基调。早在 1976 年卡特选举获胜后，布热津斯基就交给他一份备忘录，指出苏联领导人"已公开宣称'缓和'意味着推动'世界革命进程'，他们不仅把缓和看作一种维护和平的手段，还认为这是苏联共产党为获取权力创造有利环境的一种方式"，而美国的政策必须使苏联方面意识到这种行为的"不负责任"①。当时的白宫对外政策，主要是经过卡特、布热津斯基和国务卿塞勒斯·万斯（Cyrus Vance）三人的博弈后出台，卡特缺乏基本的外交经验，而万斯热衷于维持对苏联"缓和"，布热津斯基与万斯之间因政见不同而始终存在争执，但他终于在总统那里获得了越来越大的影响力。在布热津斯基的推动下，卡特政府推出了一系列强硬政策，以期尽可能削弱战略扩张中的苏联。他促成中美建交（1979）并结成事实上的反苏联盟，在全球各热点冲突地区牵头对抗苏联及其"代理人"，特别是在阿富汗和非洲之角，此外还与国防部制定了威慑性更强的核"抵消战略"②。尽管因卡特竞选连任的失败而只能担任四年助理，但布热津斯基在此期间克服了华盛顿"缓和"论的内部阻力，为后来里根政府攻势策略的开展乃至最后的冷战"胜利"打下了基石。由于在冷战战略和中美建交方面的贡献，他于 1981 年获得里根颁发的总统自由勋章。

　　得益于美国国内政学两界的"旋转门"（Revolving Door）制度，布热津斯基的"在野"时期主要在大学、智库工作，并做出了丰富的苏联研究成果。关于苏联的政治体制、意识形态、民族关系、争霸战略等问题，布氏都有著作做过完整的阐发，是美国第二代"苏联学"专家中的代表人物。

　　早在 1956 年，布热津斯基就《永恒的清洗》一书，探讨苏联"极权主义"与"清洗"（Purge）的关系，这本书发展了布氏在《苏联陆军中的政治控制》里对苏联国家性质的理解。此后，布热津斯基的关注点开始发生变化，在 20 世纪七八十年代，随着苏联的军事扩张，布氏的著作也日益转向对抗苏联的地缘战略和预测苏联的未来走向，其代表作就是《竞赛方案》（1986）和《大失败——20 世纪

---

①　Zbigniew K. Brzezinski, *Power and Principle*: *Memoirs of the National Security*, New York: Fanar, Straus, Giroux, 1983, pp. 149 – 150.

②　参见刘磊《"抵消战略"与卡特时期美国核战略的延续与变化》，《美国研究》2014 年第 5 期，第 97—111 页。

共产主义的兴亡》(1988)。《竞赛方案》可以视为《大棋局》的冷战版本,两本书的思想框架相通,其战略设计都着眼于欧亚大陆及其西、南、东三个区域,不同之处主要是支轴国家的划定有别,另外强调了经略中美洲的迫切需求,以防扩张中的苏联开辟出"第四战线"。更重要的是,布氏以"丢掉幻想,准备斗争"的口吻告诫美国人,不要将美苏竞争看做一时的异常现象,这种竞争将是长期持续的,美国如果要占据上风,就必须保证战略的一贯性和全局性①。《大失败》的出版则适逢戈尔巴乔夫主持的苏联体制改革,尽管布氏并未预见到苏联三年后的解体,但还是自得地在开篇即宣称"这是一本论述共产主义最后危机的书"②,他当时判断苏联的"未来"不是解体,而是波及面广、旷日持久的混乱。这种判断来自他对苏联领导阶层的一种"套娃"式认知——戈尔巴乔夫接手的是一个由列宁(社会改造)、斯大林(极权国家)、勃列日涅夫(全面腐败)三层遗产构成的苏联,然而其改革却注定无法触动这些遗产,因为触动将意味着否定几乎全部的苏联经验,也就是与苏联的建国理论决裂,而这将是一个痛苦的抉择③。

　　因此,对于冷战期间的布热津斯基,评价宜从思想和行动两方面入手。在思想方面,由于苏联国家运转对外界不公开的"黑箱"特征,相关资料的有限性是当时研究者面临的主要问题之一,就此而言,布热津斯基在冷战时期的著作,的确反映了他优秀的情报归纳能力和洞察力,而他的对苏地缘战略设计能力也得到了显著体现。但布氏对苏联的观察具有鲜明的意识形态特征,苏联的共产主义制度尽管存在各方面问题,有些问题还十分严重,但仅将其概括为"极权主义"还是过于偏颇。在行动方面,布热津斯基发挥重要作用主要是在冷战后半段的七八十年代。当时有种论调认为冷战已经"结束",而且由于这一时期苏联军事力量的后来居上,美国国内担忧对抗不符合国家利益的人在增加,"缓和"及其类似的主张成为主流呼声。当时,绝大多数人认为苏联会长期存在,而美国应与苏联构建一种走向长期和平的关系——这凸显了布热津斯基、里根等"冷战斗士"发挥的作用。美国实际上成了布热津斯基"公报私仇"的载体,但也的确在这种坚决斗争的思路下挺到了 1991 年的苏联解体,这或可说是美苏间"修昔底德陷阱"的自我实现。

---

　　① See Zbigniew K. Brzezinski, *Game Plan: A Geostrategic Framework for the Conduct of the U. S. – Soviet Contest.* , Atlantic Monthly Press. 1986.

　　② [美]兹比格纽·布热津斯基:《大失败——20 世纪共产主义的兴亡》,军事科学院外国军事研究部译,军事科学出版社 1989 年版,第 1 页。

　　③ 同上书,第 17—62 页。

二 后冷战时代的"大棋局"主谋

20 世纪 90 年代初的东欧剧变使苏联自动退出历史舞台,美国得以接管其退出后留下的空白,成为真正意义上的全球领导者。这既令布热津斯基始料未及,又有得偿夙愿之感,"我个人最感到满足与有成就的巅峰时刻是在 1991 年的 12 月 25 日,那是克里姆林宫的红旗落下,整个苏联解体的日子"①,不过随之而来的更多是彷徨。包括布氏在内,冷战时期的专家们曾将几乎全部的注意力都集中于单一问题上,对抗苏联本身就是动员资源和智力的工作机制;然而历史好像在一瞬间就走到尽头,威胁突然没有了,取而代之的是未来的种种不确定。

在布热津斯基看来,新的地缘政治是其中最大的不确定。"世界新秩序"虽收获了广泛的赞同乃至欢呼,却仍然是一个遥远而模糊的概念,而且既有秩序下的一切地缘要件都需要重新分解、组合、定位、定义。作为苏联遗产的主要继承人,俄罗斯还处在国家定位的迷茫期,正在"欧洲/民主"与"帝国/威权"的道路间纠结;欧洲、日本与美国的冷战盟友关系饱受存在必要性方面的质疑,"同盟漂流"的去向仍然未定;改革开放后的中国的国力提升空间与战略意图也有待确认。而就美国在新的地缘政治中如何定位自己,也出现了一系列新的问题:美国是否有必要领导世界,能否在"完成任务"后退回孤立主义的状态? 如果必须接受现在的领导者地位,应该领导多久,抑或努力将这一地位一直保持下去? 最后一个问题更为现实,即在这个日益复杂多变的世界上,如何确保领导地位不丢?

围绕新的地缘政治安排,以及美国在其中应扮演的角色,布热津斯基在1997 年出版的《大棋局》中给出了他的设计——美国不能就此引退,令欧亚大陆的棋局自行博弈,相反必须延续和发展冷战时期在欧亚大陆的政策②,以实力为后盾,对大陆的西面、南面和东面的安全体系善加经营,通过这种地理包围态势迫使"中间地带"的俄罗斯放弃重建帝国的企图。

----

① [美]兹比格纽·布热津斯基、布兰克·斯考克罗夫特:《大博弈——全球战略觉醒对美国的挑战》,姚芸竹译,新华出版社 2009 年版,第 6 页。

② 布热津斯基笔下的地缘政治"棋盘"始终是欧亚大陆,而非非洲、美洲、大洋洲乃至全球,因为"控制了欧亚大陆就几乎自然而然地控制了非洲,并使西半球和大洋洲在地缘政治上成为这个中心大陆的周边地带",且欧亚大陆在人口、资源、经济总量、政治重要性以及对美国的战略意义等方面都是第一位的。详细的解释见[美]兹比格纽·布热津斯基《大棋局——美国的首要地位及其地缘战略》,中国国际问题研究所译,上海人民出版社 2015 年版,第 26 页。

　　首先必须说明的是,《大棋局》在相当程度体现了布热津斯基的思想惯性,新的战略仍然要有"敌人",而这时的敌人只是从苏联换成了俄罗斯,"棋局"布位的中心并无改变。在他看来,俄罗斯的帝国传统太过悠久,其精英阶层必然对苏联解体心有不甘,甚至会对西方抱有一定的仇恨心理。因此,最核心的对俄战略就是防范苏联以任何形式复活,进一步瓦解俄罗斯与其他前加盟共和国的政治经济纽带。特别是对于阿塞拜疆、乌兹别克斯坦、乌克兰三国,保障它们的独立将有效破坏俄罗斯对南高加索、中亚地区的重新掌控,并切割斯拉夫人的人口、工业和科技。其次还应防范俄罗斯建立反美的欧亚联盟,如与中国、伊朗在"反霸"思想下结盟,不过布氏认为这条路会因缺乏经济动力而无法走通。他宣称俄罗斯真正值得追求的目标,是与一个"横跨大西洋的、扩大的欧盟和北约的欧洲紧密联系在一起",这是莫斯科避免孤立的唯一办法。但布热津斯基的意思并不是要俄罗斯加入欧盟、北约,以防这两个组织反而成为俄罗斯扩张影响力的平台,他所谓的"紧密联系"不过是要俄罗斯既站在欧洲门外又保持对欧合作,本质上自相矛盾。这就形成了一种政策逻辑:如果俄罗斯不肯展示对西方的合作态度,就必须坚定推进北约东扩以逼它就范——这一逻辑得到了布氏门生(如奥尔布赖特等人)的积极贯彻①。

　　在"棋盘"上环绕俄罗斯的是欧洲、东亚和欧亚大陆南部(含西亚、中南亚和高加索地区),布热津斯基为三个区域赋予了不同的角色。欧洲是美国在大陆上的"桥头堡",由于双方享有共同的文明遗产,其跨大西洋联盟具备天然的牢固特性;当然,为了发挥欧洲的独特优势,美国应该尊重并推动欧洲内部的联合,在支持法国或德国之间进行灵活取舍。在东亚,美国应分别支持中国和日本成为"地区性"和"世界性"的国家,鼓励日本在亚洲扮演加拿大的角色,即富裕、发达而无害,同时又能充当美国在亚欧大陆东端的"锚";对中国则鼓励其"民主化和自由市场化",并与其协调地缘政治的立场,以将其纳入一个地区合作的体系;而在韩国的军事存在则必须保留,单方面撤军可能会引发朝鲜入侵,还将连锁性地引起驻日美军撤离和日本的重新武装。而在动荡不安的欧亚大陆南部,由于地区内能源、民族、宗教(教派)等多个层次构成的复杂争端,布热津斯基建议美国"既不统治也不排他"②,令区域内的"棋手"们自相博弈,只要保障中亚和南高加索的能源管道不致被俄罗斯垄断即可。

---

　　① [英]佩里·安德森:《美国外交政策及其智囊》,李岩译,金城出版社2017年版,第164页。
　　② [美]兹比格纽·布热津斯基:《大棋局——美国的首要地位及其地缘战略》,中国国际问题研究所译,上海人民出版社2015年版,第122页。

但这套完美的安排与后来的现实走向失之交臂,发生了比较明显的"失真"。北约东扩未能促进俄罗斯向民主政体转变,也没有使其投向西方的怀抱,反而刺激了它的耻辱感和复仇心理,并及时调整周边地缘战略以抵消独联体的失灵局面;美国自冷战结束后就失去了支持欧盟事业的动力,与欧洲在对俄政策、反恐战争方面存在显著分歧,在贸易、移民问题上也表现出以邻为壑的自私态度;东亚国家也没有对他分配的角色买账,中国战略实力和自信的快速提升使其根本上不可能接受"地区大国"的定位,日本则日益急切地想要做一个有完整军事能力的"正常国家";即使在大陆南端,无论中东还是中亚,美国也未能避免陷入军事行动的泥潭,成为舆论指责的焦点,尽管布热津斯基早就建议美国要远离这个包袱,却还是会出现对这些国家说"不与我们为伍,就与我们为敌"的牛仔式总统①。安排地缘角色也许是美国的特权,尽管该特权注定无法如愿发挥。

布热津斯基在这一套地缘蓝图设计中,体现出了弥赛亚式的傲慢。他实际上认为美国无所不能,能领导旧秩序,也能缔造新秩序。尽管为了措辞严谨而加了很多限定,如"美国的霸权具有广度而深度不够""美国的实力不足以长期应付维护秩序造成的国力损耗",但话里话外仍然透露出一种信念,即没有美国,就没有人提供全球秩序。然而他忽视了一个基础性的事实,即世界秩序本质是无政府的,国家各有其意志,甚至国家内部的意志也是多元的。可见,在秩序的此岸和彼岸之间,还横亘着国家意志协调的沟壑。但瑕不掩瑜,《大棋局》毕竟是布氏在后冷战时代最重要的创作,他因这本书以及其他很多本带有"大"字译名的书而被人铭记,成为美国大战略研究中不可回避的人物。《大棋局》最重要的价值是,布热津斯基为美国在欧亚大陆的地缘战略提供了一套在空间和时间意义上都十分完整的蓝图,使相关政策制定有了清晰的方位感。

三　实力与理想的双重追求

布热津斯基长期以地缘政治专家的身份为人熟知,不过,在他那精于算计和诡诈、讲求实力的表面下,还隐藏着梦想家的情怀。布氏追求实力原则与理想主义的结合,在国家利益之外还看得到利益的协调,这对战略家群体而言的

---

① ［美］兹比格纽·布热津斯基:《第二次机遇》,陈东晓译,上海人民出版社2008年版,第107页。

确是一种不多见的品质,不过也因此被一些人视为右派"幼稚病"①的表现。

在他看来,如果地缘斗争永无止境,那么沉迷其中将是极其无聊乃至危险的。他当然在冷战结束后苦心孤诣地设计了美国在欧亚大陆各区域的地缘战略框架,而且完全遵循了现实主义的铁律,坚定地扩张美国的权力和利益,对已很虚弱的俄罗斯毫无仁慈可言;但他为这些政策加了时间上的限定,"民主的美国不可能愿意以军事资源为后盾,纵横捭阖而永久地卷入管理欧亚事务的艰难、费时和高代价的任务"②。只要美国确保了其霸权不受挑战,它就应该转入下一个目标,也即在地缘政治上更加开放和包容。

这种时间维度的设计包含着短期、中期、长期三个层次。短期内美国还是要遵循实力至上的传统,通过军事和外交手段防范任何挑战者的出现,无论挑战者是某个国家或某种联盟;中期阶段则应该逐步让位于各区域的重要伙伴国家,美国的使命仅限于"领导",即领导这些国家构建一个更具合作精神的欧亚大陆安全体系;到长期阶段后,真正实现各主要国家对全球范围政治责任的分摊。这是一个由现实主义向理想主义过渡的方案。

为什么布热津斯基要做这种长远的、理想主义的地缘安排?历史观的考察或许可以解释他的动机。布热津斯基相信"霸权像人类一样古老"③,人类的历史就是权力的争夺史,他对罗马帝国、中国古代王朝、蒙古帝国以及近代欧洲人的殖民帝国进行了比较性考察,一些帝国以现代观点来看尽管是区域性的,在当时却是"世界性"的。布氏认为美国不同于此前任何案例,它是较为晚近的"世界性"帝国,却也是第一个真正意义上的全球性霸权,而这个"第一"也是美国已经实现的伟大成就。但真正能够让美国实现不朽历史意义的,是使其成为历史中的"最后一个"。美国必须在争夺霸权斗争胜利后,回避任何沾沾自喜或患得患失,专注做好一个暂时的世界和平方面的"执政者",致力于缔造长期有效的全球安全合作,从而结束霸权斗争的悲剧循环。这才应该是美国全球霸权的出路,也是"作为第一个、唯一的一个和最后的一个真正全球性超级大国的美国所发挥作用的恰当遗产"④。可以肯定,在他费尽心血设计的地缘政治蓝图里,美国霸权能够为世界作出的最大贡献,恰恰是历史性地终结地缘政治博弈。

　　①　张文木:《大失败——布热津斯基的战略理论及其历史地位》,《世界经济与政治》2017 年第 6 期,第 152 页。

　　②　[美]兹比格纽·布热津斯基:《大棋局——美国的首要地位及其地缘战略》,中国国际问题研究所译,上海人民出版社 2015 年版,第 162 页。

　　③　同上书,第 3 页。

　　④　同上书,第 175 页。

　　布氏描绘"大棋局"的长远蓝图时，"9·11"事件还没有发生，美国社会还洋溢着冷战结束后的乐观气氛，人们相信 21 世纪是"美国的世纪"，自由民主制就是"历史的终结"①，而且憧憬"世界新秩序"的构建会从根本上改变以权力斗争为内核的国际政治。相比之下，布热津斯基的规划更为慎重和渐进，但也不可避免地沾染了这种乐观情绪。他将地缘战略的短期、中期、长期预期在时间上与 5 年、20 年、超过 20 年相对应，以为凭美国的实力、地位和决心，改造世界的蓝图不会遭遇大的波折。然而，站在整整过去 20 年后的 2017 年回顾"大棋局"，任何人都不能不承认地缘政治还停留在那最初的短期计划，美国在欧亚大陆仍然要继续纵横捭阖的权力游戏，这"5 年"真的十分漫长。

　　这也解释了为什么布热津斯基《大棋局》出版后，思想逐渐向保守方向偏转。在 10 年后问世的《第二次机遇》中，布热津斯基痛批老布什、克林顿、小布什三届总统，指责他们贻误冷战胜利的时代机遇——老布什是问题反应型领导，专注于当救火队员却忽视对新秩序的规划；克林顿喜欢提"世界新秩序"的概念，但将其等同于全球化，回避了对地缘问题的处理；小布什则使美国孤独地陷入反恐战争，违背了他在欧亚大陆南部"既不统治也不排他"的地缘思路，是"灾难性的领导"②——总之，他规划的地缘蓝图未能逐步展开，这三届总统应该负领导责任。布氏进而认为，美国已不太可能维护暂时的霸权、等待将"执政官"衣钵传给负责任的地缘合作，权力一旦交出去反而会招致无序和混乱，所以最优策略还是准备好对美国霸权的长期维护；另一方面，曾经在"大棋局"中提出的长远性地缘合作，在《战略远见》中异化为"扩大西方，平衡东方"，这个西方将囊括俄罗斯和土耳其，以及东亚的日本、韩国，以期平衡东方、特别是中国的力量，而这个西方将是稳定与民主的结合③。在这 20 年"后大棋局"时代，布热津斯基的现实一面重新占据主流，而理想成分打了折扣。《大棋局》中的理想秩序本质上是一种"大国协调"，但后来布氏偏向营造西方内部的"自由群岛"，并寄望于"群岛"的扩大，这是其在理想秩序与美国霸权维护之间的调和。

　　相比于同是欧洲身份背景的基辛格，布热津斯基还不够冷酷，前者坦然地继承了开创自近代欧洲的均势外交传统，热衷于旧世界的平衡游戏。而布热津斯基身为地缘政治专家，却追求地缘政治的终结，不仅要画"大棋局"，还要勾勒

　　① 参见[美]弗朗西斯·福山《历史的终结》，黄胜强、许铭原译，远方出版社 1998 年版。

　　② [美]兹比格纽·布热津斯基：《第二次机遇》，陈东晓译，上海人民出版社 2008 年版，第 144—147 页。

　　③ [美]兹比格纽·布热津斯基：《战略远见：美国与全球权力危机》，洪漫、于卉芹、何卫宁译，新华出版社 2012 年版，第 192 页。

出"大棋局"完结的路线图,这种理想与现实集于一身的自我矛盾使他的理论既有魅力,又显得脆弱。布氏《大棋局》的理论根本问题在于,他认为国家意志是可以协调的,甚至是可以由美国塑造的,只要各国克制自己的权力欲望,参与到理想蓝图的构建中,就能保证新秩序的诞生。然而,追逐权力是国家的意志、人类的天性,罔顾这一国家间政治的基础,协调、合作的安全体系终归要沦为空想。

四　留给中国的三方面思考

中国自古有"盖棺论定"的说法,人物一旦去世,对其评价也就有了定论。然而布热津斯基在中国至今仍然是毁誉参半,一方面他仍是地缘政治的"大师",也是美国著名的"知华派""亲华派";另一方面也收获了很多批评。大多数批评是针对《大棋局》一书,书中布氏为美国决策者描绘的地缘战略蓝图与现实走向有所脱节,这是他的理论弱点,上文已对此有所批判。但战略设计毕竟不是形势判断,不应被刻意理解成"预言",而现在诟病布热津斯基的"误判"成了一件轻松而时髦的工作,其内容无论巨细,都被拿来与后来形势发展的具体情况对比,的确影响到了对人物的完整考察。整体而论,布热津斯基在地缘政治领域的思想和方法,对矢志于民族复兴、希望在地缘政治上有所作为的中国人是有教益的,应当给予中肯的评价,进行批判性的反思和吸收。

1. 理论工具的创新

布热津斯基在这方面做出了开创性贡献,即其对地缘战略"棋手国家"和"支轴国家"的定义,这使地缘政治研究不再止步于大国的势力范围,日益走向精细化。服务于冷战决策的《竞赛方案》里已经有了雏形"要害国家",分布在对苏斗争的三条战线上;冷战结束后,美苏争夺下的"要害国家"已经不能满足多元化政治现实下的分析需求,布氏因而在《大棋局》中创造了这一对概念。概念的定义标准十分苛刻:"棋手国家"应能力与意志兼备,它既有足够的实力来影响美国在欧亚大陆的利益,又具备运用这种实力的意志,无论其意志是出于民族主义、意识形态、宗教或经济方面的任何追求;"支轴国家"与力量、动机无关,而是由于其地理位置的敏感性,这种敏感性造成了它们潜在的脆弱状态,经常成为地缘政治危机的爆发点。布氏认为,冷战后有能力贯彻其地缘追求的棋手国家有法国、德国、俄罗斯、印度和中国,扮演枢纽地位的乌克兰、阿塞拜疆、伊朗、土耳其和韩国则是支轴国家,而美国的地缘政策应该是协调或防范棋手国家,"保护"支轴国家以控制战略节点。当然,布热津斯基强调棋手和支轴国家都并非一成不变,(美国)决策者需要时刻辨明其身份,如他在写作《大棋局》时还不认为日本是棋手国家,因为日本虽然具备充分的国力,却在美国的保护下采取自我约束的姿态,无意使用国力成为地区主导者①;但随着时间推移,进入21世纪的日本日益右倾化,在增强军力和影响地区秩序方面的追求逐渐明朗,已初具棋手国家特征。

布热津斯基对棋手国家和支轴国家的界定,在21世纪的中国存在着特别意义,目前国内逐渐丰富起来的"支点国家"研究即属于这一类型。辨明对中国有特殊意义的支点国家,如目前讨论中的韩国、巴基斯坦等,并进行针对性的安全、外交政策研究,将成为"互联互通"战略的理论基础。

2. 美国外交决策的学理价值

在地缘政治领域,布热津斯基具有思想和实践的双重研究价值。史上不乏高屋建瓴的地缘理论家,但鲜有人能通过政策实践检验自己的理论,而布热津斯基曾有四年实践推动乃至主持了美国的外交、安全决策。这不仅为我们研究他的地缘政治思想提供了现实层面的佐证,其留下的相关回忆录、访谈、评论也有助于中国学术界对美国外交、安全决策体制的研究。

如前所述,布热津斯基的白宫资历,最早开始于1961年出任肯尼迪政府外交政策顾问期间,并在1977年至1981年的卡特总统班底中达到巅峰。这四年的决策经历后来在《实力与原则》中得到详尽再现,以期使读者"更准确地洞察美国政府最高一级的运转情况",从而尽到作者的"民主职责"②。尽管其显赫的从政经历以冷战时期为主,布热津斯基仍能通过顾问身份、智库平台及其得意门生影响白宫,因此他对历届总统班底如何做出决策了然于心,并就其制度和政策的得失有过详细的评论,这主要集中于《大博弈》和《第二次机遇》两本书中。布热津斯基是美国外交制度的批判者,在该领域主张权力的集中,反对"议而不决"和立法权的过分干预。他批评总统班底对竞选事务的过分关心干扰了外交决策,一些总统的个性化制度安排也起了推波助澜的作用,如克林顿主政白宫时期外交决策低效,就是因为讨论者人多嘴杂,其任内宣扬的"世界新秩序"也沦为"善意的无能"。布氏对美国式的权力制衡也非常不满,认为代表外部利益的游说团体太多,特别是以色列裔和古巴裔美国人的团体,他们有能力

---

① 〔美〕兹比格纽·布热津斯基:《大棋局——美国的首要地位及其地缘战略》,中国国际问题研究所译,上海人民出版社2015年版,第38页。

② Brzezinski, *Power and Principle: Memoirs of the National Security*, New York: Fanar, Straus, Giroux, 1983, pp. 1 - 2.

影响国会的资金筹集,并推动国会扩大在外交政策领域的立法①,这使白宫保持政策一贯性变得十分困难。布热津斯基对以上弊端是深恶痛绝的,因为它们导致美国在巴以问题、伊核问题、朝核问题等事务中频频变卦,使布氏的地缘政治设计难以保持在执行的轨道上。

尽管美国的安全、外交决策过程较为透明,并非典型意义的"黑箱",但因为文化和制度上的隔阂,中国研究者总有雾里看花之感,而布热津斯基等智囊是一个切入点。得益于"旋转门"体制,美国的环境产生了一批政学兼通的人物,如基辛格、布热津斯基、约瑟夫·奈等,他们的著作为中国人提供了资料,从而能较容易地了解其内部机理,以及专家们的所思所想。但布热津斯基在其中仍是不可替代的,他主持过全局工作,且对现实政治的影响力更为全面和持久。

3."顶层设计"的镜鉴

布热津斯基的地缘战略以眼光远大著称,总体性与长远性兼具,对新问题有包容性。"不谋全局者不足以谋一域,不谋万世者不足以谋一时",尽管有时会被读者诟病"过于宏观",但对于欧亚大陆乃至全球这样广大的地理范围,战略思维必须达到布热津斯基的高度和广度。

应特别强调的是地缘政治并不仅是一门关于"空间"的学问,布热津斯基的研究中同时注入了历史和哲学方面的思考。布热津斯基认为,历史上的强国由于其利益关切、势力范围和国家意志的时代局限,其地缘战略一般都是区域性的,并无考量全球的必要。如上古、中古的传统帝国,对其有真正地缘意义的仅限于统治地带周边;近代的欧洲殖民帝国实现了跨越海洋的征服和统治,然而其地缘战略局限于欧洲列强内部的均势与争霸;现代法西斯国家和冷战时期的美国、苏联陆续在斗争环境下发展出其各自的全球战略,然而真正得以实践其全球战略的只有后冷战时代的美国一家②。为已经一家独大的美国设计一套面向未来的地缘战略,是布热津斯基研究生涯后半段的使命,这一工作使他认识到美国在达到霸权能力与意志的"天花板"后,新的战略已经不能从既有的国际竞争经验中获取,而必须站在历史和哲学的高度,从两个问题入手,即"美国想要的是什么"和"美国与世界的关系是什么"。这两个问题,都是仍处于上升期的中国尚未面临的,却需要准备面对的。

美国是"第一个真正意义上的全球性大国",对于经营一个如此庞大的实体

① ［美］兹比格纽·布热津斯基:《第二次机遇》,陈东晓译,上海人民出版社2008年版,第70页。
② ［美］兹比格纽·布热津斯基:《大棋局——美国的首要地位及其地缘战略》,中国国际问题研究所译,上海人民出版社2015年版,第3—21页。

并无先例可循,包括布热津斯基在内的一众美国"智囊"实际上是走在理论阐发和实践摸索的双轨道路上。而中国的改革开放已经进入第四个十年,随着国家利益在海外的展开和利益维护手段的多元化,中国版本的大构架地缘战略时不我待,值得政策界和学术界合力孕育。在这一过程中,布热津斯基的理论著作将是富有价值的参考方案,"摸着美国过河"将成为中国探索特色地缘战略的重要路径。

The Thought, Ideal and Heritage of Brzezinski

Shi Jiaxi

Abstract: Brzezinski was an American geo − strategy master, who had a significant impact in the Sino − US diplomatic relations and the Cold War against Soviet Union. He entered politics as a Soviet scientist in the cold war and advocated the firm implementation of the struggle against the Soviet Union. In the post − Cold War era, he made the overall design of the US geopolitical strategy. That is, through the special policy for the geo chess player countries and geo pivot country, to maintain a geographical pattern led by the United States in the Eurasian continent. And it is to solidify trans − Atlantic alliance, to prevent the pursuit of the Russian empire, to strengthen cooperation with China and Japan, and to support the political diversity of the southern continent, and the last to promote the major countries of the continent to take part in long − term geopolitical cooperation. Until his death, Brzezinski are constantly adjusting and improving his geopolitical ideology. The progress of thought is embodied in his swing between "strength and principle". On the construction of China's perspective of geopolitical theory, Brzezinski's thinking have some reference value.

Key words: Zbigniew K. Brzezinski; Sovietology; Geo − politics; the Grand Chessboard; Eurasia

近代早期中英海外贸易企业组织形态之比较[*]

□ 张乃和

摘要:海外贸易是指一个国家或地区以船舶为主要运输手段所展开的对外贸易活动。15 至 17 世纪中英两国均处于近代早期世界大航海时代,经济社会变革的重要体现就在于海外贸易的兴起。这一时期中国的海外贸易经历了由传统的官方朝贡贸易向新兴的民间私人海外贸易的转变,英国的海外贸易则经历了由传统的商站贸易向新兴的特许贸易转变。在这个历史性转变过程中,海外贸易企业组织形态也出现了新的变化。这种变化对两国向近现代经济社会转型起着举足轻重的作用。通过比较近代早期中英两国海外贸易企业组织形态,对近现代英国公司制度及其世界历史意义就能够得到更具体的理解,中国的现代化道路也就能够得到更加清醒的认识。

关键词:近代早期;中国;英国;海外贸易;企业

作者简介:张乃和,天津师范大学历史文化学院暨欧洲文明研究院教授。

企业,英文为 enterprise,是指以营利为目的的经济社会组织,它是一种历史现象,几乎与商品交换市场和社会组织一样

---

[*] 本文为国家社科基金重点项目"近代英国公司法人制度研究"(项目编号:17ASS004)的阶段性成果。

古老。① 我们不能否认近代以前企业的存在,也不能用统一的现代概念去界定历史上不同的企业组织形态,但其共同特征在于以营利为目的。从本质上来看,企业组织形态是生产方式的组成部分。近代早期中英海外贸易企业组织形态的类型,有不同的划分方法。具体而言,这种企业组织形态可以按照资本组合方式、企业经营方式、企业法律地位、企业规模等多种不同的方法进行划分。根据历史唯物主义基本原理,企业组织形态的根本问题是所有制。企业资本的组合方式决定着企业组织形态,而企业的经营方式是企业组织形态的具体运转过程,企业经营方式也很重要;企业的法律地位则是企业与国家之间关系的范畴,对企业的兴衰也具有重大历史影响,特别是在企业制度创新过程中,国家的作用不可忽视;企业规模大小则主要是企业资金和物质财富的增减问题。因此,企业资本组合方式是划分企业组织形态类型的根本标准。根据这一标准,我们可以把企业划分为三种基本类型:独资企业或业主制企业、合伙企业、公司企业。但在近代早期中英海外贸易企业组织形态中,这些历史类型极为复杂难辨。

　　针对近代早期中英两国海外贸易组织形态展开比较研究,不仅有助于我们深入理解和把握英国向近现代经济社会转型,也有助于我们清醒地认识明朝中后期至清朝末年中国的经济社会走向。然而,迄今为止,笔者尚未见到这方面的专题研究成果。② 这并非意味着该问题不重要。事实上,中外学者已认识到针对企业组织形态展开历史研究的重要性。侯建新先生曾指出:"只有将资本主义不仅视为自然经济的对立物,同时视为人的依赖关系的对立物的时候;也就是说,不仅将资本主义理解为商品货币经济,还一定程度上理解为与自由个人和自由企业相契合的社会关系时,才能真正打开视野,全方位地深入探讨资本主义的起源。"③英国著名的企业史学家威尔逊也曾说过:"企业史能够为深入考察资本主义的演变提供动态视角,还能够为企业、行业或商人集团方面的研究打开比较视野"。④本文就是尝试以比较视野审视近代早期中英海外贸易企业组织形态,以期在这一领域抛砖引玉,推动中国学术界展开有关的企业史研究。

---

　　① 参见 Syed B. Hussain, *Encyclopedia of Capitalism*, Vol. 1, New York: Facts on File, inc., 2004, pp. 114 – 115, pp. 255 – 256;王方华主编《现代企业管理》,复旦大学出版社 2007 年版,第 12—13 页。

　　② 参见刘俊珂《明清海上商业力量研究述评》,《云南民族大学学报》(哲学社会科学版)2013 年第 1 期,第 132—138 页。

　　③ 侯建新:《资本主义起源新论》,生活·读书·新知三联书店 2014 年版,前言第 6 页。

　　④ John F. Wilson, *British Business History*, 1720 – 1994, Manchester and New York: Manchester University Press, 1994, p. 1.

为了便于展开比较研究,笔者首先在国内外学者相关研究成果的基础上,分别
归纳这一时期中英两国的海外贸易企业组织形态的类型和特征,接着进行比
较,并尝试从中得出一些结论。

一

15 至 17 世纪的近代早期,也就是中国的明中后期至清初。当时中国海外
贸易企业组织形态相当复杂,有关学者对其类型的划分也不统一,甚至存在一
定程度的混乱现象。根据资本组合方式,笔者认为这一时期中国海外贸易企业
组织形态主要有以下类型。

1. 独资企业

这种企业是由一个人单独投资,自负盈亏,业主亲自或雇人经营。这种企
业形式的投资者,在当时主要是江南沿海地主官僚士绅,他们凭借地方政治势
力的支持,资金雄厚,实力很强。在海禁时期,"浙闽大姓素为倭内主者",他们
就与地方政治势力关系密切,直至使力主海禁的朱纨被革职自尽。①"漳泉多倚
著姓宦族主之,方其番船之泊近郊也,张挂旗号,人亦不可谁何。"②海禁渐开以
后,这些豪门巨室、富商大贾被称为"商主"或"绅商",他们"具有可以单独活动
的实力,自己经营贸易,拥有自己的船只、自己的代理商,到把钱、货借贷给那些
完全驯服的小商人。"③可见,这样的海外贸易商人同时也是地方的地主官僚士
绅,并非职业商人。

在企业经营方式上,这种企业主要是雇人经营。"富家以财,贫人以躯,输
中华之产,驰异域之邦,易其方物,利可十倍。"④值得注意的是,这种雇佣关系仍
附和着血缘关系,具有较强的宗法性质。受雇者往往是以虚拟血缘的"义男"
"义儿"身份出海贸易。⑤"海澄有番舶之饶,行者入海附资,或得婆子弃儿,抚
如己出。长使通夷,其存亡无所患苦。"⑥"生女有不举者,间或以他人子为子,不
以窜宗为嫌。其在商贾之家,则使之挟资四方,往来冒霜露,或出没巨浸,与风

①　《明史》卷 322,《日本传》。
②　胡宗宪:《筹海图编》卷 4。
③　李金明:《明代海外贸易史》,中国社会科学出版社 1990 年版,第 132—133 页。
④　《海澄县志》卷 15,《风土》,引明旧志。
⑤　林仁川:《明末清初私人海上贸易》,华东师范大学出版社 1987 年版,第 345 页。
⑥　何乔远:《闽书》卷 38,《风俗志》。

涛争顷刻之生,而己子安享其利焉。"①这一现象反映了中国传统宗法关系的深远影响,同时也说明当时中国海外贸易的独资企业主要是由国内家族制企业演变而来的历史轨迹。②

这种企业组织形态虽然拥有较为雄厚的本金,但由于海外贸易风险大、费用高,因此在明清史料中并不多见。最为常见的则是合伙企业。

2. 合伙企业

这种企业的典型形式是由两人或两人以上共同投资,通过合伙契约共同经营、共负盈亏。这种合伙企业的形式多种多样,当时大体上有三种类型:联营合伙、钱力合伙、合资合伙。

联营合伙企业是一次性的合伙形式,参与合伙的商人,往往单独筹资挟货,聚伙往返,一次贸易完成以后就解散。因此,可以说这是合伙企业的最初形式,由于海外贸易的特殊性使独资性质的贸易暂时同船联合起来,成为向典型的合资合伙企业过渡的形式。这种初级的合伙形式往往以富商大贾为主,形成初级的组织,虽然富商大贾往往以势压人并从中盘剥,但从法律地位上看他们之间是平等的。这样的事例在史料中比较常见。"夫一船商以数百计,皆四方萍聚雾散之宾,而听命于船主,受压于船主,先从外洋派敛众商,从一科十,从十科百,动称使费,代为打点。"③"每舶舶主为政,诸商人附之,如蚁封卫长,合并徙巢。"④又据王在晋《越镌》记载,"福清人林清,与长乐船户王厚商造钓槽大船,倩郑松、王一为把舵,郑七、林成等为水手,金士山、黄承灿为银匠;李明习海道者也,为之向导;陈华谙倭语者也,为之通事。于是招来各贩,满载登舟,有买纱罗绸绢布匹者,有买白糖瓷器果品者,有买香扇梳篦毡袜针纸等货者。所得倭银,在船熔化,有炉冶焉,有风箱器具焉。""林清、王厚抽取商银,除舵工、水手分用外,清与厚共得银二百七十九两有奇,计各商觅利,多至数倍,得意泛舟而归。"⑤这一事例包含了两种不同的合伙方式,林清与王厚属于合资合伙,而所招来各贩同船贸易则属于联营合伙。两种不同的合伙企业形式交错,反映了当时中国海外贸易企业组织形态的复杂性和过渡性。

---

① 《隆溪县志》卷10,《风俗志》。

② 参见牛海涛、胡义刚《晋商与徽商企业制度创新模式的比较及启示》,《河南工业大学学报》(社会科学版)2006年第1期,第25—29页;薛国琴《传统文化与越商企业家精神特质——基于与晋商、徽商比较的视角》,《浙江社会科学》2011年第3期,第129—134页。

③ 张燮:《东西洋考》卷七,《饷税考》。

④ 张燮:《东西洋考》卷九,《舟师考》。

⑤ 王在晋:《越镌》卷21,《通番》。

　　钱力合伙企业组织的出现则又是一种很有特点的形式。它由"钱股"与"力股"联合，赢利按契约分红，亏损则由钱股负无限责任。它与雇佣关系的重要区别在于，这种合伙企业中钱股与力股具有平等的地位，按契约分红而不是给予工资。这种形式在国内商业中比较常见，一些学者称之为"合伙制"，与合资合伙相区别。① 不过，这种形式也偶见于海外贸易领域。据记载，章丘一巨室出钱与一商贾合伙曾"入海为市"而获利甚厚，"贾遂与主人中分之"。② 又"省城通番人赵子明、沈云凤、王仲桥、王仲泉、何龙洲五名，子明向织造蛤蜊旺段匹等货，有周学诗者转贩往海澄贸易。遂搭船开洋，往暹罗、吕宋等处发卖，获利颇厚，归偿子明段价。""子明虽不与学诗同往，而转卖得利，应与学诗并徙。生员沈云凤者，将资本托仆沈乘祚、来祥往海澄生理，来祥等径往吕宋等处贩卖货物，包利以偿其主。"③这一事例不仅反映了赵子明等人赊欠经营及沈云凤雇人经营的现象，而且说明赵子明与周学诗属于钱力合伙性质的企业组织形式。有学者称之为"身股制"。④ 出钱者与出力者之间并不存在雇佣关系，而是平等关系，两者实行赢利分红。钱力合伙企业组织形式的出现，表明商业资本所有权与经营权的初步分离，使具有委托代理经营特点的经营方式得以出现。但是，"这是一种包含义气和信义的合伙关系，是合伙的低级形式。明中叶以后出现较多的比较正规的合伙合资经营形式。"⑤

　　合资合伙企业是由两人或两人以上投资，共同经营、共担风险、共负盈亏的企业组织形式。这种企业形式多由中小商人合资而成，因为"造舶费可千余金，每还往岁一修辑，亦不下五六百金。或谓水军战舰，其坚致不及贾客船。不知贾舶之取数多，若兵舰所需县官金钱，仅当三之一耳。"⑥所以，海澄出海贸易的商舶，多由民间"醵金"建造，"与诸夷相贸易，以我之绮纨瓷饵易彼之象玳香椒，射利甚捷，是以人争趋之。"⑦这种合伙经营的企业组织形式已经具有了相对稳定的资本，持续时间也比较长，而不是一次性合伙。顾炎武曾经指出，漳泉"商船则土著民醵钱造船，装土产，径望东西洋而去，与海岛诸夷相贸易。其出有

　　① 姜守鹏：《明清社会经济结构》，东北师范大学出版社 1992 年版，第 226 页；汪士信：《明清时期商业经营方式的变化》，《中国经济史研究》1988 年第 2 期，第 27 页。

　　② 于慎行：《谷山笔尘》卷 15，《杂闻》。

　　③ 王在晋：《越镌》卷 21，《通番》。

　　④ 张秋芬、康蓉：《晋商身股制的激励研究——基于制度变迁理论》，《金融经济》2014 年第 10 期，第 105—107 页。

　　⑤ 孔庆明、胡留元、孙季平编著：《中国民法史》，吉林人民出版社 1995 年版，第 521—522 页。

　　⑥ 张燮：《东西洋考》卷九，《舟师考》。

　　⑦ 张燮：《东西洋考》卷七，《饷税考》。

时,其归有候。"①因此,可以说明中后期海外贸易领域已经形成了比较稳定的合资合伙企业形式。值得注意的是,这种合资合伙的企业组织是在国内已经较为普遍的基础上形成的。据杨国桢先生的研究,这种企业组织的合资合伙契约在明代中后期已经日趋规范。②

当时中国海外贸易领域出现合资合伙企业确实是一个重大的历史进步。这种企业组织形态有助于解决海外贸易过程中费用高、风险大的问题,为进一步扩大海外贸易企业的规模,从而推动商业资本的大规模积累提供了坚实的制度基础。

二

相比之下,近代早期英国海外贸易企业组织形态的变迁也经历了独特的发展道路。根据资本组合方式,其主要类型有以下几种:

1. 独资企业

这种企业由一个人单独投资,自负盈亏,亲自经营或雇人经营。据记载,15世纪末的羊毛商人,"每个商人都独立核算进行贸易"。③ 跨海峡贸易最为常见的做法就是商人亲自经营,如羊毛商人托马斯·比德森就常住加莱,并在加莱及牛津郡之间往返贸易,甚至与牛津郡的绅士家族联姻。④ 16世纪以来,冒险公司的呢绒商人及许多私商也存在一些独资企业,但是在企业经营方式上已经逐渐向雇人经营发展。到16世纪后期,行商与坐商相比日益退居次要地位,海外贸易商人主要雇佣流动的代理人或常驻代理人从事贸易。⑤ 这种独资企业一般适于跨海峡的近距离贸易,随着英国海外贸易的扩张,合伙企业日渐增多。

2. 合伙企业

在当时英国海外贸易中,合伙企业组织形态比较多样。除了典型的合伙企业形式以外,还有许多过渡形式。这一时期,类似中国的那种初级联营合伙企业形式并不常见,比较普遍的企业组织形态是钱力合伙与合资合伙。

---

① 顾炎武:《天下郡国利病书》卷93,《福建三》。

② 杨国桢:《明清以来商人"合本"经营的契约形式》,《中国社会经济史研究》1987年第3期,第1—9页。

③ Arthur Birnie, *An Economic History of the British Isles*, London: Methuen & Co. Ltd., 1935, p. 93.

④ G. M. Trevelyan, *Illustrated English Social History*, 4rd edition, Vol. 1, London: Longman Green and Co., 1951, p. 83.

⑤ T. S. Willan, *Studies in Elizabethan Foreign Trade*, Manchester: Manchester University Press, 1959, pp. 4–10.

　　钱力合伙企业形式实质上是独资企业委托代理人经营的进一步发展。随着海外贸易商人由行商向坐商转变，代理人作为受雇佣的、领取一定报酬的人员日益增多，由此推动了合伙企业组织形态的变迁。"当代理人自己以分担盈亏的方式加入到这个贸易中时，贸易公司或合伙组织便开始形成。"①然而，正如波尔顿所指出的那样，在15世纪末16世纪初，英国海外贸易商人既缺乏商业资本又缺乏商业技能，海外贸易企业存在的时间都不长。为了与外国商人竞争，他们不得不联合起来，由此形成了合伙企业。这种合伙企业"通常是为了一次具体的冒险而筹集资本所作的特定安排，一人提供金钱，另一人则提供服务。"②这就是钱力合伙。

　　这种现象在16世纪中后期不仅仍然存在，而且据有关学者的研究，还相当普遍。"有时某人似乎是某伦敦商人的代理人，然而他实际上是那位商人的合伙人。这种事例见于约1585年西蒙·加罗威。据说他曾经担任亨利·法灵顿商号的代理人。在加罗威去世时，他的货物被法国官员收走，亨利·法灵顿不得不去马赛要回它们。由此可见海外代理人的去世会带来不少难题。但严格地说，加罗威并非代理人，而是亨利·法灵顿商号的合伙人，并驻马赛经营该商号的生意。这种一位合伙人在伦敦，另一位在国外的劳动分工是常见的做法。"③

　　在当时英国海外贸易企业中，合资合伙企业则是比较典型的合伙企业组织形态，这种企业对扩大海外贸易资本和经营规模具有重要作用，直到17世纪，合资合伙企业仍然占有重要地位。伦敦大商人约翰·艾沙姆的合资合伙企业就是一个典型。据记载，1558年他与其弟弟亨利各投入一定数额的商业资本，联合组建了"艾沙姆商号"，在伦敦与欧洲大陆许多地区之间经营呢绒出口贸易，其规模相当庞大，直到1571年"艾沙姆商号"仍活跃于英国海外贸易领域。④

　　值得注意的是，当时英国海外贸易合资合伙企业与中国类似，同样具有较为浓厚的家族主义色彩。早在15世纪中后期，布里斯托尔的坎宁家族就形成了强大的家族合伙企业。⑤ 阿什利甚至认为，当时英国海外贸易的典型合伙企

---

① ［意］卡洛·M. 奇波拉主编：《欧洲经济史》第二卷，贝昱、张菁译，商务印书馆1988年版，第441页。

② J. L. Bolton, *The Medieval English Economy* 1150–1500, London：J. M. Dent and Sons, 1980, pp. 317–318.

③ T. S. Willan, *Studies in Elizabethan Foreign Trade*, Manchester：Manchester University Press, 1959, p. 11.

④ 陈曦文：《英国16世纪经济变革与政策研究》，首都师范大学出版社1995年版，第222—223页。

⑤ J. D. Mackie, *The Earlier Tudors*, Oxford：Oxford University Press, 1962, p. 472.

业"似乎是由同一家庭的几个成员一直在一起生活,并且在同一个场所经营其商业的习惯中所产生",这种家族关系推广到没有血缘关系的商业领域,"就产生了一般的近代合伙经营关系所特有的显著征象,即,其全体成员都须担负无限的义务。在英国,这种合伙形式取代了产生于委托业务的属于早期形式的另一种形式:即其中不能参加管理的投资者的责任,只限于其投注于这项商业冒险事业中的资本。"① 格拉斯拜曾明确指出,17 世纪英国商业组织形态的"基本单位仍然是合伙制,它通常由一个人支配",其"所有制及管理形成了被极为贴切地描述为家族统治","商号由扩大了的家庭经营,市场的不确定性受到亲属集团联合力量的抵御"。② 然而,几乎与此同时一种新的海外贸易企业组织形态——合股公司也出现了。

3. 合股公司

这种企业组织形态是合资合伙企业与当时英国法律中的"法人"观念相结合的结果。③ 尽管它还不是近代意义上的股份公司,但已经具备了近代股份公司的雏形,在英国海外贸易企业组织制度创新方面具有重要意义。这种企业的主要特征是:在法律地位上,直到 17 世纪中叶,主要是由国王授予特许状而获得"法人"资格。这是因为在当时的英国,"只有国王才能创设'法人组织'"。④ 合股公司一旦获得国王颁发的特许状,该公司不但在国内获得了法人地位,而且还在海外垄断了一定的贸易地区及商品。在资本组合上,参加公司的商人出资多少不等,共同构成公司的共同资本。如,1599 年东印度公司筹备成立初期,筹集到资本 30133 镑 6 先令 8 便士,由 101 股组成,每个人出资从 100 镑到3000 镑不等。⑤ 在企业经营方式上,主要是由出资商人选举产生的公司负责人及管理人员集中经营,合股人或公司管理人员不得额外经营私人贸易。这种企业组织主要形成于远洋探险及远洋贸易领域,对英国海外贸易发展和殖民扩张都起着重大推动作用。

1555 年英国首家合股公司莫斯科公司创立之初,组织形态还不是很稳定,

---

① 巫宝三主编:《欧洲中世纪经济思想资料选辑》,商务印书馆 1998 年版,第 275 页。

② Richard Grassby, *The Business Community of Seventeenth - century England*, Cambridge: Cambridge University Press, 1995, pp. 401 - 402.

③ Arthur Birnie, *An Economic History of the British Isles*, London: Methuen & Co. Ltd. , 1935, p. 168. 有关英国法人观念问题,参见张乃和《近代英国法人观念的起源》,《世界历史》2005 年第 5 期,第 45—55页。

④ [英]克拉番:《简明不列颠经济史》,范定久、王祖廉译,上海译文出版社 1980 年版,第 367 页。

⑤ Ramkrishna Mukherjee, *The Rise and Fall of The East India Company*, Berlin: Deutscher Verlag der Wissenschaften, 1958, p. 65.

到了 16 世纪末合股公司日益走向规范化,其中以东印度公司的成长较为典型。最初,东印度公司每次航行都分别筹集资本或股份,贸易完成后进行结算分红。后来,公司总管及其他管理人员开始筹集为期 4 年的股份。最终定期股份转化为长期股份,其股票变成可以买卖投机的手段。①

英国海外贸易中合股公司虽然主要由伦敦大商人控制,但为中小商人及非商人阶层投资提供了从事远洋殖民、贸易的制度基础,从而加速了资本原始积累的历史进程。而且,这些公司在其所垄断的贸易区域日益取得了各种政治、经济特权,甚至有权制定法律、设立法庭、雇佣军队,俨然是一个国家统治机构的翻版。② 这就使之成为英国开拓海外市场、走向殖民帝国的急先锋。

三

从总体上看,近代早期中英海外贸易企业组织形态都呈现日趋复杂之发展态势,而且都取得了许多历史性进步。当时中英两国海外贸易企业组织形态之间存在许多共同之处,但也有一些明显的差异。

近代早期中英海外贸易企业组织形态之间的共同之处有以下几点:

第一,在企业资本组合方式上,当时中英两国都存在独资、合伙以及许多非典型的过渡形式,而且这些不同的资本组合方式交错共存。虽然从理论上看,独资、合伙、公司等企业组织制度有一个先后相继的发展过程,但在实践上,它们却交错共存。这反映了当时中英两国海外贸易企业组织向近现代转型的复杂性和过渡性特征。

第二,在企业经营方式上,当时中英两国都出现了雇佣经营以及委托代理经营等经营方式。这是两国资本主义生产关系萌芽的表现,具有重要的世界历史意义。

第三,在当时中英海外贸易企业内部关系上,均表现出了较为浓厚的家族色彩。即使像英国的利凡特公司,到 17 世纪 30 年代其主要成员都是该公司创始人的子孙。③ 这一现象反映了当时中英两国农业文明时代以个体家庭生产经营为主的共同社会历史特征,对进一步认识两国向近现代社会转型具有重要意义。

---

① Godfrey Davies, *The Early Stuarts* 1603 – 1660, Oxford: Oxford University Press, 1945, p. 283.

② 杨美艳:《16 世纪后期英国的外贸公司及其历史作用》,《史学月刊》2000 年第 2 期,第 76—77 页。

③ Richard Grassby, *The Business Community of Seventeenth – century England*, Cambridge: Cambridge University Press, 1995, p. 90.

　　但是,我们发现,近代早期中英海外贸易企业组织形态之间的差异也是显而易见的。

　　首先,在企业资本组合方式上,当时中国的联营合伙或初级的贸易组合较为常见,而在英国并不多见。当时英国出现的规约公司(regulated company),也许类似于中国的联营合伙,但英国的规约公司具有法人地位,加入该公司的商人均遵守规约独自经营,但需交纳一定费用以获得该公司的保护。① 因此,二者还是有所不同。这不仅是商业资本和商业技能上的差异,而且是发展阶段和发展程度上的差异。

　　其次,在企业经营方式上,中国的委托代理人经营的现象并不多见,而英国日益普遍地发展了代理人制度。这对英国海外贸易商人开辟海外市场、扩大海外贸易规模、培养新的海外贸易商人力量都具有积极意义。代理人制度的形成与海外贸易的稳固发展有关系。当时中国的海外贸易因长期海禁而难以有效积累和发展,因而未能形成较有规模的代理人制度。

　　最后,在企业的法律地位上,当时中英两国之间的差异更为明显。中国的海外贸易企业组织处于民间契约组合阶段,在法律和社会观念上也未出现类似英国"法人"那样的概念,遑论给予其独立的法人地位。英国的海外贸易企业组织则日益获得了明确的法人地位。法人观念与海外贸易企业组织相结合,海外贸易企业由此获得法律人格,即团体人格,享有与自然人一样的权利,并承担相应的责任。这是一项具有世界历史意义的制度创新。

　　英国最早把法人概念推广到海外始于1490年与佛罗伦萨签订的商业条约,通过该条约英国人首次在比萨建立了具有法人地位的自治组织。16世纪中叶以后,海外贸易公司不断从国王那里获得特许状,海外贸易企业法人纷纷建立。② 合股公司法人企业的建立虽然最初仍存在许多家族主义色彩,但是随着它以后的规范化,股票的自由转让及组织管理制度的变革,使这种家族主义色彩日趋淡化。因此,当时英国海外贸易企业法人的建立,一般被认为是世界近代公司制度的起源。

　　近代早期中英海外贸易企业组织形态之间的差异值得深思。其中的原因相当复杂,但主要原因在于当时两国不同的法律制度。英国在欧洲罗马法复兴运动

---

① Ronald H. Fritze, Editor – in – Chief, *Historical Dictionary of Tudor England*, 1485 – 1603, New York and London: Greenwood Press, 1991, p. 502.

② Cecil T. Carr., *Select Charters of Trading Companies*, New York: Burt Franklin, 1970, Introduction, p. XIII.

影响下,形成了民商法与公法体系兼顾的普通法系,国王与商人之间找到了有效的结合点,这就是通过特许状获得法人地位的特许贸易公司。这一制度创新是海外贸易商人与国家之间上下互动、共同努力的结果。

　　然而,当时中国却没有出现有利于海外贸易企业组织形态创新的法律制度。海外贸易商人与国家之间的互动与努力似乎并不存在。这样,海外贸易商人的创新力量就处于自发阶段。这种民间自发的海外贸易企业组织的独立活动空间十分狭小,在1567年部分开放海禁以后也没有制定专门的法律。根据明律,人户以籍为定,海外贸易商人也必须以籍定户,政府据此收缴粮钱杂役。因此,海外贸易商人被称为"舶商"户、"客商船户"。[①]这使当时中国海外贸易商人之间通过契约组成的企业组织形态不仅具有浓厚的家族性质,而且这种经济组织创新未曾获得国家法律上的确认。因此,吴承明先生指出:"经济上的发展必须引起制度上的革新以至政治上的变革,才能保证其持续发展。16、17世纪虽也有一些制度变迁,如财政、租佃、雇工制的变迁,但未能引起体制的或根本法(constitutional)的变迁,旋逢满族入关,加强专制主义统治,连一个保障私有产权和债权的商法都未能出世,更不用说政治上的变革了。"[②]制度创新需要创新群体与国家之间的良性互动,也需要二者的合力推动。

A Comparative Study of Forms of Overseas Enterprise Organization in the Early Modern China and England

Zhang Naihe[*]

Abstract：Overseas trade is mainly based on sea carriage. In the early modern

　　① 《大明会典》卷163,《律例四·户律一》;王圻:《续文献通考》卷25,《记明世宗嘉靖二年所定市易法》。

　　② 吴承明:《现代化与中国十六、十七世纪的现代化因素》,《中国经济史研究》1998年第4期,第7页。

　　* Zhang Naihe, Professor of Institute of European Civilization Studies, Tianjin Normal University.

era of the navigation, from 15th to 17th century, China and England saw different e-conomic and social changes which reflected in developments of the overseas trade. In China, the overseas trade transformed from the tributary trade to private trade, while in England the overseas trade transformed from the staple monopoly trade to chartered trade. With the process of transformation, the forms of the overseas enterprise organization changed greatly. These changes were key factors which promoted the whole process of economic and social development in the two countries. A comparative study of the forms of overseas trade enterprise organization will deepen our understanding of the origin of modern business corporation, and more clearly understanding of the pattern of modernization in China.

Key words: Early modern era; China; England; Overseas trade; Forms of enterprise organization

试论传统东亚秩序的地缘学分析框架[①]

□　陈康令

摘要:本文尝试提出一种用以描述、分析和解释传统东亚秩序的地缘学分析框架。与周边国家相比,位于中枢区域的中国,可谓是古代东亚的"中央国家",其人口数量和疆域面积始终具有明显优势。强大稳固的实力是中国能长期占据在东亚地缘政治格局中的主导地位、发挥对东亚事务的主导作用和对周边政权产生辐射性影响的根本基础。根据相似的地缘政治、经济、文化特征,我们还可以将中国周边的区域划分为小中华次区域、游牧次区域和曼陀罗次区域。

关键词:传统东亚秩序;地缘学;中央国家

作者简介:陈康令,复旦大学中国研究院院长助理、讲师、法学博士。

在人类历史发展的长河中,欧亚大陆两端两个相对封闭的地缘空间内形成了各具特色的国际秩序。较为普遍的一种观点是,在 16、17 世纪,东亚和西欧分别形成了以朝贡关系为特征的东亚国际体系和以主权、国际法、势力均衡为特征的欧洲国际体系。[②] 从地缘学(Geo – theory)[③]的角度看,"真正的国际关系发生在真正的地理空间内。所有国际政治,都发生

---

①　本文系笔者参与的国家社科一般项目《我国积极参与国际规则的制定研究》的阶段性成果。感谢倪世雄、潘忠岐、张维为、孙兴杰、富育红等专家学者提出的宝贵意见。部分内容参见陈康令《礼和天下:传统东亚秩序的长稳定》,复旦大学出版社 2017 年版。

②　[日]山本吉宣主编:《国际政治理论》,王志安译,上海三联书店 1993 年版,第 11、43 页。

③　潘忠岐:《地缘学的发展与中国的地缘战略———一种分析框架》,《国际政治研究》2008 年第 2 期,第 24—25 页。

在时间和空间中,尤其发生在地理环境和背景中"。① 在大规模的全球化到来之前,在各种传统国际秩序中,地缘变量的角色更是不容小觑。某一区域内相邻国家之间常常由于地缘政治、地缘经济和地缘文化而发生频繁和显著的互动,我们可以从中发现地理位置、国家之间的距离等变量对国际秩序的作用和影响。例如,地理位置的接近会在一定程度上放大国家之间的利益和损失,②也会通过在军事、政治、社会和环境等领域的表现对安全互动造成影响。③

本文尝试提出一种用以描述、分析和解释传统东亚秩序的地缘学分析框架。所谓的传统东亚秩序是指,公元元年前后至19世纪末20世纪初,在由东亚大陆、东亚大陆半岛(如朝鲜半岛、中南半岛)和附近岛屿(如日本列岛)组成的地缘空间内形成的国际秩序。④

一　整体概述

地缘政治上,传统东亚秩序具有国际行为主体众多⑤、国际互动较频繁的特征。这些国际行为体的内部政治组织几乎都具有鲜明的等级制特征,行为体彼此在相互联系、相互交往、相互作用以及处理各种国际问题的过程中,于既有国际体系基础上,能基本按照一定的原则、规范与机制行事,从而在相当长的历史

---

① Mackubin T. Owens, "In Defense of Classical Geopolitics," *Naval War College Review*, Vol. 152, No. 14, Autumn 1999, pp. 59－78.

② 叶自成主编:《地缘政治与中国外交》,北京出版社1998年版,第16页。

③ Barry Buzan, Ole Wver, and Jaapde Wilde, eds., *Security: A New Framework for Analysis*, Boulder, C. O.: LynneRienner, 1998, pp. 95－117.

④ 肖佳灵:《东亚和欧洲国际体系的历史比较与现实思考》,《政治学研究》1996年第1期,第82页;Paul H. Clyde and Burton F. Beers, *The Far East: A History of Western Impacts and Eastern Responses*, 1830—1975, Englewood Cliffs, N. J.: Prentice－Hall, Inc., 1991, p. 3; Warren I. Cohen, *East Asia at the Center: Four Thousand Years of Engagement with the World*, New York: Columbia University Press, 2000;杨倩如:《双重视野下的古代东亚国际体系研究——在中外关系史与国际政治学之间》,《当代亚太》2013年第2期,第29页;仇发华:《"东亚汉文化圈与中国关系"国际学术会议暨中国中外关系史学会2004年会综述》,《韩国研究论丛》2005年第12辑,第362页;夏立平:《近代欧洲国际体系与古代东亚国际体系比较研究》,《国际观察》2006年第3期,第18页;杨勇:《东亚国际秩序的历史遗产》,《求是学刊》2004年第3期,第115页。

⑤ 本文所指涉的传统东亚国际秩序中的国际行为体,是指在现今东亚16国(包括中国、朝鲜、韩国、蒙古国、日本东北亚5国,以及印度尼西亚、马来西亚、菲律宾、新加坡、泰国、文莱、越南、老挝、缅甸、柬埔寨、东帝汶等东南亚11国)地域范围内,自公元元年至公元1900年这段时期内存在过的国际行为体(行为体的政权中心须在该范围内),包括中国历代王朝、匈奴、东胡、乌桓、鲜卑、高句丽、西域诸国、康居、月氏、倭国、扶余、乌孙、三韩、柔然、敕勒、大宛、吐谷浑、百济、新罗、高丽、林邑、突厥、奚、室韦、契丹、勿吉、真腊、薛延陀、回鹘、吐蕃、葛逻禄、真腊、渤海、安南、占城、缅国、暹罗、三屿、麻逸、浡泥、爪哇、八百媳妇国、鞑靼、瓦剌、琉球、吕宋、锡兰、苏门答腊、南掌、文莱、苏禄、马辰等政权。

时期内可以形成总体上相对稳定、和平、有序的状态。① 与同时期世界上的其他区域相比，东亚国际秩序的体系化程度一直保持在较高的水平，表现为国际秩序结构较稳定，单元性质变化较小，且作为权力中心的中国在维系国际秩序的过程中扮演着稳定器的角色。

地缘经济上，传统东亚秩序中的行为体之间具有长期经济贸易往来，并具有一定的相互依赖程度，②其外在表现为中国主导各国普遍参与的朝贡贸易以及由此衍生出的各类非官方经贸往来形式，并在此基础上形成了一种互惠互利的地缘经济网络。③

地缘文化上，传统东亚秩序拥有相对独立和排他的文明传统与文化渊源，其特征表现为儒家文化和佛教文化两大主导文化处于微妙的平衡之中。儒家文化在中、日、韩、越等国盛行千年并在一定历史时期成为主导性的意识形态，其影响也播散于其他东亚国家，而佛教文化既扎根于东南亚也受到传统东亚秩序各种行为体不同程度的信奉。④

在以上基础上，我们还可以根据古代东亚各政权的政治、经济、文化等共有特征把整个古代东亚地区划分为四个次级地缘区域。

首先，以中国本部（China Proper）⑤为主体的地缘区域可谓是传统东亚秩序中连接各国际关系行为主体的"中枢地区"（pivot area）⑥，古代东亚政权之间的互动往来基本都是围绕这个区域展开。从地理上看，传统东亚秩序中的政权多

① 潘忠岐：《世界秩序：结构、机制与模式》，上海人民出版社2004年版，第9—18页。

② 王正毅：《世界体系论与中国》，商务印书馆2000年版，第276—286页；王正毅：《中国崛起：世界体系发展的终结还是延续？》，《国际安全研究》2013年第3期，第3—20页。

③ 参见［日］滨下武志《近代中国的国际契机：朝贡贸易体系与近代亚洲经济圈》，朱荫贵、欧阳菲译，虞和平校审，中国社会科学出版社1999年版；［日］滨下武志、顾琳、［美］马克·赛尔登《中国、东亚与全球经济——区域和历史的视角》，王玉茹、赵劲松、张玮译，社会科学文献出版社2009年版；［日］滨下武志《朝贡和条约——谈判时代的海洋性亚洲和条约口岸网络，1800—1900》，载阿里吉、滨下武志、塞尔登主编《东亚的复兴》，社会科学文献出版社2006年版，第20—60页。

④ 在东南亚作为主要信仰的是南传佛教，在中、日、韩有显著影响的是汉传佛教，在西藏、蒙古等地盛行的是藏传佛教。徐以骅、邹磊：《地缘宗教与中国对外战略》，《国际问题研究》2013年第1期，第35页。

⑤ 西方学界提出的"China Proper"概念主要是指中国本土汉族人口大量聚集、汉文化占统治地位的区域，例如清朝时期的"内地十八省"。参见 Fairbank and Teng, "On the Ching's Tributary System; M. T. Fravel, *Strong Borders, Secure Nation: Cooperation, and Conflict in China's Territorial Disputes*, Princeton, N. J.: Princeton University Press, 2008, p. 48。

⑥ 麦金德（Halford J. Mackinder）在1914年提出"枢纽地带/中枢区域"概念。参见［英］哈·麦金德《历史的地理枢纽》，林尔蔚、陈江译，商务印书馆1985年版。本文认为，"中枢区域"的概念同样可以用来分析传统东亚秩序的地缘格局，但其与周边"次级区域"的国际关系实践以及传统东亚秩序的历史特征与麦金德的地缘政治学说有所差异。

与中国接壤,或是与中国隔海相望,但是,中国辽阔的疆土和并不发达的古代交通运输技术,在一定意义上隔绝了彼此之间距离很远的中国周边政权之间的联系,而处于中国周边相邻地缘位置的政权之间则分别形成了三个具有自身地缘特性的国际秩序。这些次级地缘区域被中枢地缘区域串联整合起来,形成了作为整体的传统东亚秩序。

二　传统东亚秩序的中枢区域和中央国家

秦朝首次完成传统东亚秩序中枢区域的统一后,建立在中枢区域的中国虽经历了多次政权更替、分合兴衰,但与周边国家相比,中国的人口数量和疆域面积始终具有明显优势。强大稳固的实力是中国能长期占据在东亚地缘政治格局中的主导地位、发挥对东亚事务的主导作用和对周边政权产生辐射性影响的根本基础。

第一,中国的人口数量呈现波动式增长,其体量始终较周边政权具有十数倍乃至数十倍的巨大优势。根据葛剑雄的统计,西汉末的公元2年,中国人口便达到了6000万。这个数字在此后数次王朝更迭和南北政权分裂时期有所波动,但在隋朝重新统一后的大业五年(609年)重新回升到6000万左右。到了唐朝安史之乱前夕的天宝十四年(755年),中国人口增至约9000万,达到新高峰。北宋时期人口持续增长,大观四年(1100年)境内人口超过1亿,辽、金等政权的人口合计也在1000万左右。17世纪初,明代全国人口已突破2亿。清道光三十年(1850年),全国人口创造了4.3亿的新纪录,但后来又随着太平天国运动和清朝镇压而有所下降。[①] 相比之下,传统东亚秩序东部政权的人口数量较为可观,但南部、西部、北部政权的人口相对较少。公元500年后,朝鲜半岛人口已经接近400万,人口保持稳步增长,到了1800年时为750万,1900年达到1200万。公元650年时,日本人口达到300万,其后1000年中,人口平均每2个世纪增加2/3,1700年人口总数已达3000万,到1900年增长至4500万。在东南亚,越南人口从公元1000年左右的约100万增长到1800年的400万,随后迅速增长至1900年时的1100多万;缅甸人口从公元元年的100万增长到近代初期(1700年左右)的500万;泰国人口从公元10世纪的100万增长到1800

---

① 葛剑雄:《中国历代人口数量的衍变及增减的原因》,《党的文献》2008年第2期,第94页。

年的 300 万。① 东汉时期鲜卑人口约为 80 万,②唐代时突厥等十几个西北少数民族政权总人口约为 700 万,③吐蕃人口约为 350 万,④宋时西夏人口约为 200 万,⑤明时瓦剌人口约为 40 万。⑥ 总之,在传统东亚秩序漫长历史中,中国始终拥有最多的人口。

第二,从疆域面积来看,中国也一直是传统东亚秩序中的佼佼者,但这个优势没有人口优势那么明显,因为不少西部和北部政权的疆域面积也比较大。西汉面积为 568 万平方公里,东汉面积为 492 万平方公里。此时的匈奴和鲜卑占据着如今内蒙古大部分地区和蒙古国的区域,有近 300 万平方公里的地域。隋朝时期疆域面积是 416 万平方公里,此时突厥的势力范围大致与此前北方游牧民族相似。唐朝时期,中国最大疆域范围达到 1076 万平方公里,但在元和十五年(820 年),唐、吐蕃、回鹘的面积则几乎相近。北宋和辽时期的疆域合计为 740 万平方公里,南宋和金时期的疆域面积合计为 580 万平方公里,西夏只有近 80 万平方公里领土。元朝和清朝时期的疆域先后达到了 1372 平方公里和 1216 万平方公里,都远胜当时的东亚国家。明朝时期疆域为 468 万平方公里,北方的鞑靼瓦剌几乎与其平分秋色。⑦ 至于朝鲜半岛、日本等东亚国家的疆域面积,合计只有 60 余万平方公里,多数东南亚国家所在的中南半岛面积为 200 余万平方公里,若与中国历朝历代疆域面积相比,可谓相形见绌了。

由此可见,以中原王朝为主要政权形态的中国向来被认为是传统东亚秩序的中央国家(middle kingdom)⑧,是毫不为过的。这既因其占据的传统东亚秩序的中枢区域具有地理和战略位置上的天然优势,传统东亚秩序中的历经兴衰的国家都是分布在中国周边的政权;也因中国创设维系的政治安排得到周边国家

① [英]科林·麦克伊韦迪、理查德·琼斯:《世界人口历史图集》,陈海宏、刘文涛译,东方出版社 1992 年版,第二部分。

② 何天明:《试论鲜卑族的迁徙及其社会进步》,《黑龙江民族丛刊》1994 年第 3 期,第 74—79 页。

③ 崔明德:《唐代西北少数民族人口初探》,《历史研究》1997 年第 5 期,第 64—81 页。

④ 朱悦梅:《吐蕃王朝人口研究》,《中国藏学》2012 年第 1 期,第 74—80 页。

⑤ 张艳娟:《论西夏建国时期的人口规模》,《宁夏大学学报》(人文社会科学版)2007 年第 6 期,第 18—21 页。

⑥ 唐玉萍:《明朝嘉万时期对蒙政策探论》,《社会科学辑刊》2002 年第 6 期,第 115—120 页。

⑦ 宋岩:《中国历史上几个朝代的疆域面积估算》,《史学史研究》1994 年第 3 期,第 149—150 页。

⑧ Morris Rossabi, ed. , China among Equals: The Middle Kingdom and Its Neighbors, 10 th—14th Centuries, Berkeley, C. A. : University of California Press, 1983; Samuel W. Williams, The Middle Kingdom: A Survey of the Geography, Government, Literature, Social Life, Arts, and History of the Chinese Empire and Its Inhabitants, New York: Scribner, 1883; Zhimin Chen and Zhongqi Pan, "China in its Neighbourhood: A 'Middle Kingdom' not Necessarily at the Centre of Power," The International Spectator, Vol. 46, No. 4, December 2011, pp. 79—96; Rhoads Murphey, East Asia: A New History, 3rd edition, New York: Pearson Education, 2004, p. 2.

的遵从和认同,中国与周边国家便逐渐依照"华夷逻辑""礼治逻辑"等形成了地缘贸易圈和文明传承圈。在传统东亚秩序的演进中,中国不断遵循和利用了这些地缘优势,成为连接各国的中心枢纽和各国学习仿效的对象。

这种中枢区域和中央国家相重合的地缘属性意味着,考察传统东亚秩序的历史演进就必须考察古代中国如何处理边疆地缘事务和如何实施周边外交,[①]研究传统东亚秩序如何保持和平稳定就必须研究古代中国如何处理对外事务和发展对外关系。

三　传统东亚秩序的其他三个次级地缘区域

如何将中枢区域的周边政权群体划为不同的次级地缘区域?曼考尔的研究给予我们启发。他指出,清代中国有两个管理朝贡事务的政府部门——礼部和理藩院,它们管辖的对象恰好是中国本部周边两片新月形(crescent)的地缘政治区域。蒙古、新疆和西藏在中国北方和西部形成的新月形地带的朝贡事务由理藩院管理,这片区域十分适合游牧型畜牧经济而非农业经济,这里的城市具有特殊的宗教与商业功能,这里生活的民族具有自己独特的社会准则和文化内涵。另一方面,位于中国东部、东南部和南部的政权则形成了"东南新月带",在这片区域内的日本、朝鲜、琉球、安南都奉行儒家观念,接受儒家原则作为构建政府的原则,并且与中国一样发展农业经济。[②]尽管他提到了暹罗和缅甸也大致在东南新月带范围之内,但对其他东南亚国家的情况并没有详细论述。结合学界对于古代东亚国际关系的研究成果,在曼考尔的分类基础上,本文将传统东亚秩序里中枢区域外的地缘区域划分为三个次级地缘区域:小中华次区域、游牧次区域和曼陀罗次区域,历史上这些次级地缘区域内的政权之间基本都拥有共通的地缘政治、经济、文化纽带和相近的地缘政治、经济、文化特征。

1. 小中华次区域

所谓小中华次区域(pan-Sinic area),是受学界所谓汉文化圈、儒家文化圈等概念启示,这一地缘区域内的行为体即曼考尔所指涉的东南新月圈内历史上存在于中国大陆沿海的朝鲜半岛、越南国土和与中国隔海相望的琉球群岛、日

---

①　郑永年:《边疆、地缘政治和中国的国际关系研究》,《当代亚太》2011年第6期,第16—17页。

②　Mark Mancall, *China at the Center*: *300 Years of Foreign Policy*, New York: The Free Press, 1984, pp. 16—20;[美]马克·曼考尔:《清代朝贡制度新解》,费正清:《中国的世界秩序》,第66—68页;葛兆光:《从"西域"到"东海"——一个新历史世界的形成、方法及问题》,《文史哲》2010年第1期,第18—25页。

本列岛上的政权。这些政权的历史文化和制度建设都深受中华文明影响，且在不同程度上具有"小中华意识"。小中华次区域大约形成于隋唐时期，当时位于东北亚的朝鲜半岛和日本列岛政权纷纷仰慕和仿效中华文化①，其后，于宋朝时独立的交趾和明朝时兴盛的琉球也成为这一文化圈中的成员。各国共有的政治、经济、文化要素主要体现在政制、产业、学术、思想、风俗、宗教等方面，具体而言则有汉字、儒教、律令制、中国化佛教、科技五大要素。除此以外，中国施行的科举制度、官僚制度、行政制度等先进的制度化建设成果也被这些国家广泛引进和学习。② 同时，各国仍然保持着自身文化和制度的特殊性，说明传统东亚秩序中的行为体在汲取中国文化和仿效中国制度时，主要是通过当地的教育事业的内生性而使其生根发芽，并非来自外在的政治力的压迫。③ 小中华次区域内的国家广泛参与到了中国构建的国际秩序之中，尤其是和中国建立了长期稳固的册封关系和贡赐关系。对于中国而言，"华夷有别"是中国对外政策的核心观念之一，中国在处理对外事务时也经常使用间隔华夷的方式树立自己的国际权威，④但对小中华次区域内的国家来说，由于长期浸淫在中华文化之中，它们逐步形成了作为中华文明一部分的自我认同，认为自身传承了儒家传统和礼乐制度，从而否认自己为未开化的"夷人"。我们从韩、越、日等国的史籍中可以看到大量关于这些国家自称"小中华""小中国""汉阙"的论述。⑤

2. 游牧次区域

所谓游牧次区域（nomadic area）的主要范围涵盖了亚洲内陆处于古代中国北部和西部边疆的广大草原和森林地带，其国际行为体包括古代生存和活跃在亚洲北部和中部的游牧国家，如匈奴、突厥、蒙古等。游牧国家历史悠久，与中原国家具有长期而频繁的往来互动。由于气候条件、地理环境等方面的差异，其生产方式、政治架构、社会组织方式等与传统东亚秩序中的其他地缘区域大

① 参见朱云影《中国文化对日韩越的影响》，广西师范大学出版社 2007 年版；石源华、胡礼忠主编：《东亚汉文化圈与中国关系》，中国社会科学出版社 2005 年版。

② David C. Kang, *China Rising: Peace, Power, and Order in East Asia*, New York: Columbia University Press, 2007, pp. 45—46.

③ 高明士：《天下秩序与文化圈的探索——以东亚古代的政治与教育为中心》，上海古籍出版社 2008 年版，第 227—235 页。

④ 邢义田：《天下一家——中国人的天下观》，《中国文化新论：永恒的巨流》，（台北）联经出版事业公司 1981 年版，第 425—478 页。

⑤ 韩东育：《"华夷秩序"的东亚架构与自解体内情》，复旦大学文史研究院编：《从周边看中国》，中华书局 2009 年版，第 79—80 页。另参见孙卫国《大明旗号与小中华意识——朝鲜王朝尊周思明问题研究（1637—1800）》，中华书局 2007 年版；王元周《小中华意识的嬗变——近代中韩关系的思想史研究》，民族出版社 2013 年版。

相径庭。随着牲畜驯养技术的不断提升和畜牧经济的不断发展,游牧国家的生存发展十分依赖于马、牛、骆驼、羊等动物资源,它们有的能提供巨大的综合运输能力和机动能力,有的能提供较高的经济价值,由此也造成游牧国家的社会生活具有移动性,边界具有流动性。① 再加之游牧区域的地广人稀,使得这里的政治组织形式表现为"帝国联盟"与"两翼制"②相结合的方式——内部组织是协商和联盟化的,对外事务上则是统一决策和运作。在冷兵器时代,游牧国家通常具备强大的军事实力,还往往需要农耕文明的领土、财富和特殊产品以满足自身的物质需求和维系自身统治合法性,这就使得游牧区域与中枢区域之间的战和关系经常处于巨大的张力之下,和亲制度成为两大地缘区域之间的一种相互妥协的主要制度安排。③ 这种总体上呈现"共生"而非"寄生"的双边关系特征使得游牧政权与中原政权之间的兴衰表现为一种几近同步的周期——有代表性的例子包括秦汉时期兴盛的匈奴、鲜卑,隋唐时期兴盛的突厥、回纥,宋明时期兴盛的蒙古。④ 历史上游牧区域与中枢区域经历了漫长的融合过程,自公元 13 世纪开始,随着发源于游牧区域的蒙古帝国的兴起和元朝的征服,游牧区域的势力范围还达到了传统东亚秩序的中枢区域。尽管这短暂的统治只持续了数十年,便在此后陷入了十分混乱而又脆弱的局面,但蒙元帝国带给中国的影响十分巨大——不仅使得"中华"的国境大规模扩展为"巨大中华",还加速了中枢区域向东亚南部的地缘区域增加交流往来的幅度和频率。⑤ 到清朝统一中国后,大部分游牧次级区域和中枢区域连为一体。

3. 曼陀罗次区域

所谓曼陀罗次区域(Mandala area),大致与现今东南亚的地缘范围相重合,其国际行为体主要包括中南半岛上除越南之外的古代国家和其他周边岛屿上的国家。古代东南亚王国政体的建立最早主要受到印度文明的影响,例如扶南

---

① [美]拉铁摩尔:《中国的亚洲内陆边疆》,唐晓峰译,江苏人民出版社 2010 年版,第 50—57 页。

② 两翼制又称左右翼制度,是指在分封制基础上,最高统治者居中控制,两翼长官侧翼拱卫的统治方式。在不同时期,有多种表现形态,以三部最为典型常见,二部次之,也有四部或更多部的形态。参见肖爱民《中国古代北方游牧民族两翼制度研究》,人民出版社 2007 年版。

③ [美]狄宇宙:《古代中国与其强邻:东亚历史上游牧力量的兴起》,贺严、高书文译,中国社会科学出版社 2010 年版,第 220—228 页。

④ Karl Wittfogel and Chia-sheng Feng, *The History of Chinese Society: Liao* (907—1125), Philadelphia: American Philosophical Society, 1949, pp. 24—25;[美]巴菲尔德:《危险的边疆:游牧帝国与中国》,袁剑译,江苏人民出版社 2011 年版,第 11—21 页。

⑤ [日]杉山正明:《忽必烈的挑战——蒙古帝国与世界历史的大转向》,周俊宇译,社会科学文献出版社 2013 年版,第 259—270 页;[日]杉山正明:《疾驰的草原征服者:辽西夏金元》,乌兰、乌日娜译,广西师范大学出版社 2014 年版,第 7—14 页。

和占婆，①其政权的普遍特征就是神权与王权相结合。受到印度教和佛教的影响，国家政权的正统性主要是借助国王的神圣化、阶层秩序观念、行政法典、梵文以及技术高超的艺术手段来维系和发展。国王用宗教神化自己，加强自己的统治地位；宗教领袖、高级僧侣或祭司也以宗教的名义，对政治施加强有力的影响。② 学界将这种地缘政治模式称之为"曼陀罗模式"（Mandalas），或曰"王圈制"（circles of kings）。③ 梵语中的"曼陀罗"有轮圆具足、聚集、坛城、道场之意，其本义是筑方圆之土坛，安置诸尊于此祭供，其形态就像毂辋辐具足而成圆满之车轮。曼陀罗国家的中央和周边地区的权力关系就像祭坛一般，最中央的力量最强，越是边缘的力量越弱、越松散。不同的国家之间就像一组组象征权力分布的"圣坛"。在曼陀罗国家的世界观中，世界始终是处于一种不断变化的情境下，一切力量的形态都是无常的。当中心区域的力量强大时，外围地区便会吸引更多人们加入；而当中心区域力量变弱，其外围便可能会被更强大的相邻中心所吸附。由于力量随着距离中央的远近而变化，因此各国的边界流动性很强。相邻的国家便在这此消彼长的过程中不断试图吸收对方以壮大自己。④ 大约从 10 世纪开始，随着中国实力增强影响扩大，曼陀罗国家几乎同时与中印发生政治、外交、经济、文化往来，而且还时常扮演着在海路和陆路连接中印两国的角色。⑤ 明朝建立后，随着中国不断推行友好的对外政策，以及郑和开展多次前往东南亚的远航，曼陀罗国家与中国的朝贡贸易等经贸往来和文化交流往来更为频繁，中国移民与华侨社会对东南亚各国的国家建设和社会发展也起到了重要和积极的推进作用。⑥

---

① 参见 G. Coedès, *The Indianized States of Southeast Asia*, edited by Walter F. Vella, translated by Susan B. Cowing, Honolulu：East－West Center Press, 1968。

② 梁志明：《试论古代东南亚历史发展的基本特征和历史地位》，《东南亚研究》2011 年第 4 期，第 90 页。

③ ［英］D. G. E. 霍尔：《东南亚史》（上册），中山大学东南亚历史研究所译，商务印书馆 1982 年版，第 14 页。

④ Martin Stuart－Fox, *A Short History of China and Southeast Asia：Tribute, Trade and Influence*, Crows Nest：Allen & Unwin, 2003, pp. 26—36；宓翠：《古代东南亚国家对中国朝贡原因探析》，《东南亚南亚研究》2014 年第 1 期，第 73—78 页。

⑤ 参见 John F. Cady, *Southeast Asia：Its Historical Development*, New York：McGraw－Hill Book Company, 1964；Edward Graff and Harold E. Hammond, *Southeast Asia：History, Culture, People*, New York：Cambridge Book Company, Inc., 1968；Arthur Cotterell, *East Asia：From Chinese Predominance to the Rise of the Pacific Rim*, Oxford：Oxford University Press, 1993；Victor Purcell, *The Chinese in Southeast Asia*, 2nd edition, Oxford：Oxford University Press, 1965。

⑥ 梁志明、李谋、杨保筠主编：《东南亚古代史：上古至 16 世纪初》，北京大学出版社 2013 年版，第十九章。

　　综上所述,我们既可以从整体横向的维度来考察传统东亚秩序的地缘政治、经济、文化特征,也可以从部分纵向的维度将传统东亚秩序划分为中枢区域、小中华区域、游牧区域和曼陀罗区域四个次级地缘区域,每个次级地缘区域又具备各自独特的地缘政治、经济、文化特征。由于传统东亚秩序之中并没有形成主权国家,古代东亚各国之间较少有多边主义实践,以及古代史料记载可能具有不确定性,所以我们很难照搬现当代国际政治研究的一些核心概念去详细测量和研究传统东亚秩序。地缘学的研究视角恰好给我们提供了一个合适的"工具箱",让我们可以展开更为丰富和深入的研究。

An Attempt to Discuss on the Geo – analysis Framework of Traditional East – Asia Order

Chen Kangling

Abstract：This article aims to raise the framework to describe, analyze and explain the traditional East Asian order in terms of Geo – theory. In a long period of time in history, China can be considered as the "Middle Kingdom" in the pivot area of East Asia. Its super power based on huge population and vast territory strongly influenced the geopolitics structure and international affairs. China's neighborhood can be divided into other three parts of areas, called pan – Sinic area, nomadic area, Mandala area, according to similar political, economic and cultural features.

Key words：Traditional East Asian Order；Geo – thoery；Middle Kingdom

美国出口管制的调整动向及其对中美信任关系的影响[*]

□ 包广将

摘要：自 2008 年国际金融危机以来，美国为了重振国内经济发展和维护世界主导国的国际政治地位，加大了对外出口管制政策的调整力度。其中，美国对华出口管制的改革与高科技领域密切相关，这种关乎国家安全和经济发展的政策调整背后反映的是中美信任水平的高低。对此，文章在简要回顾美国对华出口管制历程和展望该政策未来发展动向的基础上，重点分析了其对中美两国信任关系的影响。

关键词：出口管制；信任；美国；中国

作者简介：包广将，厦门大学南洋研究院，助理教授，法学博士。

出口管制在维护国家安全，垄断科学技术优势，促进经济发展，制裁敌对国家以及保持国际政治地位等诸多方面有其难以替代的独特作用。然而，出口管制这把"双刃剑"如果运用不当，不仅会阻碍本国经济发展，削弱国家经济权力，也会在国际上成为世界自由贸易和国家间信任关系发展的障碍。就美国而言，出口管制政策的主要目的是维护国家安全和确保世界领导国的地位。它向来是美国贸易政策和安全政策相互调和的产物，是美国单方面人为地通过制定法律法规来对

---

* 本文是国家社科基金重大项目《"一带一路"与澜湄国家命运共同体构建研究》（项目批准号：17ZDA042）的阶段性成果。

美国的出口进行管制的制度。美国出口管理的模式是,所有的出口都是禁止的,除非已获得了一般许可、有效许可或出口管理局的授权。① 但美国出口管制政策的政治色彩异常厚重,其管制的对象国也依据政治上的亲疏远近被分为三六九等,实行多重标准,尤其是对"社会主义国家""世界最大的发展中国家""世界第二大经济体"以及"和平崛起的国家"中国甚为严厉和微妙。然而,美国这种过于老化的出口管制制度在经济多极化、政治多极化和技术多极化的全球化时代不仅使美国自身在经济领域付出了沉重的代价,也在政治和道义上倍感压力,它的调整将对中美两国间的信任关系和新型大国关系的建设带来深远影响。

一　美国对华出口管制政策的简要回顾

自新中国成立以来,美国就一直将中国列为其出口管制的重点对象之一,并在不同时期对中国进行不同程度的出口管制,试图延缓中国的国防、经济和科技的发展。1949 年美国国会颁布了《1949 年出口管制法》,这是国会在和平时期通过的出口管制方面的第一项全面的法律制度。② 该法案明确规定:"凡是对那些有助于增加共产党国家军事和经济潜力而有损于美国国家安全的出口都予以拒绝。"③禁止向中国出售军事技术或者是可用于军事方面的民用科技,不过两国还保持了一定程度的贸易往来。朝鲜战争爆发后,美国商务部于 1950 年 12 月 2 日,宣布中国为"敌对国家",向中国的出口被全面禁止,两国的贸易也被断绝。除了通过单方面对华实施出口管制之外,美国还积极通过国际合作的方式对华实施集体出口管制。1949 年 11 月,美国及其主要盟国成立了"巴黎统筹委员会",通过这一经济武器,美国构建了一套在世界范围内针对社会主义国家的出口控制体系。这个"多边的出口控制委员会"于 1952 年成立专门的"中国委员会",对华实行"中国差别待遇"。一直到 1994 年以前,美国都是主要通过"巴黎统筹委员会"与其他政治上亲近和信任度较高的国家合作来进行控制的,成为美国全球战略的重要组成部分和实施冷战的利器,当然也成为横亘在中美政治互信、战略互信中的一道高墙。

---

① 韩立余:《美国外贸法》,法律出版社 1999 年版,第 371 页。

② [美]布鲁斯 . E. 克拉伯:《美国对外贸易法和海关法》,蒋兆康等译,法律出版社 1999 年版,第 109—112 页。

③ John Heinz, *U. S. Strategic Trade:An Export Control System for the1990 s*, Westview Press, 1991, p. 11.

　　1969 年,尼克松出任美国总统之后迫于当时的国际政治背景,开始着手缓和中美关系。美国对华出口管制也出现了冷战后的一次松动,但这种松动的政治战略意义远大于经济利益,因为它的目的性和功能性非常强,即为了增强中国对付苏联的能力。直到 20 世纪 70 年代末中美建交后,在具备了一定政治基础之上才实现了对华贸易出口的真正解禁与放松。1979 年 1 月 30 日,邓小平在访问美国时与卡特总统签署了中美科技合作协定,由此开辟了中美贸易往来的新时期。1983 年 6 月 21 日,美国政府宣布从 11 月 23 日开始把中国提升为"友好的非盟国",在其出口管制名单中,将中国列入同印度、埃及等发展中国家并列的位置。"1972—1989 年,出于国家利益和联合对抗苏联的需要,中美关系逐步走上了和平对话、求同存异的轨道。从那时起,美国开始解除对中国的贸易禁运,允许美国企业向中国出口非战略性物资。"①1989 年后,这种有限的放松又一次受到政治冲击。1989 年 6 月 5 日,美国总统老布什宣布停止对华出售和转让军民两用技术,停止进一步放松对华出口管制,并先后出台了一系列技术出口领域的对华管制措施。

　　步入 20 世纪 90 年代后,随着冷战格局的坍塌以及中美两国关系的恢复和两国在技术出口方面的谈判进展,美国逐步放松了对华出口的管制。这表现在1994 年"巴黎统筹委员会"解散,被《关于常规武器和两用物品及技术出口控制的瓦森纳协定》所取代。《瓦森纳协定》与"巴统"(COCOM)相比,从形式上更为宽松,赋予各国各自独立的决断权②。这也预示着通过国际多边管制出口的模式逐步走到尽头,而以主权国家为主的管制模式被各国所接受。"巴统"解散后,90 年代的老布什和克林顿政府均对出口管制政策做出了不同程度的松动。但是他们放松管制的目的已与 1989 年前有所不同。它不再是作为对付苏联而加强中国抗苏能力的手段,它更多的是经济利益的驱使,更多体现的是后冷战时期经济全球化突飞猛进的时代背景。

　　进入新世纪以来,"9·11 事件"很大程度上影响了美国贸易管制政策调整的方向。该事件爆发后,反恐怖袭击首次上升为美国国家战略。为此,美国全面加强了与恐怖袭击相关的武器与技术的出口管制,一些军民两用技术和产品重新被列入管制清单。③ 在反恐的旗帜下,根据现有的出口管制法规,美国更为大张旗鼓地实施其出口管制。在这一背景下,由于担心一些危害美国的军用技

---

①　黄军英:《美国对华技术出口管制政策走向分析》,《国际经济合作》2009 年第 6 期,第 40 页。
②　余万里:《美国对华技术出口管制及其限制》,《国际经济评论》2000 年第 6 期,第 52 页。
③　王达、白大范:《美国的出口管制政策及其对美中贸易的影响》,《东北亚论坛》2012 年第 5 期。

术通过中国转移到其他地区,美国也收紧了对华出口管制。突出的表现是在 2007 年 6 月,美国正式公布了新的对华出口管制政策:《对中华人民共和国出口和再出口管制政策的修改和阐释;新的经验证最终用户制度;进口证明与中国最终用户说明要求的修改》,其中增加了 31 项对华出口要求许可证的产品。在美国风声鹤唳的反恐运动中,美国以单边主义思维画线,利用对华出口管制政策促使中国在国际上解决地区冲突和限制大规模杀伤性武器扩散等安全问题上与美国保持一致,成为对中国进行拉拢和施压的政治杠杆。

二　国际金融危机以来美国对华出口管制政策的新动向

由于出口管制政策老化和国际经济发展环境的变化,出口管制体系已成为制约国际金融危机后美国经济战略转型的一大障碍,而对其进行改革被视为推动美国经济发展的一条可靠途径。为此美国的出口管制改革存在巨大的内部驱动力和强烈的改革意愿。相应的,其对华出口管制也可能在简化程序、放宽领域及提高效率等方面进行改革。但鉴于美国长期关注于自己的国家安全和政治利益,其改革也有不可触碰的红线。可以预见,这种改革的走势曲线只能在"地板"与"天花板"之间波动。

一方面,2008 年后,在国际金融危机的巨大压力下,美国开始加大力度调整其出口管制政策。奥巴马上台后,于 2009 年 8 月 3 日颁布总统令,"组成一个由涉及出口管制的所有联邦部门的跨部门工作委员会对现有的出口管制和许可制度进行评估"。一年之后,美国于 2010 年 9 月 1 日公布了"四个单一、三步走"的出口管制改革方案。这次改革将主要着眼于产业发展的需要,把经济利益摆在更突出位置,放松出口管制。实质性改革将围绕"四个单一"展开,即建立单一的管制清单、单一的发证机构、单一的执法协调机构、单一的信息技术系统。"三步走"即三个阶段,第一阶段为启动阶段,目标是使现行制度有显著改善和提高。第二阶段为推进阶段,目标是建立全新的出口管制制度。第三阶段为完成阶段,目标是推动国会最终批准修改的法律。这标志着出口管制改革进入推进落实阶段①。该方案主张调整相关政府机构职能,简化出口安全级别审查程序。例如,提出了改革四个关键要素,即许可证制度与程序、管控清单、信

---

① 雷衍华:《论美国的出口管制改革》,《国际贸易》2010 年第 5 期。

息技术和推进出口①。奥巴马说得明确:"新体系将加高对最敏感项目出口防护墙,同时降低对那些重要性较弱出口的限制。"此外,在奥巴马极为看重的五年出口倍增计划中,也将扩大出口与放松出口管制相联系:"我们需要扩大商品出口,因为随着我们生产和出口的增长,美国人将获得更多就业机会。今晚,我们设立了一个新目标:我们将在未来五年里实现出口增长一倍,这将支持两百万美国就业机会。为达到这一目标,我们将实施全国出口创新计划,增加农业和小企业出口;同时在符合国家安全的前提下改革出口控制。"②可以说,奥巴马在"国家出口倡议"框架下发力推动出口管制改革既有其自身的隐忧,也存在浓烈的时代背景。而国际金融危机客观上为美国的出口管制政策改革带来了适宜的氛围。其现行的出口管制政策基本上是出于对战争、冷战或者遏制、防范的指导思想中形成的,很多制度设计和规则已经不适合新时代的发展要求。就美国而言,严厉的出口管制已经阻碍了美国技术创新成果与国际合作的步伐,许多技术不能及时地转化为经济成果,削弱了国内创新活力。奥巴马政府认为"出口管制体系本身成了潜在的国家安全风险"。③ 而从国际上看,欧盟、日本、俄罗斯、韩国、中国等多个技术中心的创新能力飞速发展,美国无法对技术一家垄断。而经济全球化加速了技术的国际转移,规模也越来越大,国际技术贸易的发展随跨国公司的不断增多而愈发频繁。许多领域商业技术的发展速度甚至超过军事技术的发展,而且商业和军用的界限模糊难辨。面对这些新情况,美国过于僵化的出口管制无异于作茧自缚。可以预见,美国的出口管制政策必随变化的国际环境而进行改革,很可能在清洁能源、环保技术和公共卫生等民用高科技领域放宽对华出口。

另一方面,尽管自国际金融危机以来,美国出口管制的新一轮改革确实正在全面有序进行,但是,根据美国政府制定的出口管制改革三阶段的方案来看,离改革最终目标的实现还有许多程序要走。首先,由于美国国务院管理军用出口,商务部管理"两用"出口。两个部门对军用和民用管制清单的分层调整和"肯定性描述"仍在磕磕碰碰的改革之中,两种清单合并仍面临很多挑战。其

---

① Beth M. McCormick , "Export Control Reform Update" , Panel Remarks to the U. S. Department of Commerce Bureau of Industry and Security Update Conference. July 24, 2013. https://csis - prod. s3. amazonaws. com/s3fs - public/legacy _ files/files/attachments/130828 _ USExportControlReformUpdate. pdf. 上网时间:2017 年 2 月 21 日。

② Obama, "The President Baraek obama's first State of the Unions Speech", CNN News online, Jan. 27, 2010.

③ 雷衍华:《论美国的出口管制改革》,《国际贸易》2010 年第 5 期。

次,涉及的部门多、流程复杂。在清单确定之后,还要统一发证机关、执法机关、许可流程等也存在多部门利益协调,何时能够完成最终的改革仍充满变数。第三,对华出口管制改革存在政治与战略羁绊。自 1949 年颁布第一个和平时期的《出口管理法》以来,美国对此进行了多次修改,但每次修改都限于一些细枝末叶的修剪。很明显,放宽对华出口管制,有利于扭转中美贸易失衡,有利于促使美国完成"出口翻番"的宏伟目标,有利于美国企业在中国这个高科技新兴市场上提升竞争力,有利于美国技术和管理经验与中国的巨大市场和廉价劳动力结合,等等。但在对华出口部分,2011 年美国商务部发布的出口管制新政策《战略贸易许可例外规定》中,对华高技术出口的歧视性态度依旧未能改变。中国作为美国最为重要的经贸伙伴和最为重要的权力博弈者之一,历史上一直是受到美国独特关注的出口管制对象国。在美国看来,对中国的出口管制而言是一个典型的政治经济学问题,出口管制政策所面临的主要问题就是如何协调财富和安全这两大目标。美国在对华出口政策方面,不惜牺牲其"财富"以换取"权力"是导致其长期对华实行严厉出口管制的诱因。鉴于此,美国对华出口管制不会出现实质性的松动,对待中国与对待盟国的区别分类难以消除,在对华出口管制的改革上仍然会以国家安全利益、政治利益和战略利益为重。

　　概而言之,为了适应新的发展形势,美国的出口管制政策随着经济全球化的发展会在形式和内容上做出一定程度的调整,对华出口管制的门槛将放低,限制出口的商品种类将会缩小,出口的审批程序将会得到简化,尤其是在民用高新技术领域可能会大幅度放宽对华出口。但是,纵观美国发展历程,美国的出口管制思想可以追溯至汉密尔顿的贸易保护主义思想。美国津津乐道的自由贸易只不过是一个用各种经济学理论伪装起来的神话。它过去是一个以贸易保护主义立国,并依赖贸易保护主义而发展壮大,将来还会以隐性贸易保护主义来维护其领导地位。而出口管制是其维护国家利益最为得心应手的一种手段和基本国策。况且,出口管制法是联邦法律的一部分,州法律无权制定,因为只有联邦政府才有规范对外贸易的权利,这个权利是美国宪法授予的。① 这些都决定了美国出口管制政策调整力度的有限性。更为重要的是,美国屡次改革出口管制向来是以美国国家利益,尤其是其战略利益为基础的。这种将经济政策用作政治工具的做法对中美关系带来了经济和政治上的双重影响,经济上突出的表现是中美贸易的严重失衡,而政治上则侵蚀和损害了中美之间的信任

---

① Weiluo, "Research Guide to Export Control and WMD Non – Proliferalation law", *International Journal of Legal Information*, Winter, 2007.

关系。

三　美国出口管制政策对中美双边贸易平衡的影响

关于中美贸易失衡的研究成果可谓汗牛充栋,研究者从经济学原理、国际经济结构、国际政治经济学以及国家政策等学科和视角进行了深入探讨。但有意思的是美国学者大多强调人民币汇率问题是导致中美贸易失衡的主要因素,而中国学者则大多强调美国的出口管制政策是导致双边贸易失衡的重要因素。美国学者认为人民币兑美元汇率的严重低估是中美贸易失衡的主因,通过人民币升值能够消除双边贸易不平衡。① 而大多数中国学者倾向于认为人民币汇率不是造成中美贸易失衡的主因,而通过美国放松高技术产品出口管制可以解决这一问题。② 事实上,2010 年,中国对外贸易顺差 1831 亿美元,其中对美顺差1813 亿美元, 约占 99%。除对美外,中国贸易顺差几近为零。此外,国际金融危机以来人民币对美元升值迅速,但在 2012 年,中国对美贸易顺差仍然高达2311 亿美元。显然人民币汇率问题与中美之间的贸易不平衡并不是主要因素。尽管学界从人民币汇率、中美两国统计误差、世界经济结构以及外商对华直接投资等多种视角来解释两国间的贸易失衡问题,但美国对华贸易管制无疑是引起两国贸易失衡的重要因素。

依据经济学中比较优势原理,美国只有用其具有比较优势的技术产品与中国的劳动力密集型产品相交换,才能从根本上维持双边贸易的平衡。但美国的对华出口管制恰恰人为地扭曲了这一逻辑:出口管制违反了国际自由贸易的游戏规则,使得中美之间的互补优势不能发挥出来。在中国向美国出口的产品由资源密集型产品、劳动密集型产品、中高端技术与资本密集型产品组成,其中以劳动密集型产品为主。但由于美国大量产业资本退出一些低端制造业,走向高端制造业和服务业,因而美国只能向中国出口等量的高端产业商品才能实现双方的贸易平衡。而一方面高新技术产业又被美国对华严格的出口管制拒之门外,另一方面,近些年来美国从中国进口的商品中高科技产品,如计算机通信类产品,所占的份额却不断攀升。据美国人口调查局统计,2009 年美国从中国进

---

① Morris Goldstein and Nicholas lardy, "China's Role in the Revived Britton Woods System: a Case of Mistaken Identity", *Working papers*, Vol. 22, No. 1, 2005, pp. 284 – 302.

② 夏先良:《中美贸易不平衡、人民币汇率与全球经济再平衡》,《国际贸易》2010 年第 7 期,第 28页。

口先进技术产品额高达 897 亿美元,占据美国从中国进口额的 30.3%。这些因素都加剧了中美贸易严重失衡的局面。

如果更系统地看,由于中国经济处于迅速发展的上升阶段,对高新技术的需求市场庞大。在美国严厉出口管制下,中国不得不与其他技术供应市场合作。对美国来说,可谓"伤人一千、自损八百",它不仅使大量的中国出口企业成为中美贸易摩擦的牺牲品,而且还抑制了美国对华出口并损害了美国高科技产品出口商的利益。譬如美国的出口许可证制度不仅烦琐而且混乱,从而耽搁了美国出口商的出口,弱化了他们在海外市场的竞争力。① 美国对华出口管制的结果是美国民用技术的出口商无法分享中国经济高速增长的成果,而相当一部分市场份额则被日本和欧洲获得。② 因为美国对中国出口限制的产品大部分是可以从别国进口,如日本、英国等这些国家都以经济立国,为了自己的利益都愿意把这些产品卖给中国,美国的出口管制政策使美国高技术产业公司在与欧洲和日本同行竞争中处于劣势。如此以来,在横向对比下中国从美国市场购买的商品数量将日益减少,这又进一步加剧了中美贸易失衡。最终导致以中国对美国的贸易顺差逐年上升的畸形结构。

通过上文分析,回顾历史上美国对华出口管制政策的调整,每一次重大调整都与当时的中美政治关系或国际政治背景密切相关。展望美国的对华出口管制政策改革,鉴于中美关系的全球性意义以及中国在经济上的迅速崛起,美国政府和民众的心理如同中美贸易失衡一样严重。因而其对华出口管制中的歧视性、双重性不会有太大的改变。而美国对华贸易管制导致的中美贸易失衡在中美经济领域与政治领域间架起了一道桥梁,这种失衡必然传导至两国的政治,尤其是两国间的信任关系上。

四　美国出口管制政策对中美信任关系的影响

经贸关系是中美关系的"压舱石",也是中美互信的基础。而美国的出口管制已经损害到了中美健康的经贸合作往来。美国经济学家斯蒂格里茨试图用经济模型证明,如果两国间的 GNP 收支逆差超过 1.5%,两国之间就会发生"激

---

① Beth M. McCormick, "Export Control Reform Update", Panel Remarks to the U. S. Department of Commerce Bureau of Industry and Security Update Conference. July 24, 2013. https://csis – prod. s3. amazonaws. com/s3fs – public/legacy _ files/files/attachments/130828 _ USExportControlReformUp-date. pdf. 上网时间:2017 年 2 月 21 日。

② 王达、白大范:《美国的出口管制政策及其对美中贸易的影响》,《东北亚论坛》2012 年第 5 期。

烈摩擦";要是超过 2%,就会引起报复性措施:如果对一国的贸易逆差超过
25%—30%,那就不仅仅是经济问题,就成了国家安全问题。① 也就是说,中美
两国间的贸易逆差如果达到一定量,就会演变为两国间的政治和安全问题。因
而美国的对华出口管制政策不仅是引起中美贸易逆差不断增大,也埋下了两国
政治风险的种子。

　　从中美信任关系的角度看,在美国对华出口管制政策的调整中,最为重要
的不在于制度的设计、程序的简化以及标准的降低等等,而在于这种调整能否
改变以往存在的冷战思维和对政治功能的倚重。因为美国对华出口管制政策
与中美相对收益的多寡和两国信任水平的高低直接相关。事实上,中美之间
的相互不信任是导致美国长期对华严厉实施出口管制的因变量,而长期的出
口管制政策又反过来降低了两国之间的信任水平。那么,美国的对华出口管
制政策会对中美信任关系带来了什么样的影响呢? 要回答这一问题,首先要
分析清楚中美之间信任的来源何在。根据王缉思和李侃如的说法:"中美之
间不断增长的战略互疑有三个主要来源:不同的政治传统、价值体系和文
化。"②相反,增进中美两国互信的来源又是什么呢? 无疑,国家间信任的生成是
一个动态的进化过程,罗伯特·阿克塞尔罗德在其《合作的进化》中将"一报还
一报"的策略称为进化策略,信任在互动进化过程中生成。③ 中美之间的信任也
只能从一次次的互动中来,笔者认为中美互信的来源至少存在三种主要来源:
基于人性特质的普遍信任、基于经济交往的工具信任和基于理性考量的战略
信任。

　　第一种普遍信任是社会心理学中的一个常用术语。许多社会心理学家已经
阐释了普遍信任对于合作的重要性,但在国际关系领域,现实主义者认为由于
权力因素的作用致使国家间难以存在信任,自由主义者过于强调了国际机制对
国家间信任生成的影响而在很大程度上忽视了信任本身也是促使国际机制建
立和发展的重要因素,而建构主义者也没有将信任当作核心概念展开论述。普
遍信任的简单定义是"一种对其他大多数人都值得信赖的信念。"④普遍信任可
以帮助国家在对他国缺乏充分和有效信息时开展合作。因为它不是基于对他
国国家利益和本国可能承担风险的估算之上,而是基于本国文化的特质和本能

　　① 杨志龙:《中美贸易摩擦应对策略》,《技术经济与管理研究》2009 年第 4 期,第 89 页。

　　② 王缉思、李侃如:《中美战略互疑:解析与应对》,参见布鲁金斯研究学会网站:https://www.brookings.edu/research/addressing-u-s-china-strategic-distrust/. 上网时间:2017 年 2 月 21 日。

　　③ Robert Axelrod, *The Evolution of Cooperation*, New York: Basic Books, 2006, p. 56.

　　④ 严进:《信任与合作》,航空工业出版社 2007 年版,第 52 页。

的愿意与他国展开合作的乐观的心理倾向。它本质上是一种能动反应,根植于一种对国际关系本质更加乐观的世界观。从这一意义上看,如果没有这种普遍信任,那么人际关系、国际关系将难以展开,因为无论哪种合作,第一次总是在"无知之幕"中展开的。这种信任存在于不确定的环境中,它是风险的另一种表现,如果不存在风险,也就无所谓信任。换言之,国家在正式参与合作之前就存在一种与他国合作的信任倾向,具有一种非理性的特质。"心理学、社会学和经济学都认为不确定性是信任发生的根本条件之一。"①国际关系的实践也充分表明,一国对他国的信任并不是完全建立在充分的信息基础之上的。事实上也无法掌握充分确凿的信息,国际政治总是充满了不信任与疑虑,即使在战争时期,国家间的合作与联盟依旧频繁。对于美国出口管制的每一次改革来说,中国没有一次是全面充分掌握其改革信息的,但是对于美国出口管制政策的每一次调整中国都抱有一定的期望和信任。但是,这种普遍信任是有限度的,更多是一种尝试性的信任。它并不是一经确定就会永久地存在。相反,它会随着互动过程中对方的失信行为而消耗殆尽。

第二种工具信任主要基于物质利益而来,对物质利益或者财富的追求是形成工具信任的主要驱动力。中美经贸合作带来的互惠互利的物质利益也是促使两国工具信任生成的动力。一方面,中国长期保持经济的高速增长以及不断吸纳美国的商品,成为保持美国对中国工具信任不断增长的基石。中国对美国经济的恢复能力也是有信任的,否则不会购买美国上万亿美元的国债。这种信任的生成与维持通过经济投资、进出口贸易和对美国经济增长的刺激作用得以实现。换言之,中美经济基础的稳定和不断夯实有利于双方工具信任的不断生成和维持,但这种信任是一种基于增加国家利益的工具信任,基本与共有观念、价值体系及情感无关。另一方面,经济增长带来的信任关系是有限度的,因为中国经济的迅速增长也是促使中国与美国之间权力结构逐步趋于对称的主要推力,这容易引起美国对中国产生信任危机和心理恐慌。而且,经济利益对于信任的生成和维持具有变动性,有利则合,无利则散。这种基于经济利益不断增和十分关注相对收益的工具性国家间信任与国内社会信任一样,都存在着理性与信任的矛盾,即"信任与理性之间便存在一种矛盾:信任程度越高,社会进步的可能性就越大;社会越进步,社会成员也就越理性(社会成员间的关系也越

---

① 严进:《信任与合作》,航空工业出版社 2007 年版,第 88 页。

来越工具主义）；社会成员间的关系越是工具性，则他们之间也就越不信任。"①。概而言之，一方面中美信任的生成以经济利益为基础的工具信任为主，经济基础是两国信任生成和维持的保障。另一方面基于经济利益的选择不必然导致信任的生成，这种工具信任会导致权力结构的趋平而产生不信任感，这也为美国对华出口管制政策运用腾出了空间。

　　而第三种战略信任由于中美异质性强、结构性矛盾深是两国信任中最为稀缺和关键的，两国也存在着严重的战略互疑。在战略互疑问题上，正如王缉思指出的那样，现在中美两国越来越不确定在双边关系中对方的真实理念及长期意图是什么。尽管如此，基于理性考量的战略信任也是中美互信的来源之一。这在于战略信任与战略互疑是任何国家间都存在的问题，敌对国家也会存在一定程度的战略信任，而同盟国之间也势必存在战略互疑，两者并存是常态。所谓"战略互信是指两个存在利益冲突的国家均相信对方不以损害自己的核心利益为主要目标，两国之间是一种竞争、合作关系，不是敌对关系。"②中美间的战略信任是由两国权力分配结构和国际政治环境所决定的，即使是在资本主义和社会主义两大阵营对峙的冷战期间，美国基于中苏关系的破裂和新兴力量崛起的理性考量，也对中国产生了一定程度的战略信任，即相信两国在对付苏联扩张问题上存在共同利益并能展开合作，促使美、苏、中大三角关系的形成。这一时期美国通过放松对华出口管制使中国成为美国的全球战略特别是美苏争霸战略的组成部分，改善对华出口政策以便服务于牵制苏联这一战略目的；"9·11"事件后，基于对恐怖主义力量带来的威胁，美国在反恐、全球暖化、能源等一系列问题上做出调整，并将中美关系重新定位成"战略合作伙伴关系"。③ 美国也重新进行了战略判断，相信中国等具有潜在力量的国家非但不是威胁美国安全最为迫切的来源，而且是可以拉拢合作反恐的对象；2008 年国际金融危机后，美国陷入严峻的经济形势中，同样对中国产生了战略信任，认为世界经济重心在向亚太地区转移并调整了其太平洋政策，相信中国快速增长的经济和庞大的市场能为美国重振经济提供契机。奥巴马政府确认，要解决地区和全球的紧要问题，中国在所有这些问题上的作用是重要的，在某些问题上甚至是至关重要

---

① M. Hollis, *Trust Within Reason*, Cambridge University Press, 1998. 转引自蔡翔《国外关于信任研究的多学科视野》，《科技进步与对策》2006 年第 5 期，第 180 页。

② 牛新春：《中美战略互信：概念、问题及挑战》，《现代国际关系》2010 年第 3 期。

③ 方轮：《战略合作伙伴关系的效用和模式》，《经营与管理》2008 年第 8 期，第 68 页。

的。① 在此形势下,美国为尽快摆脱危机愿与中国加强合作,让中国承担更大的"国际责任"。这种基于理性考量的战略信任是从长远的角度对双边关系本质和发展走势做出的预期,一旦做出积极肯定的心理预期就意味着两国间的信任度增强,相应的国际合作和相互政策调整将变得更加容易。因此,战略信任与战略互疑相反,它是在理性判断后形成的一种观念,认为对方国家实现其主要长期目标,不会以本国的核心利益和发展前景为代价。

这三种信任来源显然涵盖不了中美信任的所有因素,但都与美国对华出口管制政策密切相关。具体而言,美国出口管制政策主要从如下三方面引起了中美两国间信任的严重流失。

第一,美国长期对华出口管制消费了中美两国之间的普遍信任。美国对华出口管制的举措总会引起中方的高度关切并导致中方对美方的信任流失。2007 年 6 月美国商务部公布了《对中华人民共和国出口和再出口管制政策的修改和阐释;新的经验证最终用户制度;进口证明与中国最终用户说明要求的修改》。6 月 19 日,商务部新闻发言人姚申洪就此发表谈话表示新规定严重影响两国企业开展高技术贸易的信心。中方对此表示非常遗憾和严重关切。② 国际金融危机以来,美国屡屡提到要改革对华出口管制政策。美国驻华大使骆家辉、美国财长盖特纳以及美国总统奥巴马都在公开场合多次公开表明对华出口管制。但每次都是"口惠而实不至"。2011 年 6 月,美国商务部又颁布了《战略贸易授权许可例外规定》的最终规定。根据规定,如果被管制物项在目的地被用于许可证所禁止目的的风险较低,那么在满足提供出口管制分类编号要求、收货人声明等条件下,可以无须申请许可证而出口被管制物项。但中国仍然被排除在适用范围之外。中国商务部新闻发言人指出,该法案将中国排除在 44 个可享受贸易便利措施的国家和地区之外,不符合中美建设相互尊重、互利共赢合作伙伴关系的定位。这又一次损害了中方对美国的信任。显然,中国对美国出口管制改革寄托了诸多期望,是存在基本的普遍信任的。然而就目前美国的改革形势来看,对华出口政策的歧视性的特点并没有改变,一次次的"空头支票"仍没有兑现。鉴于美国出口管制政策这种一再消费中国信任的做法,在2013 年年初中美战略与经济对话中,王岐山敦促美国对放宽对华出口管制要尽

　　① Jeffrey Bader, *Obama and China's Rise: An Insider's Account of America's Asia Strategy*, Brookings Institution Press, 2012, pp. 11 – 21.

　　② "商务部就美对华出口管制新规定答记者问", 2007 年 6 月 26 日。参见 http://money. 163. com/07/0626/17/3HUBALTH00251RJ2. html#,上网时间:2017 年 2 月 21 日。

快给出具体的时间表和实施路线图。即使在政治制度、意识形态、文化传统等巨大差异以及美国对华实施的严格出口管制政策下,中美仍有着日益紧密的经贸关系。其背后因素之一就在于中美之间存在着一定程度的普遍信任,即不需要明确的证据支撑而产生的一种合作信念,但这种尝试性的普遍信任不足以支撑中美日益紧密的经贸关系。一定程度上,美国对华出口管制的长期性、反复性正在消费着这种普遍信任,加剧了两国的信任危机。

第二,美国出口管制政策损害了两国间的工具性信任。工具性信任是以两国间的经济关系为基础的,这种信任的生成与维持以经济交往、进出口贸易和对美国经济增长的刺激作用为主要路径。诚然,经济基础的稳定和不断夯实有利于双方信任的不断生成和维持,但是这种信任是一种基于发展国家利益的工具信任。而且,经济增长带来的信任是有限度的,这种限度集中表现为经济力量的政治化。具体而言,中国经济的迅速增长是促使中美权力转移的主要推力,这容易引起美国对中国产生信任危机。此外,经济利益对于信任的生成和维持具有变动性,表现为"有利则合,无利则散"。中国拥有庞大的消费市场,是美国最为重要的出口国之一,日益扩大的经济交往为两国带来实实在在的物质利益,并成为中美工具信任的基石。但正如上文所言,美国对华出口政策已经导致了中美贸易的畸形发展。中美贸易是在以中国总体对外顺差不断加大和美国总体对外逆差不断上升的背景中实现的,或者说是在以相互劫持对方的经济为"人质"的保证条件下实现增长的。有了这种相互"劫持"的保证,双方才有了可预期的行为方式,才有了合作的信任基础。但在美国对华歧视性的出口许可证制度下,美国高新技术企业难以在中国市场提升竞争力,而中国企业纷纷与其他技术市场合作。这种区别对待的对华出口管制大大限制了经贸领域的功能性释放,阻碍了两国工具性信任的生成。

第三,美国出口管制政策中的政治和外交功能降低了中美战略信任而增加了战略互疑。早在冷战期间,美国出口管制的政治功能作为遏制苏联等社会主义国家的重要手段已经发挥得淋漓尽致。回顾过往,作为一种重要经济政策,美国的对华出口管制的宽松与收紧都是随着美国全球战略利益和重大政治事件的脉搏而波动的。其中,朝鲜战争、越南战争、美苏中大三角的形成、"9·11"恐怖袭击等重大政治事件都是美国调整对华出口政策的拐点。而且,美国对华出口管制政策萌芽、发展都带有浓厚的冷战色彩。从这个意义上说,美国对华出口管制的改革,最为重要的不是放宽领域、降低标准及简化程序等,而是看在未来的改革中能否改掉这种冷战思维。

从中美关系历史和出口管制政策的演变历史来看,美国国家安全利益无疑在多数情况下占据了上风,它甚至不惜牺牲巨大的经济利益而为战略利益让路,外交政策支配了其对华出口管制政策。而国际金融危机以来,中美两国实力差距迅速缩小引起起了一系列变化,两国权力结构的趋平导致政府和大众产生危机感。美国又是一个笃信权力政治的国度。"权力转移理论认为,当挑战国的权力达到霸权国的三分之二时,双方最有可能爆发冲突。"①这种危机感通过心理作用的自我放大和无尽的想象而产生一种莫名的恐惧。美国一方面希望能长期保持在战略性技术方面的优势,一方面也担心其高新技术向非盟友地区扩散而危害国家安全,但更为重要的是担心技术优势转移到像中国这样具备潜在的、能够挑战美国主导地位的国家手中。对美国来说,中国的自主研发能力越强,高精尖技术水平越高,对外贸易越发展,越会引发美国对中国发展轨迹的不信任进而引起对华战略信任的流失。而对华出口管制是延缓中美实力差距缩小和缓解心理不平衡的有力杠杆。为此,不管怎么改革,美国政府都要确保出口管制体系是维护美国国家安全的重要手段,即通过放松对一般技术的出口管制,在开拓国际市场、扩大出口的同时,依然在最敏感的核心技术周围建筑起"高墙",更集中精力加强对核心技术出口的管制,强化美国的国家安全。②对中国来说,美国不断继续扩大对华出口管制的范围并加强对华出口管制措施,便是出于对华发展前景的一种遏制,"借维护国家安全之名,行遏制中国崛起之实",这又引起中国对自身核心利益和发展前景的担忧和对美国的疑虑。这最终导致中美互信的降低和互疑的增长。

结　语

任何政策的改革与调整都是某种思维的反应,美国的出口管制政策很大程度上是其悠久的贸易保护主义的一种映射。事实上,美国每一次所推动的贸易自由化都是建立在美国比较优势地位凸显的基础之上的,即使是在实力"一超"地位凸显的"单极时刻",美国也没有完全推动其自身贸易的自由化发展,相反,出口管制却始终伴随着贸易自由化的进程。当国际金融危机削弱了美国的比较优势地位时,贸易保护主义和贸易管制政策便会甚嚣尘上。美国非常注重调

---

① Ronald L. Tammen, Jacek Kugler, Douglas Lemke, Carole Alsharabati, Brian Efird and A. F. K. Organski, *PowerTransitions: Stategies For the 21ˢᵗ Century*, New York: Seven Bridges Press, LLC/Chatham House, 2000.

② 程惠:《美国出口管制的最新进展与启示》,《国际经济合作》2011年第8期。

整和完善其出口管制政策,并将其作为一种能够维护美国战略地位、技术优势、军事强国及国家安全的重要手段,这为美国的政治经济利益筑起了一道坚固的防护堤。而在对华出口管制方面,无论是在冷战时期还是后冷战时期,政治安全利益上的考量均占据了主要部分,其对华出口管制政策中暗含了太多的冷战思维和对华防范心态。

文章认为尽管美国对华出口管制政策的调整具有强大的内部驱动力,但也是存在一条明确的政治红线,这使其对外管制政策调整只能在一定的区间内运行。而结构性矛盾的存在导致中美之间的互信不足,中美关系的发展有其限度。① 因而信任不足也是引起美国长期对华实施严厉出口管制政策的重要原因。反过来,美国长期以来实施的这种严厉的对华出口管制对中美关系的信任关系带来了许多负面影响。主要体现在三个方面,即损害了中美间的普遍信任,侵蚀了中美间工具信任的经济基础,增强了两国间的战略互疑。概而言之,"信任是合作的润滑剂,是合作的感情基础。"② 早在 20 世纪 80 年代,邓小平就指出"在技术转让问题上,重要的是中美能成为什么样的朋友,是普通朋友,还是比较好的朋友"③。这里的普通朋友意味着低水平的互信度,比较好的朋友意味着较高水平的互信度。有了较高的信任度,美国对华出口管制才会真正放松。而如果长期实施对华管制,就意味着较低的信任度,这无疑是一对辩证关系。在中美建设新型大国关系的时代背景中,离不开美国出口管制政策的调整以建立起一个合作共赢的新型贸易关系。否则,正如美国学者指出的,现在提及 G2 或"新型大国关系"为时尚早,需要建立一个合作共赢的格局作为基础。④ 从这一意义上讲,美国出口管制政策调整中最为核心、最为迫切的是改变对华的歧视态度而以平等伙伴相待,改变对华防范与遏制的冷战思维而以合作共赢的理念相处,改变政治心理失衡的互疑心态而以建立一种新型的中美互信关系为目标。

---

① 袁鹏:《战略互信与战略稳定——当前中美关系面临的主要任务》,《现代国际关系》2008 年第 1期,第 30 页。

② Piotr Sztompka, *Trust : a Sociological Theory*, New York : Cambridge University Press , 1999 , pp . 62 – 63.

③ 《邓小平会见美国民主党参议员杰克逊时的谈话》,1983 年 8 月 27 日。转引自宫力《峰谷间的震荡:1979 年以来的中美关系》,中国青年出版社 1996 年版,第 133 页。

④ Elizabeth C. "Can Obama, Xi Break Summit Stalemate?", June 4, 2013 http://www.cfr.org/china/can – obama – xi – break – summit – stalemate/p30834. 上网时间:2017 年 2 月 21 日。

The Trend of U. S.　Export Control Adjustment and Its Impact on the Trust between China and U. S.

Bao Guangjiang

Abstract：The United States has strengthened its export control policy's adjustment in order to revive the domestic economic development and the maintenance of world leading country in the international political status since international financial crisis. The U. S.　export control reforms on China also have always been mentioned, which caused our government and academia attention.　The policy reform related to national security and economic development is bound to have a profound impact on the development of two countries' bilateral trust relationship.　Therefore, after a brief review of the history of America's export control policies on China and a prospective analysis on its trend of the future, this paper emphatically analyzed its impact on the Sino－US relationship of trust.

Key words：export control；trust；America；China

大湄公河次区域治理中的 NGO 角色：全球环境研究所和日本国际志愿者中心的比较分析[*]

□　颜　震　杨依众

摘要：在公共外交兴起的背景下，非政府组织（Nongovern-mental organization，以下简称"NGO"）作为全球化时代的重要公共外交主体之一，在国际舞台上发挥着越来越重要的作用。本文以全球环境研究所和日本国际志愿者中心这两家 NGO 为例，尝试着分析它们在大湄公河次区域国家的环境保护、资源节约等方面的活动。通过对二者的比较，包括覆盖区域、资金支持、沟通交流方式的差异等，见微知著，探讨 NGO 在大湄公河次区域治理中的角色，以期对如何推进中国 NGO 的发展得出一些启示。

关键词：NGO；大湄公河次区域治理；全球环境研究所；日本国际志愿者中心

作者简介：颜震，历史学博士，吉林大学公共外交学院讲师。杨依众，吉林大学公共外交学院学生。

当代国际关系的一大显著特征是非政府组织（NGO）的崛起。NGO 不仅为传统国家间互动增添了更丰富的内涵，同时也在深刻介入国际—国家—社会等治理层面。实际上，在广泛的传统议题和非传统议题上——如环境问题、人权问题、国

---

* 本课题研究受吉林大学基本科研业务费种子基金项目"美国对东北亚地区公共外交研究"（项目批准号：2014BS016）的支持。

际援助、人道主义干涉等，NGO 的身影无处不在。NGO 在不同领域担任着提出问题、解决问题的角色，丰富着现有的外交理论与实践的内涵。甚至在一定程度上，NGO 成为某些特定领域的推动型乃至主导力量。NGO 外交正彰显着愈来愈重要的影响力。

一　NGO 参与国际事务的理论背景

自 20 世纪六七十年代以来，全球化作为一种经济运动逐渐在全球范围内兴起，并拓展到政治、文化等国际社会的各个领域，尤其是在信息技术革命的推动下，全球化运动开始席卷全球。① 全球化进程的加速无疑大大加深了各国间社会、经济、文化的联系。通常，我们将一些专门领域的议题，如医疗卫生、信息通信、农业、工业、服务业和科技发展作为国家的内部事务。然而，全球化在使国界变得模糊，让这些领域大踏步走向全球融合的同时，也使某些问题很难被国家独立解决。国家需要打破传统限制并借助地区乃至全球范围的协商、合作来解决这些问题。现在世界所面临的棘手的挑战，如流行病预防、气候变化和反恐等，都超过了传统意义上的国家主权范围。各类 NGO 以及其他相关的国际组织在国家间的互动博弈中越来越活跃，业已成为国际关系研究中重要的分析单元。

其次，政治全球化带来的国际体系的变化，改变了外交的议程。政治全球化最主要的表现就是"国际政治"逐渐向"世界政治"转变，国际关系民主化和国内民主化的不断发展。全球化时代的国际社会，除了近 200 个民族国家相互作用之外，还有数量不断增多的各种非国家行为体——国际（非政府）组织、跨国公司、市民社会运动等等，它们的存在及作用的发挥不仅极大地扩展了外交的参与主体，也改变了外交的内涵和外交发挥作用的途径，促进了外交的公开化和民主化进程。② 一些次级议题，例如社会、人权、环境等问题，在国际话语权争夺与合法性获取方面也发挥着极为重要的作用，在国际议程中的地位逐渐上升。由此，在全球化的背景下，国际组织等非国家行为体的国际舞台空前扩大。

另外，罗伯特·基欧汉和约瑟夫·奈的复合相互依赖理论主张货币、商品、人员及信息的流动会对国家行为体之间的互动有所影响。随着信息技术的发展，经济、贸易往来日益紧密，特别是多元化的社会之间的碰撞，传统的古典现实主义的预设条件因为国际事务和对外政策已经改变，也就意味着将国家视为

---

① 李德芳：《全球化时代的公共外交》，中国社会科学出版社 2014 年版，第 231 页。
② 同上书，第 232 页。

主要行为体的视角以及重视权力的看法已经不再符合对外政策的要求,传统的现实主义面对着前所未有的挑战。复合相互依赖论的横空出世则为 NGO 参与国际事务提供了一个理论来源,即大量次国家和非国家行为体构成了一个远比通常仅由国家构成的世界更为复杂的世界,非国家行为体直接参与世界政治,各问题之间不存在明确的等级区分。在基欧汉和奈看来,复合相互依赖和现实主义的观点都是理想模式,而在更多的情况下,他们所提出的复合相互依赖更好地解释了世界政治的现实。[1]

二 GEI 和 JVC 在大湄公河次区域的项目案例

实践表明,作为国际社会日益活跃、日益重要的非国家行为体,NGO 已逐步成为全球化时代国际社会的完全参与者,它们代表了国际合作的民间形式,积极参与者全球性或区域性国际治理。[2] 下文中,笔者将比较两个中国和日本的 NGO。这两个 NGO 均在大湄公河次区域的环境保护和资源节约、可持续发展等方面有所建树。

全球环境研究所及其在大湄公河次区域的项目

全球环境研究所(Global Environmental Institute,以下简称"GEI")是一家非营利的非政府组织,总部设在北京,其项目覆盖范围主要是中国、斯里兰卡、老挝、美国四个国家。GEI 的宗旨是以市场为导向解决环境问题,力求社会、环境和经济效益的多赢,实现全方位的可持续发展。[3]

GEI 认为环境问题不能同社会和经济问题割裂开来,其立足本土、着眼世界,努力探寻解决全球性环境问题的方法。GEI 的优势在于创新性地将传统的环境保护、生计改善、资源节约的手段,与商业模式相结合,使得项目成果延续到项目期之外。在此基础上,GEI 大力推动环境、能源等议题的国际合作,特别是南南合作,成为率先成功在海外实施项目的中国本土组织之一。GEI 在东南亚实施了众多的项目,特别是在大湄公河次区域,也收效良好,这无疑对塑造良好的中国国家形象有积极的意义。

以 GEI 和中国水利水电公司(以下简称"Sinohydro")的合作为例——老挝

---

① 石斌:《相互依赖·国际制度·全球治理》,《国际政治研究》2005 年第 4 期,第 32—34 页。

② 李华:《国际组织公共外交研究》,时事出版社 2014 年版,第 144 页。

③ 全球环境研究所,http://www.geichina.org/index.php? controller = Default&action = index,2017 年 8 月 10 日。

政府一直致力于发展水电建设，出口电力也是其经济增长的引擎之一，一度占外汇收入的三分之一。老挝政府曾制订了一个庞大的计划来发展国内的水电资源，以期国家经济增长和消除贫困。作为中方合作公司——Sinohydro 在湄公河边建造了一系列的水电站，其中的一座为老挝南俄 5 水电站项目（项目公司以下简称"NN5 发电有限公司"）。水电站的建设无疑对当地原住民的生活造成了巨大的影响。作为 Sinohydro 的合作者，GEI 在当地帮助、培训居民形成可持续的生活模式以避免居民们的生活在水电站建成后因缺乏资源而无所依靠。

这一项目实施的最佳契机是 2008 年，国内外的 NGO 自那时起开始关注海外投资的环境和社会问题。2009 年 12 月至 2010 年 2 月间，GEI 与 Sinohydro 老挝南俄 5 号水电站项目的合作取得了进展。基于对受水电站影响社区进行的第一次实地调研，项目组于 2010 年 1 月 15 日向 Sinohydro 提交了《南俄 5 号水电站社区发展与环境保护示范项目》建议书。Sinohydro 对建议书中设计的三个规划——肉牛养殖规划、沼气技术应用规划以及社区农林业发展规划给予了积极评价。1 月 18 日，项目组向 Sinohydro 提交了合作协议，标志着 GEI 与企业的合作即将进入实质性阶段。

这一项目尽管有其复杂性，同时也充满了变数和转机，但它不仅保护了当地的林地生态系统，也提高了当地居民的生活质量。水电站的水库位于琅勃拉邦省扑坤县班井村附近，修建水电站淹没了村里 35 户人家的耕地以及村里大片的低地放牧地。被占用的土地的补偿款以现金、粮食等方式补偿到每户，并为村民提供养牛和种植等技术的培训。为保护库区周围的森林，减少村民上山砍伐的次数，提高村民的生活质量，GEI 和 NN5 发电有限公司合作开展了沼气技术推广项目。12 月初，双方在老挝签署备忘录，正式开展社区发展（沼气）项目，作为 Sinohydro 履行环境与社会责任、开展生态补偿与社区发展的试点。该项目旨在探索中国海外企业可持续投资与发展的模式，促进中国海外企业推动当地社区发展，改善企业与当地社区的关系，推动二者的良性互动，实现环境、经济等方面的多赢。① GEI 和 NN5 发电有限公司合作为当地受影响的农户修建了 32 口沼气，解决他们的日常生活用能问题，用沼气替代木材极大地促进了生态系统的保护。根据 2008 年的对班井村的调查显示，班井村的生活用能除少量木炭外，其余 90% 都是使用薪柴。每家每户都会不定期进山砍柴，大部分用于烧水做饭，少部分用于取暖。但几年后，随着沼气池的兴建，沼气已可以满足

---

① 全球环境研究所：《2010 GEI 年度报告（中文）PDF 版》，第 34 页，2017 年 8 月 10 日，http://www.geichina. org/_upload/file/AR/GEI_AR2010_CHN. pdf。

村民所需的生活用能并基本上取代了之前的木材燃料。①

　　这个项目为中国的 NGO 在环境问题上如何在中国境外进行国际合作做出了示范。经过讨论和交流,项目引进了环境治理的方法论,包括保护特许协议、环境影响评估。在这种情况下,项目的实施为东道国政府制定相关政策奠定了基础。通过实地调查中国海外企业的示范项目,获取了第一手资料,促进了中国企业与当地社区及 NGO,以及企业与中国政府决策部门之间,在贯彻可持续发展理念、关注社区和环境方面的沟通;促进了中国企业在对外投资中既注意发展当地经济,又努力解决好连带产生的环境和社会影响。

　　此项目是 GEI 在大湄公河次区域众多项目中的一个,GEI 还在老挝境内开展有关保护生物多样性和适应气候变化的项目。

日本国际志愿者中心及其在大湄公河次区域的项目

　　日本国际志愿者中心(Japan International Volunteer Center,以下简称"JVC")是一家日本的 NGO,JVC 有很多项目,涉及农业、森林保护与利用、儿童教育、和平建设等。其项目覆盖柬埔寨、老挝、泰国、南非、伊拉克、巴勒斯坦、阿富汗、朝鲜、苏丹和日本东部大地震区域。JVC 的宗旨是实现社会中人与人和谐相处及人与自然和谐共存,创新生活方式和人际关系,以此保护全球环境并给其注入新的活力。② 在下文我们会选取由 JVC 在大湄公河次区域发起的环境保护的项目,以此来与 GEI 对比。

　　从国家层面看,柬埔寨进入 21 世纪后经历了一段经济的高速增长期,而环境问题也伴随着高速增长的经济而出现。一些农业用地和森林正在被大肆开发、利用。柬埔寨仍有 70% 的人口居住在农村地区,因此这 70% 的人或多或少会受到开发的影响。一些人甚至因负债而背井离乡。尽管新建的工厂能够提供就业机会,但是工人们难以用低廉的薪水维持生计。维护农耕生活的稳定对于改善柬埔寨的贫富差距具有重要意义。

　　JVC 在大湄公河次区域有长期的项目。2013 年,JVC 在柬埔寨发起了一个旨在通过发展生态农业来提高社区生计的项目。该项目有一个子项目是环境教育和森林再造。JVC 在 8 所学校里同 16 名老师合作,为 600 名儿童提供了环境教育。这些学生、老师与当地居民一起,在道路边和被毁坏的森林里种下了 8000 棵树苗。JVC 还通过与当地的森林委员会及当局的合作为社区森林的使

---

① 孔令红:《老挝班井村:中国 NGO 与海外企业首度海外合作社区项目》,《中国发展简报》2012 第 1 期,第 44—46 页。

② Japan International Volunteer Center(JVC),*About JVC*, http://www. ngo - jvc. net/en/about - jvc/.

用制定了规则。在这些共同努力下,非法伐木的数量急剧下降。①

在老挝的情况也类似。老挝的森林具有丰富的生物多样性,这也成为当地村民的食物和收入来源。森林也被农民用来轮垦和放牧。经济的快速增长带来的却是森林因大规模种植经济作物而锐减,导致了当地居民的食物来源受到威胁。因此,为了可持续地获得食物,确立一个能使村民管理他们的树林、提高农业产值和获得清洁水的体系是迫在眉睫。

2013 年,JVC 开始采用了一种新的共享型土地利用规划,旨在为村民发声。JVC 在两个村庄采用了这种办法,还培训了政府官员以保证土地利用规划的可持续性。在法律培训中,JVC 在提供直观材料方面发挥了领导作用,还着重培训了村民对于土地和森林的合法权利意识。另外,JVC 还在两个村庄着手帮助村民建立社区森林以提供非木材林业产品,并且在其他两个村庄里建立渔猎保护区。

2014 年,JVC 继续在在 2013 年已经参与的两个村庄推行共享型土地利用规划,JVC 还在其他两个村庄发起了共享型土地利用规划,但均因情况有变而计划流产。在老挝的法律框架下,JVC 针对村民的土地和森林合法权利问题对 14 个村庄的村民进行了培训。JVC 甚至成立了一个少数民族的学生组织来普及村民管理自然资源的手段,告知他们对土地和森林的合法权利。②

JVC 不仅在环境保护方面继续发挥着作用,也致力于教育、训练当地的百姓。它们通过影响当地民众,进而对政府产生影响,以此来达成项目预设。

三 GEI 与 JVC 的成效比较与原因分析

通过上文对 GEI 和 JVC 在大湄公河次区域所做的工作的对比,笔者得出这两个 NGO 的一些差异。下文是对二者工作区域、资金支持和沟通交流方式差异的探究。

项目覆盖范围不同

GEI 主要关注中国周围的国家和国内的一些省份,如四川、云南、浙江、北京等。就国外项目来说,GEI 项目覆盖的一些国家,除了美国外,均集中在东南亚地区,如斯里兰卡、老挝。而 JVC 项目则遍布东北亚地区、东南亚地区、西亚地

---

① Japan International Volunteer Center (JVC):*JVC Annual Report* 2013, Aug. 10, 2017, p. 7, http://www. ngo – jvc. net/en/wp – content/uploads/sites/2/2015/08/JVC_AnnualReport2013. pdf.

② Japan International Volunteer Center (JVC):*JVC Annual Report* 2014, Aug10, 2017, p. 7. http://www. ngo – jvc. net/en/wp – content/uploads/sites/2/2016/05/JVC_Annual Report 2014. pdf.

区甚至非洲部分地区,如韩国、老挝、伊拉克、南非等。尽管双方都有海外业务,但 JVC 的覆盖范围显然大于 GEI。

一个导致工作区域差别的原因可能是中国的 NGO 与中国的大型企业、公司等在国际项目中联系紧密。以 GEI 为例,大部分项目覆盖的国家都是有中国公司投资的国家或者是在当地有中国子公司的国家。另一个原因涉及资金方面,留待后文详细探讨。

资金支持不同

资金及资金来源的多样性对于 NGO 极其重要。两个 NGO 在其各自的 2014 年的年度报告末写明了当年的资金明细,其中 GEI 直接以美元为单位,JVC 则以日元为单位,按照当年汇率将日元换算成美元,就收入来说,GEI 一共有约 117 万美元收入①,而 JVC 的收入大概是 330 万美元,②是 GEI 的 3 倍左右。这是二者资金收入的差异。资金收入的不同体现在项目上自然会导致覆盖区域的差别。

NGO 在国门外实施项目,塑造、提升国家形象需要来自政府、公司和社会公众的支持。从 GEI 的年度报告(见图 1)中不难发现,GEI 主要从一些国际基金会

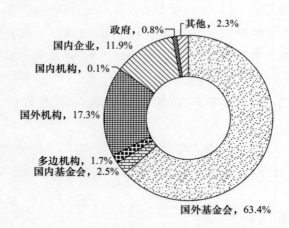

图 1 GEI 2014 年年度资金来源③

---

① Global Environmental Institute (GEI): *Global Environmental Institute Annual Report* 2014, 2014, Aug. 10,2017, p. 42. http://www. geichina. org/_upload/file/AR/GEI_AR2014_CHN. pdf.

② Japan International Volunteer Center (JVC): *JVC Annual Report* 2014, Aug10, 2017, p20. http://www. ngo – jvc. net/en/wp – content/uploads/sites/2/2016/05/JVC_Annual Report 2014. pdf.

③ Global Environmental Institute(GEI): *Global Environmental Institute Annual Report* 2014 ,2014, Aug10, 2017, p. 42. http://www. geichina. org/_upload/file/AR/GEI_AR2014_CHN. pdf.

或国际组织募集资金,另外,有海外项目的中国公司和企业也是重要的出资者,其资金来源较为单一。结果,资金的不足限制了国际项目的进行,资金来源的简单化,一定会带来资金单一和持久性的问题。这从某种程度上来说会损害该NGO 的信誉乃至中国的国家形象。因为缺乏持续稳定的经济支持,许多中国的NGO 无意也无法做出长期的规划,国际项目经常流产且具有不确定性。

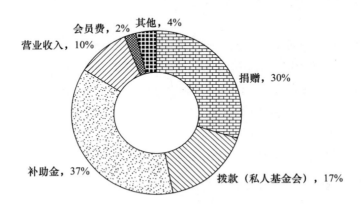

图 2　JVC 2014 年年度资金来源①

日本 NGO 的资金来源包括自筹资金、扶持资金和政府补贴、托管资金、其他收入、上年度结转资金五部分。据统计,自筹资金占一半以上,扶持资金和政府补贴占 9.9%。②近年来日本的 NGO 与政府、企业的关系越来越紧密,经常是政府和民间采取联合行动,介入国际热点地区开展援助活动。

在政府的支持系统方面,日本政府的外务省设立了和 NGO 对话的机制,外务省是对 NGO 扶持力度最大的政府部门。为了加强与 NGO 的合作和对话,1996 年外务省设置了"NGO 外务省定期协议会",针对政府开发援助(Official development assistance,以下简称"ODA")政策、外务省对 NGO 的支援政策进行讨论和协商。2002 年外务省设立了 ODA 政策协议会、合作推进委员会两个小委员会,每三年召开一次会议。1994 年度开始,外务省经济合作局召集医疗、保健领域的 NGO 定期召开恳谈会。

除此之外,外务省还设立了对 NGO 直接支援的机制。在资金方面扶持

---

① 数据引自 Japan International Volunteer Center（JVC）：*JVC Annual Report* 2014,Aug10,2017,p20. http://www. ngo - jvc. net/en/wp - content/uploads/sites/2/2016/05/JVC_Annual Report 2014. pdf。

② 王名、李勇、廖鸿、黄浩明：《日本非营利组织》,北京大学出版社 2007 年版,第 164 页。

NGO,表现在政府出资支持 NGO 开展国际合作活动。1989 年外务省设立了"NGO 事业补助金制度",该制度是针对日本 NGO 在发展中国家实施 ODA 遇到困难时予以支持的小型项目。日本政府主要对 NGO 的三种活动进行资金援助:(1) NGO 为开展事业进行策划、调查活动所需经费;(2)对 NGO 在海外开展活动进行评价所需经费;(3)对以 NGO 工作人员为对象在国内外召开的研讨会、讲演会等的资助。每个项目的补助金额为该 NGO 总事业经费的 1/2。①

此外,日本政府还为在小规模经济、社会开发事业、紧急人道援助活动、循环再利用物资的运输等方面有业务的 NGO 提供必要的经费,在 2002 年设立了"日本 NGO 支援无偿资金合作"(2007 年改为"日本 NGO 联合无偿资金支援合作")。② 为提高发展中国家居民的生活水平进行的直接帮助,日本政府设立了"草根技术合作",是日本的 NGO、大学、地方自治体、公益法人等与国际协力机构(JICA)共同实施的一项事业,事业实施时间最长为 3 年,总额不超过 5000 万日元。③

JVC 则与其他日本的 NGO 一样,受到了政府和普通民众的大力支持。植根于日本市民社会的 NGO 独立于政府和企业,不以追求利润为目的,具有非营利、自发性与自立性等特征。日本的 NGO 普遍关注全球问题,特别是在那些最不发达国家和发展中国家。日本政府很清楚 NGO 在塑造国家形象中的作用。甚至一些日本政府的国际援助项目通过 NGO 来实施。这些优势都是中国 NGO 所不具备的。由日本国民发达的公民意识带来的大额捐赠,加上政府的大力支持,日本的 NGO 在资金方面与中国同行相比更为宽松。

开展项目方式不同

就本文的两个 NGO 开展项目的方式来看,GEI 是通过游说当地政府或同公司在一些特定项目的合作来开展项目,进而在项目进行的过程中改变当地民众对中国的国家形象的固见。JVC 则是首先影响群众,然后通过群众影响政府。

相对比来说,GEI 的工作方式高效、便捷,毕竟 GEI 在当地开展的项目是对当地政府有利的,而且也会促进投资,间接地带动当地发展,政府没有理由不同意。结果,GEI 与当地政府和在当地有投资的公司进行合作。相反,我们发现 JVC 更对与当地民众进行沟通以及促进各机构和民众之间的沟通感兴趣。JVC 没有与当地政府直接关联,它间接地发挥其影响力。

---

① 胡澎:《日本 NGO 的发展及其在外交中的作用》,《日本学刊》2011 年第 4 期,第 123 页。原始数据引自财团法人日本国际交流センター编《アジア太平洋のNGO》,株式会社アルク,1998 年,第 208 頁。

② 胡澎:《日本 NGO 的发展及其在外交中的作用》,《日本学刊》2011 年第 4 期,第 123 页。

③ 同上书,数据引自 http://www. mofa. go. jp/mofaj/gaiko/oda/data/zyoukyou/ngo_ m16 _ ck. html,2011 年 6 月 10 日。

GEI 和 JVC 工作方式不同的原因可能是由于两国有关 NGO 的外交导向的不同。在中国，NGO 在上世纪末出现并在 21 世纪第一个十年中大规模发展；在日本，NGO 从 1950 年开始就得到快速发展。众所周知，贸易、运动、教育、艺术和文化交流在一国的外交中有相当的影响，被称为"人民外交"。日本 NGO 将这些作为它们的基础准则并大力发展"人民外交"，这为官方外交奠定了坚实的基础。发展过程和相关知识、经验决定他们开展项目的方式。反之，因为早期中国 NGO 所处地位的原因，中国 NGO 关注政府多于关注普通民众。就公共外交来说，最有效的实施公共外交的办法是首先影响民众进而通过民众的导向性影响政府。对中国的 NGO 来说，向外国民众投入如此多的资金和人员非常困难，他们往往采取最方便和快捷的办法去达到目标。考虑到中国的 NGO 所能支配的资金和经验不足的原因，不同的项目开展方式也就不足为奇。

结　论

本文选取了中国与日本两个比较有代表性的 NGO——全球环境研究所与国际志愿服务中心作为案例，比较两者在大湄公河次区域环境治理中的角色异同，并从公共外交视角对两者的治理成效进行了详细的评估。本文发现二者均以非政府组织的角色参与大湄公河次区域的环境治理，随着这些项目获得成功，不仅当地的环境得到了改善，NGO 母国也极大地提升了在当地的国家形象。

通过比较它们项目覆盖区域和资金支持的差异以及项目开展方式的不同，我们可以得出以下结论：中国 NGO 仍具有不成熟的特征。首先，资金问题对于中国 NGO 来说仍亟须解决。但是，资金来源的单一化才是问题的关键所在。多元化的资金来源和充足的资金支持会使 NGO 项目覆盖的区域更广。另外，中国 NGO 也可以尝试转换项目的开展方式。中国的 NGO 也不能忽略当地的民众，他们理应清楚民众是最初的、也是最终的受众。国内事务可以影响对外政策，当地民众的认可和满意对于政府的态度很重要。

日本的 NGO 因为其成熟的运作系统和支持系统，运转相比于中国 NGO 更好一些。当然，中国的 NGO 也可圈可点，能利用有限的资源达到目标，而且就国家形象的塑造和对中国海外公司的补充作用来说，中国的 NGO 无疑是成功的。

尽管有着充足的资金，日本的 NGO 仍需要和当地政府进行更多的互动。此外，过度的来自政府和其他官方部门的支持可能使这些 NGO 的成分受到质疑。笔者认为，NGO 应该和政府及民众都进行合作，可以从政府得到一定的扶持但不能被政府控制。

在"走出去"的大背景下,中国的 NGO 国际化步伐一定会加快,对于 NGO 来说,如何开展好自己的海外项目? 如何利用好现有的资源? 又该如何实践公共外交? 首先,要有充足的资金来源。这是运作一个 NGO 最基础的要素。没有资金项目便无法进行。确保资金来源的多样化会降低资金持久度的风险。其次,运营方式应逐渐摆脱依赖公司或者企业的现象。在发展早期,依靠公司或企业无可厚非,但随着发展的深入,如果过度地依赖某一公司或企业,就极有可能成为该企业的"代言人"。企业很有可能掌握着 NGO 的生杀大权,这对 NGO 无疑是有害的。再次,NGO 要拥有"走出去"的国际视野。有视野才能有战略,正处于国际化发展时期的中国非政府组织更应具有广阔的国际视野,开拓具有战略意义的公共外交项目。

The Role of NGO in Great Mekong Sub Region Governance: Comparing GEI and JVC

Yan Zhen　Yang Naiyi

Abstract: With the emergence of public diplomacy, nongovernmental organization (hereinafter referred to as "NGO"), as the subjects of public diplomacy in the age of globalization, have been playing an increasing crucial role in international arena. The article takes Global Environmental Institute ("GEI") and Japanese Volunteer Center ("JVC") as an example and attempts to compare them in terms of environmental protection as well as energy – saving in Great Mekong Sub ("GMS") region. The article explores the role of NGOs in GMS Region Governance through the comparison of GEI and JVC, including coverage area, financial support, communication method differences, etc. The article expects to obtain some enlightments on the development of Chinese NGOs.

Keywords: NGO diplomacy; Great Mekong Sub Region Governance; Global Environmental Institute; Japanese Volunteer Center

《中国与世界：古代与现代丝绸之路》出版发行

《中国与世界：古代与现代丝绸之路》(*China and the World：Ancient and Modern Silk Road*) 为国际英文季刊，创刊于 2018 年 3 月，由亚太地区最大的英文科技出版集团新加坡世界科技出版社出版。期刊是海外专门探讨"一带一路"的全英文期刊，旨在成为探讨中国实现伟大复兴之各项举措所带来的全球影响的国际平台。期刊由世界知名学者担任期刊编委，由美国加州大学伯克利分校中国研究中心主任欧博文教授、剑桥、李约瑟研究所所长梅建军教授、哈佛大学费正清中国研究中心所长宋怡明教授、著名历史学家王赓武教授、著名经济学家刘遵义教授等学界执牛耳者担任期刊顾问，是各位学者探讨"一带一路"倡议的重要国际学术平台。

期刊第二期现已发行，欢迎各位学者和院校订阅及投稿。为了促进国际学术交流，本期刊现为广大读者提供第一年免费电子阅览。

期刊的电子阅览及订阅信息可从以下网址查询：

https://www.worldscientific.com/loi/cwsr